Tras las cortinas

Luz Quiceno R.

La vida de una mujer al borde de la muerte.
Seres misteriosos que se acercan.
Y otros del pasado que la asedian.
Una vida oculta de violencia que la castiga.
La verdad y la salvación.

En la memoria de Elizabeth e Ivette quienes hubiese querido acariciaran este libro entre sus manos.

Agradecimientos

Agradezco a la divinidad que me permite la inspiración y la dedicación para continuar escribiendo.

A mis hijos y esposo por su comprensión, empeño y dedicación para colaborarme.

Índice

Palabras de la autora

A veces creemos que la violencia está en la calle, en los noticieros de la radio y la televisión, que está lejos de nuestra vida; en países, lugares o parajes retirados. La sentimos ajena, perdida en el horizonte y no llegamos a ser conscientes de que posiblemente esté muy cerca, es más, que a lo mejor está dentro de nosotros mismos, esperando ser rescatada del anonimato, habitando en un lugar escondido, oculta quizás durante muchos años o toda la vida.

La violencia tiene muchos disfraces, nos engaña con diversas formas, es astuta, se camufla en forma de falacia de placer, comodidad, bienestar e incluso de amor. Es como las mieles de medusa que se expanden sigilosas y carcomen con su veneno a su paso, desertizando los más bellos parajes de nuestra alma, de nuestra mente y nuestro corazón; muchas veces sin percibirlo o negando que existe, hasta que la evidencia clama. Se propaga desde el recóndito lugar donde la hemos ocultado, llegando a manifestarse en la superficie, en nuestro cuerpo, nuestra casa, en la acera que pisamos, incluso en el camino que recorremos todos los días. Es posible que solo nos demos cuenta cuando la vida que pensábamos que era "normal" se derrumbe como un castillo de arena. Afortunadamente existe un antídoto para este veneno y se llama ¡reconocimiento!

Después de una de mis meditaciones matutinas solapada entre las mortajas de mi cama en un amanecer de hace ya casi dos años, emergió la idea y fue tomando cuerpo merced a las imágenes de las experiencias de muchas mujeres que alguna vez había conocido, leído o escuchado. Las susodichas iconografías fueron desplegándose y aglomerándose en una mujer que las simbolizaba, aunque solo la bauticé con su nombre cuando empecé a escribir. Ella representa a un grupo significativo de mujeres o quizás de hombres que se relacionan por los episodios de violencia, maltrato físico o psíquico que alguna o muchas veces han sufrido en su línea del tiempo, tal vez desde su niñez; ocultando las escenas acaecidas y presumiblemente encerrándolas en una tumba; desconociendo la impronta y la emisión de ondas de dolor que desde allí expresan, saboteando con constancia su salud, su economía, sus relaciones, sus proyectos, sus sueños. Un factor común que las une y las conmina a desarrollar un papel, por lo general, de víctima en las mujeres o de verdugo en el hombre. La historia que le voy a relatar constituye un mapa afín que poseen dichos seres, a lo mejor desconociendo que su cartografía ha sido diseñada en oportunidades, desde antes de su nacimiento.

La trama pringaba mi cabeza diariamente mientras ensoñaba, me invitaba de forma insistente aunque sinuosa, y no se quedó en silencio hasta que tomé la pluma y empecé a plasmar en letras lo que habitaba en mi mente. Se instaló sin mi permiso, me invitaba a dignificarla y exhibirla públicamente, dando forma a lo que ahora mismo tienes en tus manos querido lector.

Nuestra protagonista podría llamarse Elizabeth, Ivette, Beatriz, María, Sonia, Lucía, Estela, Carmen, Adriana, Victoria, Isabel, Elena, Yolanda, Liliana, Juana, Sara, Ana, Begoña, Irene, Daisy o Margarita o como tú, cualquiera de dichas mujeres podría haber sido la protagonista, o quizás todas al mismo tiempo.

Esta es la historia de una mujer con una vida normal y aparentemente feliz, ella está cerca de cumplir sus cuarenta años, casada por casi veinte años y de cuyo matrimonio existe una hija adolescente. Es una mujer trabajadora y ama de casa como muchas mujeres en los años noventa, su vida se desarrolla en una ciudad como Medellín, en Colombia, un lugar de contrastes, compulsa entre la violencia y a la vez de afabilidad. No obstante, su vida se desenvuelve de forma rutinaria y "ajena" a las circunstancias del ambiente en el que se desarrolla, aunque tiempo después se da cuenta de que el ambiente extrínseco tenía relación con el intrínseco. La susodicha monotonía se rompe un día que regresa de su trabajo y recibe una llamada que cambiará su vida para siempre. Su vida da un giro, acercándola casi a los confines de la mismísima muerte, alcanza a rozarla; una coyuntura que la impele a contactar seres que bajo ninguna otra circunstancia antes hubiese conocido. Unas personas que la invitan, o más bien que la apremian a dejar de mirar la superficie y sumirse en el bosque interior. La fronda donde deberá enfrentarse con los monstruos del pasado, los que encerró junto a parte de su vida en el último rincón de los anaqueles de su ser, desconociendo que estos seguían presentes, solo que estaban enmascarados en otro disfraz.

Desde el mismo momento en que la idea de escribir este libro empezó a secuestrar mis pensamientos supe que sería mediante una historia, una en la cual cada lector pudiera reconocerse como personaje principal o secundario y pudiera sumergirse en su propia trama, la interpretara a su manera, y al mismo tiempo que nuestra protagonista, siguiera por el camino del reconocimiento y la sanación interior; con cada página, cada frase y cada palabra.

Tras las Cortinas nos seduce a movernos en la dirección opuesta en la que transcurre nuestra vida, a observar el grado de violencia que se esconde dentro de nuestra mente inconsciente. Nos invita a reconocer que la paz que buscamos en el mundo, necesita ser instalada, primero, dentro de nosotros mismos, si bien antes requerimos sanar las emociones ocultas que nos han provocado los exabruptos que nos condenan a vivir en la incongruencia, la apatía, la pasividad, la desgracia, la intranquilidad, el maltrato, el victimismo y/o la enfermedad.

Nos estamos acercando a un nuevo orden universal que nos invita a concentrarnos en nosotros mismos y comprender que la vida que experimentamos fuera es la proyección de lo que vivimos dentro. El mundo es un reflejo de lo que somos y le damos vida de acuerdo a la forma en que percibimos las situaciones que experimentamos. Vivimos en un universo cuántico y nuestra supervivencia está condicionada a la forma que nos adaptemos a los nuevos paradigmas que nos plantea esta nueva era. Cada uno de nosotros somos el estudiante y al mismo tiempo el maestro de esta nueva visión que se asienta para trascender el mundo personal y universal.

Prólogo

Todos deberíamos recuperar el niño que fuimos. La frase suena a tópico. Más digna de uno de esos posters decorativos que pretenden recordarnos buenas intenciones desde las paredes de un cuarto, que del prólogo de una novela. Todos deberíamos, claro, devolver a nuestra vida la alegría, la candidez, la ¿inocencia? de aquellos años presuntamente felices en que transcurrió nuestra primera etapa del paso por la vida.

Desgraciadamente, la niñez no es sólo el tiempo de esos recuerdos luminosos a que pretende abocarnos un tópico tan remanido como complaciente. Porque la realidad es que la infancia es al mismo tiempo el depósito de experiencias dolorosas, traumáticas o frustrantes, cuya huella resulta incluso más determinante para nuestras vidas que la propia felicidad de los tópicos infantiles. Aunque, como también sabemos, la memoria humana, para nuestra bienaventuranza, sea selectiva y tienda a retener sólo lo agradable.

Pero esas experiencias traumáticas, aunque la conciencia tienda sobre ellas un manto de invisibilidad en defensa de nuestra cordura, no desaparecen. Permanecen alojadas en ese espacio misterioso pero real que llamamos inconsciente, y desde allí dirigen nuestras actitudes y nuestras elecciones vitales. Por eso, a menudo actuamos como ciegos incapaces de comprender qué y por qué nos pasan las cosas que nos pasan, como ejecutores involuntarios de un destino que no podemos conducir con mano propia.

La vida de Margarita / Rita / Daisy, protagonista de esta novela de Luz Quiceno, es el testimonio de esta realidad que nos aqueja, con más o menos intensidad, a cada uno de nosotros. Una mujer con una vida aparentemente "normal", que no se aparta en lo esencial de los roles familiares, matrimoniales, profesionales, de cualquier otra; pero que un día ve interrumpida su rutina por la irrupción de un cáncer que – inesperadamente – le abre camino al progresivo descubrimiento de una realidad que está por debajo de lo que ella misma podía percibir hasta entonces de sí misma. Y Rita, reactiva al principio, luego temerosa, y luego cada vez más afirmada en esta nueva conciencia de sí misma a medida que avanza su relación con dos mujeres que le revelan que el origen oculto de su enfermedad está en el ocultamiento de aspectos traumáticos de su pasado; empieza a comprender las claves secretas de su conducta, alojadas en espacios olvidados, reprimidos, de su mente.

Y con este progresivo desvelar sus propios traumas inconscientes, Rita va también comprendiendo las actitudes de las personas que conforman su entorno directo, y por tanto, su cotidianeidad; lo que le permite recomponer su propia vida, asumiendo lo que debe recuperar y lo que debe dejar de lado, y aceptando reconciliarse con la realidad en su genuina completitud sin poner vendas que nieguen ninguno de sus aspectos. Una comprensión que le permite, incluso, revivir esas situaciones y –de algún modo – revertirlas.

Tras las cortinas no ha sido escrita pensando en formar parte algún día del corpus canónico de la literatura. Es muy otro su objetivo. Luz Quiceno, su autora, es especialista en ese territorio que habitualmente suele englobarse como "autoayuda", escribe habitualmente artículos sobre el particular en medios de Londres, y ha publicado ya un ensayo sobre las relaciones de pareja. Si en esta ocasión elije el género de la ficción, es porque conjetura que a través de un relato inventado, pero que muy bien podría tener perfecta similitud con muchos casos de la realidad contemporánea, podrá encontrar un vehículo más atractivo para difundir su mensaje a más gente. Un mensaje que es, fundamentalmente, pedagógico: consiste en explicar que hay elementos distorsionantes de nuestra vida que no podemos reconocer – y menos superar – si no tenemos el valor de bucear hasta el fondo de nuestra experiencia personal; y esa experiencia fundante se encuentra generalmente enraizada en los primeros años de la vida. Y contarnos que existen métodos y mecanismos capaces de actuar para sacarlos de las profundidades del inconsciente y traerlos a la luz; tal como lo exponen Clara y Cielo, las "mentoras" de Rita en su viaje hacia la verdad y la reconciliación consigo misma.

El objetivo de esta novela es, por lo tanto, su mensaje. Compartamos o no los caminos propuestos. Pero Quiceno tiene la habilidad de sortear con tino las dificultades que suele presentar exponer ideas en forma directa en un texto de ficción; y logra contar la historia de manera, además de pedagógica, entretenida y ejemplarizante, con un buen manejo del ritmo narrativo y un rico lenguaje descriptivo de las situaciones y lugares de la acción.

La autora, sin duda, ha logrado su objetivo. Ahora son los lectores quienes tienen la palabra.

ENRIQUE D. ZATTARA
www.elojodelacultura.com

1. El sueño

Flotaban en el infinito firmamento como piezas de algodón que se hacían agua en la boca de Daisy, quería agarrarlas en su natural inocencia. Las nubes iban pasando y debajo quedaba la ciudad tomando aspecto de pesebre navideño, transformándose en miniaturas que le recordaban los puzles que tanto le gustaba construir. La niña pegaba la nariz a la ventanilla sin perderse detalle, e inclinaba su cabeza esforzándose para ver debajo del artefacto. A medida que éste se elevaba, ella se regocijaba con las diversas formas geométricas que dibujaban los disímiles verdes de la vegetación. Daisy estaba desbordada, no sabía a dónde mirar, cada mínimo elemento que surgía era un juguete nuevo o un maravilloso misterio descubierto. El júbilo de la niña era tal que alcanzaba a camuflar parcialmente el inmenso temor a volar de Rita.

Las constantes preguntas de Daisy la distraían, Rita procuraba concentrarse en las respuestas y en lo que observaba para conseguir solapar su miedo; era la primera vez que la mujer viajaba en un avión. Su aliento estaba contenido, no identificaba nítidamente sus sentires, pero se permitía vivir el alborozo de su niña, la cual disfrutaba escudriñando con candidez y regocijo el despegue.

Cuando el avión estaba tomando más elevación, Rita dijo: «Mira, estamos entre las nubes». En este momento, también se preguntó: «¿Cómo diablos me he subido en esto? Nunca creía que lo haría». Al instante se respondió: «Daisy, Daisy, fue ella». La niña era la responsable de dicha osadía; una promesa que le hizo y debía cumplirle, un sueño que hizo que ambas salieran de su refugio de infancia.

El artefacto fue tomando altura y vuelo, al igual que los pensamientos de Rita. Necesitaba distraerse, calmarse, olvidar dónde estaba, y qué mejor forma que viajar por su mente. Al fin y al cabo, el trayecto sería largo y una gran coyuntura para darse un festín de memoria y reflexión. Recordó que esta aventura se gestó gracias a Daisy, de no haber sido por la pequeña seguro no la estaría viviendo, se repetía en su cabeza. Rita a lo mejor hubiese preferido viajar en barco; no le hubiera importado gastar gran cantidad de tiempo, el agua le producía mayor tranquilidad. Su mente empezó a cabalgar de forma flemática y en sentido opuesto al avión.

Daysi, su niña, era sin duda la principal motivación que Rita tenía para realizar este viaje, ella poseía el gran sueño de volar y pasar la noche en un tren hotel. Aunque según había recordado otrora, en su juventud, Rita soñaba con ir al mar Mediterráneo. Ella lo imaginaba desde que había escuchado aquella canción que cantaba Serrat y que decía:

> *«Yo, que en la piel tengo el sabor*
> *amargo del llanto eterno*
> *que han vertido en ti cien pueblos*
> *de Algeciras a Estambul*

para que pintes de azul
sus largas noches de invierno.

A fuerza de desventuras,
tu alma es profunda y oscura.

A tus atardeceres rojos
se acostumbraron mis ojos
como el recodo al camino.

Soy cantor, soy embustero,
me gusta el juego y el vino,
tengo alma de marinero.
qué le voy a hacer, si yo
nací en el Mediterráneo...»

Una estrofa repetida con constancia en su cabeza desde que la había oído por primera vez. Un sueño que había evocado en un aeropuerto, unos meses atrás, mientras despedía a su hija Sofía que se marchaba a estudiar a Canadá. Su hija le recordó que dicha canción era la nana que Rita le cantaba cuando estaba pequeña, e hizo que se la coreara momentos antes de emprender su viaje; así se despidieron entre el ruido desentonado que salía de la boca de Rita y las lágrimas conjuntas de un "hasta pronto, hija mía".

A partir de ese día le fue surgiendo la idea de recorrer el Mediterráneo; de tal modo que planeó el trayecto partiendo desde Algeciras, en España, no sin antes empezar a cumplir el deseo de Daisy, subirse en un tren, el cual tomaría en Madrid rumbo a Málaga y de ahí se trasladaría al puerto de Algeciras. Pese a que el tren hotel con el que su niña de verdad soñaba lo abordaría en Barcelona, rumbo a París. De Málaga al puerto de Algeciras iría en autobús y de ahí a la Ciudad Condal en ferry, otra experiencia igualmente deseada por su niña.

El único desvió del Mediterráneo en realidad sería para ir a París, luego retomaría el recorrido en Marsella, sobre las costas francesas. Desde dicho puerto continuaría el trayecto. Pasaría incluso por parte del litoral asiático y africano, terminando el viaje por el Mediterráneo, en Italia. En Roma tomaría el avión rumbo a Canadá para encontrarse con su hija Sofía.

Mientras que los kilómetros se consumían, los recuerdos de Rita afloraban con intensidad, rememoraba cuán difícil había resultado satisfacer a Daysi. Empero, por lo que estaban viviendo había valido la pena, lo merecían.

Entre sus disertaciones, Rita se daba cuenta en este instante de la sorprendente ilación de hechos que confluyeron para vivir este sueño. Los sucesos se habían desarrollado en perfecta coherencia, incluso la dolorosa partida de su hija Sofía era un motivo para el viaje, ya que haría la última parada del recorrido para estar con ella, pasarían varios meses juntas. Aún no sabía cuánto tiempo estaría con su hija, ni cuándo terminaría su viaje. La fecha estaba pendiente por escribirse, su regreso era incierto. El tiquete de retorno estaba abierto, por el momento solo quería devorarse el presente y embriagarse con él.

Los pensamientos le concedieron poco a poco la calma que necesitaba para afrontar las diez horas de viaje que le restaban. Las elucubraciones e imágenes empezaron a flotar suavemente en su cabeza, se iban iluminando, quizás por los rayos de luz que de vez en cuando cruzaban intermitentes por la ventanilla del avión. Una secuencia que unida al cansancio de su cuerpo, y a la música de las turbinas, la fue encantando, creando una amalgama que la transportó a las recónditas profundidades.

2. La espera

Acordes y sucesivos rayos de luz penetraban a través del cristal de la ventana, formando líneas transparentes llenas de diminutas estrellas que se adelgazaban en su recorrido hasta cortarse al chocar con el suelo, el sol estaba debilitándose y a punto de caer. Aquellas luminosas figuritas creaban imágenes que transportaba a Margarita por instantes a su infancia y la hacían revivir momentos donde la inocencia la lanzaba a perseguirlas con el ánimo de sujetarlas. Ella las correteaba, se divertía probando asirlas, éstas parecían tener vida; fueron sus compañeras de juego en muchos instantes de su niñez.

De pronto se escuchó un ruido que interrumpió sus recuerdos y Margarita se levantó presurosa hacia la ventana; una vez allí, no pudo observar nada, el brillo del sol daba frente a sus ojos, por un instante vio un difuso paisaje teñido de ámbar, tuvo que esforzarse para aclarar su visión. Cuando al fin lo consiguió, buscó rápidamente sobre el aparcamiento que estaba situado a unos cuantos metros por debajo del cuarto piso del edificio donde se ubicaba su apartamento, contactar con el carro carmesí. El rojo era la señal visual que esperaba hallar, un indicativo de que su esposo había llegado por ella. Sus ojos, a pesar del contraste cromático sufrido, insistieron afanados en buscar aquel Renault rojo, oxidado y corroído en sus aletas traseras, el cual tenía todavía el rastro de un golpe al lado derecho del parachoques; una impronta de su inexperiencia al volante, precisamente ella le había infligido el mismo, tratando de parquearlo en reversa. Lo chocó con un poste metálico de esos que ubican a media altura en los parqueaderos de los centros comerciales.

Margarita evocaba con detalle el incidente: dicho día, estaba discutiendo con su marido después de llegar de un corto viaje en el que habían estado en casa de sus padres; ellos, en especial su padre, estaba orgulloso de que Margarita aprendiera a conducir, ella ya tenía su licencia. Por vergüenza de su suegro, Efrén, con algo de desdén, accedió a que ella tomara el volante en el viaje de regreso a casa. En el trayecto, su marido le lanzó varios gritos desesperados que la alteraron. A pesar de tal sonoridad, ella decidió hacerse con el coraje suficiente que los regresara seguros a su domicilio. No obstante, una vez se bajaron del vehículo, la discusión empezó y continuó hasta su apartamento, entonces, en medio de la reyerta y con el afán de demostrarle sus habilidades automovilísticas y lo equivocado que estaba Efrén al creerla incapaz de conducir sin su compañía e instrucciones, ella tomó las llaves del carro y se dispuso a marcharse.

Margarita quería acumular millas, algo difícil de acuerdo con la consabida necesidad de su marido de mantener su supremacía al volante; cuando ella por fin lograba conducir, él le llovía con críticas, gritos y reproches. El hombre le recriminaba con fuertes palabras que retumbaban en sus oídos, pringándole todos sus miedos al mismo instante; sus manos empezaban a temblar y la teoría recibida en las clases de conducción se diluía entre el sudor de las palmas de sus manos y el timón.

Cuando Margarita se dirigía a la puerta de salida del apartamento, Efrén, al ver su gesto, la llamó:

—Rita, Rita. — Así la llamaba la gente de su entorno.

El grito pareció tardío. Ella cerraba la puerta y salía impulsada. Un arrebato que se fue desvaneciendo a medida que bajaba las escaleras de su apartamento hacia el portal y se acercaba al vehículo. La duda fue poseyéndola apoderándose del total de su cuerpo. Al sentarse al volante, pareció olvidar lo aprendido, no recordaba el proceso para empezar a conducir, sus manos empezaron a temblar al igual que sus pies. Las huellas de sus manos impregnaron el timón con la evidencia de su temor. Rita tampoco atinaba la cerradura para introducir las llaves, así que empezó a darse mensajes en voz alta:

—Vamos, tú puedes, eres capaz, tranquilízate, Rita.

—Hasta que consiguió encender el vehículo, luego tomó aire varias veces y cuando se sosegó parcialmente, arrancó, aunque salió lentamente.

Rita decidió que iría a un centro comercial cercano, total, el propósito era transmitirle a su esposo que ella podía conducir sin su ayuda. Tardó unos diez minutos, claro que para ella lucieron como una eternidad. Para llegar al centro comercial tuvo que cruzar dos semáforos, la ruta era bien conocida, pero para Rita sentada al volante era todo un reto. Una vez en el parqueadero rodó buscando un sitio amplio, sin coches al lado, pero existían pocos. De pronto vio uno y pese a que tenía vehículos a los costados, lucía apropiado, el asunto era que tenía que hacerlo en marcha atrás y, además, cuando menos lo pensó, tenía otros vehículos esperando detrás. Rita nunca había practicado dicha maniobra, tomó aire, intentó recapitular el método aprendido en los cursos de conducción y que alguna vez había visto realizar a su marido y empezó el procedimiento. Mientras realizaba los movimientos, sus manos no dejaban de sudar frío y temblar, pero no le quedaba otra opción, ya no podía regresar. En voz alta empezó a decirse lo que recordaba: —Primero, vas cerca, de frente al parqueadero, luego pasas completamente sobre él y giras en sentido contrario a donde vas a aparcar, pones marcha atrás, luego te viras sobre sí misma y miras al mismo tiempo por el retrovisor a medida que aceleras suavemente, y no olvides estar observando los espejos laterales. — Así fue realizando cada paso. Rita logró de este modo parquear el vehículo entre los dos coches, todo iba de maravilla hasta que escuchó un leve chasquido y, en lugar de detenerse, continúo, pensó que el ruido no provenía de su carro y se detuvo cuando creyó estar a la distancia adecuada del andén. Enseguida de apagar el vehículo, empezó a percibir que los transeúntes la miraban de forma extraña, y al mismo tiempo dirigían los ojos hacia la parte trasera de su carro, sus ojos estaban muy abiertos y haciendo comentarios. Rita no entendía, llegó a preguntarse: «¿Qué será lo que pasa?». Advirtió lo sucedido al bajarse, justo cuando estaba cerrando la puerta del carro y observó hacia dónde se dirigían aquellas miradas, pudo reparar que el guardabarros de la parte trasera derecha de su coche estaba machacado contra un poste metálico a media altura que ubican para que los conductores no suban los carros sobre el andén, lo cual era precisamente lo que ella había hecho; Rita remontó el neumático derecho al andén, sin siquiera notarlo. Así terminó aquel grito de autonomía, con una gran vergüenza; no solo por ese suceso, sino al entregarle a Efrén los vestigios del acto. Le juró que jamás volvería a sentarse al volante, algo que él verdaderamente agradeció, según le escuchaba decir abiertamente en tono burlesco ante amigos y familiares.

Rita permaneció asomada a la ventana por unos minutos más, esperaba ver el susodicho vehículo, pero el sol, además de encandilarla, la sofocaba. El tiempo era caluroso, típico de la región en el mes de diciembre, una época donde el clima mostraba su carácter y la inclemencia de sus huestes rayos perturbadores en días como este. Desde el cuarto piso de su apartamento se observaba parte de la panorámica de la ciudad, los filos de los edificios a lo lejos lucían como pequeñas piezas de lego, a estas horas de la tarde se teñían fugazmente de un ocre veraniego que contrastaba con el verde monocromático que veía al costado derecho de su ventana, describiendo un paisaje natural de cimas y ondas propias del sector que contagiaban por su proximidad el sitio donde ella vivía. La zona era un lugar encadenado entre picos altos y bajos; una de las razones por la cuales Rita temía conducir, había pendientes bastante inclinadas para llegar a su casa, tanto que en algunas había que cambiar la caja de marchas de segunda a primera para que el vehículo subiera, y en la cúspide, casi que anclar los neumáticos en la cresta para impulsar el carro y continuar.

Medellín era una ciudad de contrastes entre la belleza y su ausencia, según el lado que se detallara, estaba claramente diferenciada por las fronteras entre la pobreza y la riqueza. Sin embargo, sus gentes tenían un factor común, la amabilidad, razón por la que atraía y producía un inmenso deseo de peregrinar entre las raíces de su gente y descubrir el encanto de sus habitantes, pobladores henchidos de afabilidad y alegría, con un gran don de superación y ganas de servir inexplicable, dadas las condiciones en que se desarrollaba la vida de sus gentes: entre la paz y la violencia, entre la vida y la muerte. La amabilidad y el deseo de superación era un sentir misterioso que unía a ricos y pobres; violentos y pacíficos; vivos y muertos.

Rita había llegado a Medellín veintiún años atrás, cuando una amiga y compañera de estudios que llevaba unos meses viviendo allí con un familiar, le mencionó sobre una convocatoria como secretaria para un colegio. Rita, al igual que sus hermanas, habían estudiado en un instituto comercial. Ella era de Provincia, una ciudad que distaba unos seiscientos kilómetros de Medellín, deseaba desde muy pequeña vivir en una metrópoli, su amiga lo sabía y por eso la llamó. Se presentó al concurso y, aunque tenía apenas unos meses de experiencia, lo ganó, tuvo mucha suerte, le decía todo el mundo por aquel entonces. Empezó a vivir con su amiga en una habitación alquilada, hasta que se casó con Efrén, un año después. Él era un profesor que ajustaba trabajando cinco años en dicho colegio, ellos empezaron su romance en una de las primeras fiestas de integración laboral.

Efrén había nacido en la ciudad, su cultura era un poco diferente a la de Rita; él iba todos los domingos por la mañana a la iglesia con su madre y luego salían de allí para su casa, una costumbre que todavía profesaba y que Rita compartió con él por muchos años. La suegra vivía cerca, o más bien ellos vivían cerca de ella, ya que su esposo no deseaba alejarse de su madre. Rita se dejó influir por él, y aunque habían cambiado de vivienda continuamente -vivían de alquiler-, siempre buscaban por la zona, si bien en este apartamento habitaban desde hacía ocho años. Rita quería más estabilidad para su hija, creía que su rebeldía se debía a la suma de cambios de domicilio, así que, por dicha razón, decidió permanecer en este apartamento hasta el día de hoy, claro que con el transcurrir de los días se evidenció que la causa de la sedición de Sofía era otra. Su hija tenía cerca de 17 años, estaba a punto de ir a la universidad, era una chica beligerante, díscola y procaz, hasta el punto que tácitamente Margarita y Efrén preferían abstraerse de confrontarla o discutir con ella para evitar su cólera.

Las costumbres dominicales de Efrén era algo que Rita en los primeros años de convivencia conyugal justificaba como cultural, no obstante, con el paso del tiempo, dejó de suponerlo de esta manera y empezó a aburrirse de la mencionada rutina, pero pese a esto la seguía cumpliendo para no disgustarlo; él no le permitía que le tocara ni en bien ni en mal a su madre y Rita lo tenía correctamente asumido. Hasta que un día comenzó a patentizar su inconformismo ante Efrén, al encubrirse con la negativa de Sofía al hacerse un tanto mayor; ella tenía unos diez años cuando se negó a seguir a su padre, situación que aprovechó Rita para abstenerse también, aunque de vez en cuando iba con su marido para mantener el beneplácito de su suegra.

Efrén provenía de una familia numerosa, eran cinco hijos, su padre había muerto cuando él tenía once años, él era el menor de cuatro hombres y una mujer. Los hermanos vivían en el extranjero, ocasionalmente se veían con ellos, de hecho, cada año para las navidades, una época que por tradición buscaban reunirse las familias, pero en vista de que, asimismo, Rita iba a ver a su familia, el contacto con los parientes de su marido era escaso.

Los minutos transcurrieron y Rita seguía esperando a Efrén, estaba sentada en un sofá en el salón con el televisor encendido, intentaba distraerse con algún programa, miró el reloj, eran las cuatro y veinticinco minutos de la tarde y su esposo había quedado de recogerla a las cuatro para ir a comprar algunos víveres. Era viernes y ambos salían más temprano de sus respectivos trabajos, a las tres de la tarde. Rita en el presente laboraba en otro colegio, en uno privado, se desempeñaba como tesorera merced a que había estudiado a distancia áreas administrativas y contables. Ella decidió cambiarse de trabajo para progresar, además era bastante difícil vivir y trabajar con Efrén, él todavía laboraba en el mismo lugar, ajustaba alrededor de veinticinco años.

Cuando Rita y Efrén trabajaban juntos y Sofía no había nacido, ellos se esperaban y por lo general los viernes salían de fiesta con sus compañeros de trabajo, hasta que nació Sofía, puesto que Rita iba directo a recogerla en la guardería donde la dejaba desde los tres meses de nacida, el lugar estaba próximo a su vivienda. Efrén le decía que luego se encontrarían en casa, buscando cualquier excusa para quedarse. Rita recogía a la niña y se marchaban al apartamento a esperarlo, si bien, por costumbre él no llegaba hasta el día siguiente.

Efrén se quedaba de fiesta con sus amigos, habida cuenta de esto, Rita se empecinaba por todos los medios de inventar actividades para hacerlo desistir de sus intenciones y que compartiera con ellas, empero los incentivos eran infructuosos, nada parecía dar resultado: mientras ella buscaba atraerle, él buscaba alejarse, se inventaba diligencias, reuniones o cualquier motivo para conseguirlo.

Pasado un rato, la televisión empezaba a despistar a Rita, al comienzo la entretenía a pesar de que únicamente interpretaba imágenes, ya que escuchaba mínimamente debido al ruido que emanaba de los vehículos circulantes, en especial de los autobuses, los cuales retumbaban al subir por la calle empinada donde se encontraba su edificio. Los buses ocasionaban un ruido similar al que recordaba haber sentido en su oído con los ronquidos de su tía Ramona; una acústica que se había quedado impregnada en su memoria desde muy niña, cuando tuvo que dormir con la mujer en la misma cama y motivo de mofa de sus hermanas en las reuniones familiares, una noche que nunca olvidó. Rita de pequeña tenía un sueño tan profundo que lo único que la había desvelado eran esos ruidos entre un taladrar y motor pidiendo reparación del ronquido de su tía.

Con el transcurso de las horas y el manifiesto acarrear automotriz, la televisión se constituyó en un mal placebo para su espera; no solo por la bulla externa sino por las ansias que empezaba a percibir. Tampoco podía cerrar las ventanas, puesto que las necesitaba abiertas tanto por el calor que la abrigaba como por la necesidad de avivar prontamente su ilusión al menor indicio del advenimiento de Efrén. Cada esfuerzo por concentrarse en la televisión resultaba en vano, buscaba canales con el control remoto, esperando encontrar una efímera distracción. En realidad, no lograba apartar de su mente a su esposo, sus vistazos al reloj se perpetuaban y cada dos minutos su quimera sensación la empujaba a la ventana. El trayecto se convirtió en una pauta, de modo instintivo se dirigía allí, los segundos le fueron pareciendo minutos, los minutos horas, y las horas, días. Sentía en cada paso a la ventana la zozobra de ver el manifiesto vehículo parqueando. La ilusión en el recorrido se le evidenciaba con un leve estrangulamiento en el estómago, le dolía justo en ese punto, en el medio, donde se unen las costillas con el esternón y por un instante se quedaba sin aire, hasta que observaba por la ventana creyendo ver el resplandor rojo en el parqueadero de Efrén; una realidad que la obligaba a exhalar. En aquel hálito, el tiempo parecía detenerse y ella alcanzaba a fantasear, recreando en su mente la imagen de ver bajar a su marido del mencionado vehículo, entrar por la puerta de su edificio y luego del apartamento; una escena que le alimentaba sus sensaciones pueriles e incluso alcanzaba a vivir esa sensación paradójica entre la alegría de verle y la rabia por la larga espera. Una escena que la exaltaba y bordaba su cuerpo entre el frío y el calor coherentes con sus sensaciones discordantes, pero la falta de aire la obligaba a aterrizar de su quimérico viaje y despertar para darse cuenta de que dicho carro no estaba allí, en ese parqueadero, el número doscientos cuarenta y tres.

Por enésima vez Rita observó el reloj que colgaba en la parte superior de la pared, justo encima del televisor, éste robaba su mirada más que la propia televisión. De igual forma, soslayadamente echaba una mirada al teléfono, esperando un sonar que la hicieran sobresaltar de alegría, al momento pensaba: «¿No se dignará llamar?, o ¿será que le ha pasado algo?». Preguntas reiteradas que se hacía posterior a las cuatro y treinta de la tarde. A estas horas ya empezaron a pasearse diversas especulaciones, y las que sin duda proliferaban con mayor ahínco en su cabeza eran las catastróficas. La imagen de Efrén herido y chorreando sangre por alguna parte de cuerpo disputaba el primer puesto dada su intensidad de sufrimiento y volumen; lo veía atracado por maleantes o postrado en la calle en medio de la multitud, quizás muerto, luego se estremecía profundamente, entonces buscaba apartarse de dichos pensamientos sacudiendo su cabeza, autocriticándose por su incontinencia trágica. Prefería apostar por otros menos fatalistas, claro que resultaban igual de dolorosos: «¿Y sí está con otra mujer?», llegó a decirse e inmediatamente se inundaba de rabia. Y de pronto recordaba que unos días atrás, escuchó a Efrén hablar en tono muy bajo y afable por el teléfono, él no le comentó nada. Tan pronto como colgó, cuando ella le preguntó que quién le había llamado, Efrén le dijo que era una compañera de trabajo. «Y si a lo mejor tuviera una aventura con ella… podía ser», la sola idea la lastimaba tremendamente, más al saber que dicha mujer era también su amiga. Indudablemente, habida cuenta de todo lo imaginado era preferible esta última conjetura a que le hubiera pasado algo malo.

Después de varias horas de espera Rita decidió mermar la frecuencia de rondas entre el sofá y la ventana, la desilusión se hizo cómplice del terreno de la objetividad, aparte, dentro de su fuero interno ella sabía lo que se negaba a admitir: a pesar de las cavilaciones que habían circulado por su cabeza conocía muy bien el preludio del acontecimiento; el silencio y la larga espera eran una clara evidencia de que debía empacar las nimias esperanzas que le quedaban, los indicios unidos al hecho de que fuera un día viernes en la tarde daban lugar un suceso frecuente: su esposo llegaría al amanecer o al día siguiente, estaba embriagándose, o como ella solía denominar el hecho "estaba de fiesta".

Ya pasaban unos treinta minutos de las ocho de la noche cuando Rita sintió la puerta de entrada, ella estaba en la cocina sirviéndose la cena, contuvo el aliento esperando un milagro y sentir el trinar de las llaves junto con el arenoso y bronco caminar de su esposo, el cual identificaba con diafanidad luego de casi veinte años de matrimonio; aunque lo que sintió, fueron fugaces y extraños sonidos que pronto detectó, eran los de su hija Sofía, al instante la vio de frente, era una joven hermosa, al menos para ella, su cabello era largo, color ébano y liso, un motivo para prolongadas conversaciones desde que Sofía tenía corta edad, ellas solían departir mientras Rita la peinaba y acicalaba. Sus ojos eran negros y penetrantes, hecho que se acentuaba al contrarrestar con su piel lechosa. Cuando estaba amorosa era encantadora, igualmente antipática y odiosa cuando estaba iracunda, vivía en antagonismo, de forma semejante a la ciudad donde vivían.

—Hola mamá. —dijo amorosamente Sofía al verla, aunque su voz sonaba presurosa.

—Hola hija, ¿no ibas a llegar tarde? —le preguntó Rita. Sofía se acercó y le plantó un beso en la mejilla, luego salió corriendo hacía su habitación y con la voz difuminándose, le respondió:

—Sí, sí, es que se me olvidó la entrada para el concierto—exclamó desde su habitación para que su madre la escuchara. Al momento estaba de nuevo a su lado, le dio otro beso. Rita la siguió rápidamente hasta la puerta para poder hablarle y despedirla, entretanto le preguntó:

— ¿Cómo viniste?

—Me trajo Víctor— Y de pronto la hija se giró cuando ya estaba abriendo la puerta y le preguntó:

—¿Y papá? ¿No iban a ir a comprar?

—No ha llegado—respondió Rita.

—Ya me lo imaginaba. Como siempre —dijo Sofía. Inmediatamente se marchó apresurada.

Se avecinaba la media noche y con su proximidad mermaron ostensiblemente los sonidos en la calle, el ruido de los autobuses ya no se escuchaba, su jornada había cesado, lo que representaba una gran concordia acústica para Rita. Algún que otro vehículo circulaba. A lo lejos se empezaba a oír la música de alguna fiesta, típica del ambiente tropical y el jolgorio de una ciudad que comúnmente se embriagaba de baile, alcohol y celebración todos los fines de semana, en especial el viernes. Mientras esto sucedía en el exterior, dentro de su casa, Rita daba vueltas en la cama sin lograr dormirse, no conseguía acomodar sus piernas al colchón y éstas giraban como sus pensamientos, de un lado al otro sin detenerse por mucho tiempo en un punto.

Rita prefería irse a la cama así no se durmiera; fingía estarlo cuando Efrén entraba en la habitación; en verdad ella era incapaz de conciliar el sueño hasta que su marido e hija llegaban. Ella había optado por tal simulación para "evitar problemas", una conducta producto de dos aciagas madrugadas donde osó esperar a Efrén despierta, sentada en la sala, quería reclamarle su grave falta. La primera vez sucedió unos meses posterior al nacimiento de su hija, poco más de un año de casada, ella buscaba recriminarle su comportamiento, esperó en la sala sentada en un sofá a que él entrara e inmediatamente lo sintió, se levantó molesta, se plantó en medio de la sala con las manos en la cintura e impidiéndole el paso y con un tono desafiante, máxime al verlo ebrio, le expresó:

—Estas no son horas de llegar a la casa y menos en ese estado ¿Este es el ejemplo que le vas a dar a tu hija?

Efrén la observó con su mirada perdida y sin mediar una palabra, le mandó un puñetazo cerca de su oído izquierdo que la elevó por el aire y la dejó semiinconsciente en el suelo. La segunda vez fue cuando Sofía tenía ya cuatro años, Rita sentía con la maternidad una dosis extra de coraje, además se creía merecedora del respeto de su marido, de modo que dicho día, embebida y lanzada por la rabia, decidió esperarlo, se sentó igualmente en un sofá de la sala y cuando Efrén accedió a la casa, se levantó del sitio y, pese a que simuló estar serena, se dirigió lentamente hacia él y le hizo unos cuantos reclamos, le pidió una explicación. Entonces su marido la agarró por el cuello, la condujo contra la pared y cuando Rita creía que la ahorcaría y el espanto a la muerte la poseía, apareció Sofía llorando y gritando:

—No, papá, no. Mi mamá. No, no —un lamento de inocencia que le salvó la vida y de no ser por la niña que seguramente se despertó al escuchar los quejidos de Rita, «quién sabe si estaría recordándolo», como solía decírselo ella misma.

Posteriormente a los susodichos hechos, Rita se prometió jamás volver a esperarlo, una osadía que casi le cuesta la vida, prefería mantenerse en la cama y falsear el sueño; así "evitaría cualquier problema". Efrén era un hombre muy tranquilo, en su sano juicio, presumía que su agresividad era únicamente en estado de embriaguez y con ella, ya que previo al nacimiento de Sofía, cuando salían los dos con amigos de fiesta, él modificaba su tono al hablarle, se tornaba un tanto agresivo con Rita, le lanzaba unas miradas que la asustaban, buscaba motivos para enojarse, claro que nunca la había agredido en la calle. Con las demás personas se comportaba calmado, en absoluto le habían comentado de algún incidente, ella tampoco le había detallado alguna mácula o conato de altercado físico. Unos antecedentes que la condujeron adicionalmente, después de la primera agresión, a dejar de salir con Efrén mientras estuviera embriagándose o intuyera que existía una mínima posibilidad. Rita de manera sagaz se inventaba motivos, generalmente el de irse por Sofía le funcionaba, era una excusa perfecta.

Del silencio de la soledad emanaban alaridos dentro de Rita, otorgando el poder a las especulaciones que torturaban su corazón; los instantes eran una infinitud donde se vaciaba una vida vivida en una noche. Cada vez que daba un giro y quedaba boca arriba, sus ojos se abrían y quedaban en frente del cielo raso de su habitación, no podía eludir detenerse en aquellas líneas en la madera de la quinta tablilla, era la primera vez que las observaba, por eso contó las filas para identificarla. Entretanto se cuestionaba: «¿Cuánto tiempo viviendo aquí y no había visto estas líneas?», unas líneas que conformaban imágenes incoherentes que cobraban sentido de manera aleatoria en su cabeza. Hizo la cuenta detallada con sus dedos desde el día que llegó a vivir a este apartamento y se dijo: «Han pasado ocho años, seis meses, diez y seis días, una hora, veinte minutos y catorce segundos, sin darme cuenta de las sinuosas formas de estas líneas», se dijo.

Los pensamientos circunstanciales viajaban de forma fortuita entre la percepción de sus sentidos y la preocupación, por instantes no sabía si estaba despierta o dormida. De pronto pensó: «¿Estoy dormida, por fin?», pero inmediatamente reparó que «¡no!», al ver aquellas líneas ondeantes en la tablilla de la quinta fila del cielo raso que momentos antes había percibido por primera vez, eran líneas ondeantes y amorfas que por soplos se manifestaban en formas reales, como cuando de pequeña se distraía con las nubes o con las estrellitas de polvo, sin embargo hoy la perturbaban.

Rita nadaba sobre la cama buscando en cada giro atrapar el díscolo sueño en algún sitio de su lecho, sin embargo, su cerebro se quedaba instaurado en múltiples divagaciones, las conmociones la salpicaban con formas escabrosas que la afligían hasta el punto de que consiguieron brotar de forma inesperada dos gotas de sus ojos, éstas rodaron suavemente rastreando sus mejillas, luego salieron otras y otras, desplazándose atraídas por la pauta de las anteriores, su almohada se fue humedeciendo, y de repente Rita se pasó bruscamente sus manos para secarse la cara, pero cuando realizaba el movimiento, reconoció con asombro y exclamó «¡Estoy llorando!»; al igual que sentía un cimbronazo en su corazón y de nuevo se habló: «Si yo nunca lloro, ¿es que soy estúpida? ¿Qué me pasa? Si nada es diferente a lo que sucede todos los viernes; Efrén está con sus amigos, a lo mejor con otra mujer, y mi hija está en un concierto. ¿Por qué lloro?». Se recriminaba con cierto coraje, ella no era mujer de lamentos, de hecho no recordaba la última vez que había llorado. Casi de inmediato obtuvo una respuesta que la obligó a abandonar sus reproches: «Lógico, antes era solo la ausencia de mi esposo, actualmente se le suma la de mi hija». Una doble espera, un doble dolor.

Durante lo extenso de la noche Rita fluctuó entre esporádicos espasmos de sueño y un diálogo interno que no cesaba en su cabeza, una noche interminable. Ella seguía diciéndose por momentos: «Son 20 años con esta tortura, esperando, siempre esperando, ODIO ESPERAR», protestaba internamente, y de nuevo lloraba, diciéndose: «¿Por qué me pasa esto a mí?». Una pregunta que lanzaba al aire, esperando una voz que le respondiera, quizás la de Dios, un ángel o el mismo demonio; a cambio solo escuchaba su moqueo.

Entre lágrimas y la locuacidad mental se permitía dormir por lapsos, hasta que el sonido de la puerta la hizo sobresaltar, detalló en el reloj sobre su mesa de noche, eran aproximadamente las tres de la mañana, sintió a su hija entrar y acostarse. Ante el estremecimiento, se volvió a quedar con los ojos abiertos, decidió levantarse de la cama, fue al baño, tomó agua y rápidamente regresó. Cuando estuvo de nuevo en su lecho, se sintió más relajada al saber que su hija ya dormía en sus aposentos. Luego, otra vez, regresó a los aciagos caminos de los pensamientos catastróficos; de celos, rabia y recriminación; los cuales quedaban pegados por las lágrimas y mocos que emergían entre cada emoción sufrida, hasta que la batalla del sueño logró vencerla por un largo periodo.

Sintió que su cama se zarandeaba y al instante, los pies helados de su marido rozaban los suyos, pudo identificar con sus ojos entreabiertos el resplandor de un haz de luz matutino infiltrarse por un ojal de la cortina de la habitación, cerró sus párpados esperando atinar sosiego, aunque, en lugar de relajarse como siempre había sucedido al saberlo en casa, una sensación inesperada recorrió su ser, escuchó como si una voz le dijera, «Prepárate, se acerca el final». «¡Qué raro!», se dijo, y prefirió pensar que era uno de sus habituales pensamientos de desgracia o un simple pálpito, fruto de las quimeras predecesoras al sueño y la desafortunada noche acaecida.

3. La noticia

El repicar del teléfono se escuchó mientras Rita estaba en el baño, eran como las cuatro y media de la tarde, recién arribaba de su trabajo.

—¡Contesta, Sofía! —exclamó Rita para que su hija la oyera.

—Ya voy, mamá —respondía Sofía con desdeño a la vez que se dirigía a tomarlo.

—Hola —se escuchó decir a su hija. Y después de una pausa dijo:

—Ya se la paso. —De inmediato Rita supo que alguien la estaba llamando y aceleró su proceso nefrítico.

—Ama, te necesitan —vociferó Sofía cerca de la puerta.

—¿Y quién es? —dijo Rita. Al momento abría la puerta y se topaba de frente con su hija.

—No sé.

—Te he dicho que preguntes. A lo mejor es un vendedor.

—¿Entonces le cuelgo? —dijo en tono grotesco y desafiante su hija. Rita prefirió no seguir por este camino para no alterar a Sofía.

—No. Ya voy, gracias, hija.

Rita se encaminó a la sala para tomar el auricular y Sofía volvió a su habitación. Ella tomó el teléfono que estaba en una mesa auxiliar junto al sofá principal, se sentó en el posabrazos y habló:

—Sí, hola, buenas tardes— Al otro lado del auricular escuchó una voz femenina, un tanto reconocida, decir:

—Buenas tardes, ¿estoy hablando con la señora Margarita Villada?

—Buenas tardes. Sí, con ella.

—Hola, señora Villada, soy Cecilia, la asistente del doctor Duarte, su ginecólogo.

—¡Ah hola! ¿Cómo estás? —dijo Rita un tanto sorprendida y pensó: "¿Para qué me llaman? Si ya me hicieron la citología y el doctor siempre me ha dicho que si a los pocos días no me llama es porque todo ha salido correcto. Y ya pasó casi un mes".

—Bien, gracias. La estoy llamando porque el doctor quiere que usted venga cuanto antes a la consulta.

—¿Algún problema? —atinó preguntar Rita.

—No se preocupe. El doctor únicamente me dijo que le diera una cita. ¿Cuándo puede venir, señora Villada? Lo más pronto que pueda —Rita se quedó por un instante cavilando y le contestó:

—Mañana. Sí, mañana como a las once de la mañana. ¿Estará bien?

—Sí, claro, yo le abro un espacio. El doctor la estará esperando a las once.

—Allí estaré. Gracias, hasta mañana.

—Hasta mañana.

En la cama, unos minutos antes de dormirse, Rita le comentó a su marido que la habían llamado para una cita con el Doctor Duarte, Efrén le dijo:

—No te preocupes, ha de ser un error —dijo, con su lengua un poco pesada por el sueño. Pese a las palabras de

Efrén, ella estuvo dando tumbos en la cama, durmiendo de manera intermitente.

Al día siguiente Rita se dirigió a cumplir su cita médica, el reloj marcaba las doce y treinta y cinco del mediodía cuando Rita lo miró; ella se encontraba sentada en la sala de espera de la consulta del Doctor Duarte, a su alrededor había varias mujeres embarazadas, dos de ellas estaban acompañadas por sus esposos; de su lado izquierdo estaban otras dos mujeres, una mayor con otra muy joven, la joven de unos veinte años, se notaba como si fueran madre e hija.

De pronto se abrió la puerta y el corazón de Rita se volvió a agitar deprisa como cada vez que había sucedido esto, cerca de tres pacientes habían pasado desde que ella estaba en la consulta. Rita llevaba esperando por más de una hora y media, se sentía ansiosa desde la llamada de Cecilia el día anterior. Hasta había llegado antes, le pidió permiso al director del colegio a partir de las diez de la mañana, de tal modo que salió ligero y abordó un taxi en dirección a la consulta que quedaba en el centro de la ciudad, con tan buena suerte que el tráfico estaba fluido y arribó previo a la hora.

Pasados unos quince minutos, de nuevo se abrió la consulta y ella alcanzó a ver en esta ocasión la cara del doctor, un rostro que ella reconocía muy bien, había sido su ginecólogo durante veinte años; claro que, hoy se apercibía desconocida para él y se preguntaba cómo podía ser, si aquel hombre había visto tantas veces sus partes íntimas, incluso sus entrañas, al traer su tesoro más grande a este mundo, su hija Sofía.

Luego se escuchó la voz de Cecilia, la secretaria, decir:

—Señora Eucaris, adelante, siga por favor a la consulta —de inmediato Rita quiso acaparar todo el aire disponible en el recinto buscando algún calmante en el ambiente que le devolviera el sosiego. Ella estaba preocupada y pese a que procuraba deshacerse de los pensamientos negativos, ellos insistían, por su cabeza habían pasado todas las conjeturas posibles, especialmente aciagas, en su habitual incontinencia de especulaciones catastróficas; partió de la idea de un embarazo, se veía con un gran abdomen y sentía una inmensa vergüenza -estaba mayor para esto-; también especulaba sobre una posible enfermedad o quizás un cáncer, se veía en un quirófano con muchos médicos, una imagen que le aterraba y rápidamente la desechaba de su mente; hasta la idea de una venérea se le ocurría, y se cuestionaba si sería que su esposo se había acostado con alguna mujer enferma, pues ella solo sostenía relaciones sexuales con él, un pensamiento que la hizo irritar.

Aquel discurrir de hipotéticos sucesos la transportaban a figurar incluso su ataúd y veía la escena de su hija y esposo llorando su muerte, luego, se decía: «No, todavía no, es mejor la venérea. No, no, es mejor que esté embarazada, pero si ya tengo 39 años, ya casi con cuarenta, no, no». Y cerraba el ciclo de sus pensamientos diciéndose así misma: «Qué estúpida soy, espérate a que te diga algo el doctor, tal vez no sea nada de esto, a lo mejor sea algo bien distinto, pero… ¿qué más podría ser?». Y de nuevo arrancaba el circuito de supuestos siniestros por su cerebro. Súbitamente, una suave vocecilla interrumpió sus disertaciones, diciéndole:

—Señora, ¿me puede pasar esa revista, por favor? —Rita la miró, era la joven que estaba a su izquierda con la "madre". La visión de la muchacha la condujo a girar la cabeza a su derecha y darse cuenta de que estaba sentada junto al revistero.

—Sí, claro, ¿cuál quieres? —le preguntó Rita sonriéndole.

—Justo la que está encima. Gracias —dijo la joven. Rita cogió la revista y se la entregó. —Gracias señora —le dijo e igualmente le sonrió, lo mismo que su "madre". La cual pareció aprovechar el momento para preguntarle:

—¿A qué hora tiene su cita?

—A las once —respondió Margarita —. ¿Y ustedes? —dijo.

—A las once y veinticinco. Pero fíjese, ya son las doce y cuarenta y nada, que no nos hacen pasar—dijo la dama en tono reclamante.

—¿Es primera vez que vienen donde el doctor?

—Sí— respondieron al tiempo las dos mujeres.

—Yo vengo desde hace casi 20 años y esto siempre es así, incluso es posible que lo llamen para algún parto y el doctor salga de inmediato, entonces dan cita para el día siguiente —ella intentaba relajar a las dos mujeres, su veteranía la avalaba para manifestar aquello con seguridad. Pero el comentario, según observó, produjo el efecto opuesto; ellas abrieron los ojos más de lo normal y la mujer mayor replicó con desconcierto:

—¿Cómo?

—Lo que acontece es que el doctor es el mejor ginecólogo en muchos kilómetros a la redonda y tiene muchas pacientes. No hay uno mejor que él en la región, y me atrevería a afirmar que en el país.

—Sí, ya veo... la cita me la dieron hace cuarenta días. Y eso que es un médico particular.

—Así es, aunque una vez que eres paciente de él, si necesitas algo te abren espacios de consulta, a mí por ejemplo me llamaron ayer y me dieron la cita para hoy.

—¿Y qué le pasa, señora? ¿Está enferma?

—No, no lo sé. Simplemente me llamaron ayer y Cecilia, su secretaria, me dijo que el doctor necesitaba hablarme, hoy me dirá —les manifestó Rita. Quiso recular, advirtiendo su imprudencia, máxime posterior a escuchar el siguiente comentario:

—¿Está como raro eso? ¿No le parece? —dijo la mujer mayor, esperando un gesto de complicidad de Rita, aunque ella simplemente alzó sus hombros y apretó sus labios, ladeando su cabeza.

La mujer prosiguió casi deleitada:

—Fíjese que a una amiga mía cuando la llamaron así de urgencia era porque tenía cáncer, lastimosamente ya no hubo nada para hacerle, en 6 meses se murió —expresó la dama con cierto deleite en sus ojos.

—¿Ah sí? —dijo Margarita. En el acto su rostro palideció y sintió escasez de aire.

La muchacha de inmediato le lanzó a "su madre" una mirada fulminante, al tiempo que chocaba levemente su hombro contra el de ella. Entonces, la mujer, procurando subsanar su falta de sensatez e imprudencia al ver palidecer a Rita, dijo:

—Pero a lo mejor no es su caso. —Rita devolvió su mirada al frente y habida cuenta de lo escuchado, empezó a moverse de forma inquieta en la silla, sus manos empezaron a transpirar, brotaron diminutas chispas de agua fría por encima de los pliegues de su nariz y cuando tales manifestaciones se presentaban, la puerta de la consulta se volvió a abrir, salió la señora Eucaris. Rita alcanzó a escuchar de forma lejana su nombre y seguidamente Cecilia le insistió dirigiéndose a Margarita:

—Puede seguir, señora Villada—Rita se levantó automáticamente, se encaminó a la puerta de entrada de la consulta, observó al doctor, él le sonrió y le habló afectuosamente sin que ella lo escuchara:

—Adelante, mi señora, sígase y se siente —entretanto cerraba la puerta. Rita atravesó dicho umbral, continuó el recorrido, lo conocía de memoria, se encaminó al corredor que la conducía al despacho del doctor, pasó por la sala donde se encontraba el ecógrafo, del lado izquierdo. Entró a la oficina, allí estaba el escritorio, era grande y blanco, recubierto en las esquinas y los bordes con aluminio plateado; sobre la mesa se encontraba el computador de cara al galeno y al lado derecho se divisaba una fotografía de su esposa y sus dos hijas cuando estaban pequeñas. La imagen era la misma desde que Margarita fue el primer día a la consulta. El hombre no tenía tiempo ni para cambiar la foto, eso le había manifestado un día. Él no disponía de horario de trabajo, a la hora que lo llamaran a un parto salía en el acto de su consulta, de su cama, de su casa y quizás también de la vida y los sentimientos de su esposa. En cierta oportunidad, agobiado por su vida familiar, le había comentado su frustración, su esposa le había pedido el divorcio. A este punto de confianza habían llegado después de tantos años, sin embargo, no era tanta como para preguntarle si todavía continuaba casado.

Rita, de forma apresurada e impulsada, le hizo la pregunta que venía configurada en su cerebro desde el día anterior y que asistía en su cabeza de modo compulsivo.

—Doctor, ¿dígame por qué me llamó? Por favor. Yo estoy muy preocupada, se me han ocurrido mil ideas —le expresó Rita, con cierto jadeo y sin acomodarse plena en la silla.

—Un momento Margarita, yo reviso su hoja médica. — A medida que él reparaba en su computador, ella se esforzó en serenarse y respiró profundo varias veces.

Pasados unos minutos, el Doctor Duarte se dirigió a ella:

—Mi querida señora, primero contésteme: ¿cómo se ha sentido últimamente?

—¿De salud?

—Sí señora.

—Bien, doctor. Yo me siento bien, ¿por qué? Dígame rápido lo que me tenga que decir, por favor.

—Vale, Rita. Le cuento que debemos repetir sus exámenes, no han salido muy bien los resultados de la mamografía. Usted se la hizo hace como unos 15 días, ¿verdad? —Margarita no hallaba qué responder, pero alcanzó a recordar que efectivamente así era. En la anterior cita él le había mandado a hacerse una mamografía, le manifestó que estaba en edad de empezar a realizársela.

—Sí, sí, doctor. Hasta esa fecha me atendieron porque dijeron que lo mío no era urgente…

—Entiendo. Era un chequeo de rutina. Ahora entonces es mejor repetirlos para confirmar los resultados.

—¿Pe... pe... pero qué tengo? —dijo Rita un poco aturdida, no lograba pensar con claridad.

—Parece que tiene un pequeño tumor, de cualquier modo como le digo, hay que confirmar si es maligno.

Al instante Rita sintió como si le clavaran una punzada en el estómago, luego se percibió como si flotara en el aire, se vio desde arriba, observándose sentada frente al galeno, su cuerpo dejó de pertenecerle por unos segundos. Al instante se sintió en su sitio, una imagen que pareció variar como sí se tratase de un proyector. Ella se quedó clavada en la silla, perpleja, con la mirada pérdida, como si se hubiera auto absorbido. En verdad quería desaparecer, de hecho, por unos segundos lo había conseguido. Unos instantes después, sus pulmones le reclamaron su alimento bruscamente, obligándola a tomarlo a raudales, causando movimientos súbitos en su torso, una dinámica que la hizo recobrar un tanto su cordura y pensó: "Esto no me puede pasar a mí, este momento no existe, estoy soñando". Todo esto sucedía dentro de sí, mientras el doctor buscaba información en el computador. Luego Rita dijo:

—No, no, no, usted me miente, no puede ser, no

puede ser —entretanto, balanceaba su cabeza en gesto de negación. El doctor la observó detenidamente y le dijo:

—Tranquila, Margarita. —El hombre al mismo tiempo se levantaba de su silla rápidamente para servir un vaso de agua y pasárselo —. Tómese este vaso de agua. — Pero Rita no le prestaba atención, seguía exclamando:

—Yo estoy muy joven para morir, tengo una hija empezando a vivir, quiero conocer mis nietos, por favor, dígame que me miente. —Sus últimas palabras fueron más allá de eso, eran como bramidos en una simbiosis de desespero y angustia.

—Margarita, cálmese, es solo el primer examen, ya le dije que hay que repetirlo, no se va a morir, hay que confirmarlo, además en la actualidad la medicina está muy avanzada—manifestaba el hombre intentando transmitirle un mensaje que la apaciguara. No obstante, Rita seguía sin escucharlo y continuaba vociferando:

—Es mentira, es mentira.

El galeno, al ver el estado en que Margarita se encontraba, empezó a llamar a Cecilia, quien al momento entró a la consulta, ya sabía que tal requerimiento del hombre era un sinónimo de "urgente". El doctor le dijo:

—Tráigame un tranquilizante, por favor. —Cuando Rita escuchó esto, empezó a reaccionar, ella odiaba las pastillas, y entonces dijo, todavía ahogada:

—No doctor, no me dé nada, solo un té, sí, sí, un té, yo me tranquilizaré, ya me tranquilizo.

—¿Está segura, Margarita? — le expresó el doctor. Ella asintió con la cabeza. El hombre se dirigió a Cecilia y le dijo:

—Trae un té de manzanilla, por favor —Cecilia salió de inmediato. El doctor le siguió hablando a Rita:

—Respire profundamente, una y otra vez —ella le

obedeció e intentó seguir sus instrucciones, empero las lágrimas comenzaron a rodar regando su cara, dejando los surcos marcados entre la base de maquillaje y su piel, pigmentándolas de diversos colores, salidos del juego de sombras y el rímel que se había puesto en la mañana.

El médico proseguía con su plática de reanimación procurando relajar a Rita. Le transmitía mensajes de ánimo, entretanto le ayudaba a recobrar el juicio; aunque en verdad lo que ella escuchaba era una especie de jeringonza. El médico la tomó suavemente del brazo, la levantó de la silla y la llevó a la camilla, la recostó y le hizo ejercicios de reanimación, subiéndole las extremidades una a una, al tiempo que le ordenaba seguir respirando profundamente. Luego apareció Cecilia con una caja de pañuelos desechables y el té. El doctor ayudó a Rita a sentarse y Cecilia le entregó el pocillo con té. Ella lentamente empezó a beber y, a medida que se lo tomaba, las lágrimas se recogieron al igual que sus pensamientos y palabras, fue quedándose como anestesiada. El resto de la consulta estuvo pasmada, oía sin escuchar. Salió del consultorio de Duarte guiada por sus instintos.

El sonido de un pitido acelerado la hizo reaccionar, Rita estaba frente a un paso de cebra, el semáforo peatonal titilaba rápidamente, ella debía acelerar el paso antes de que cambiara a rojo. Entre cada paso mientras caminaba, se le ocurrió pensar: "¿Y si espero a que cambie y me lanzo sobre los carros? Así evito pasar el dolor que siento y todo se acaba más rápido". No obstante, sus piernas no se sincronizaron con sus intenciones y en un santiamén estaba en el andén de enfrente. Este hecho la hizo posarse en la realidad, ni siquiera entendía cómo había llegado hasta ahí.

Rita recapituló lo sucedido media hora antes en la consulta del Doctor Duarte y otra vez la aflicción la poseyó. Ella evocó la escena cuando su ginecólogo le transmitió la noticia, posteriormente su reacción y, por último, recordó que le había dado una cita para repetir los exámenes en un hospital donde, según él, estaba la mejor tecnología para poder estar seguros de los resultados de la mamografía. Entre cada memoria sus pies la conducían por la deriva de la ciudad. Ella estaba caminando sin rumbo, atrayendo las miradas de los transeúntes al verla alelada transitar sobre el andén. Rita estaba tan absorta que le era imposible observar aquellas miradas, un hecho que en condiciones normales la aterraría; ahora más bien, en lugar de ojos y miradas, veía como candiles.

Habían transcurrido unas dos horas desde que Rita salió de la consulta del Doctor Duarte, ella divagaba por la ciudad sin parar y se dirigía a ningún lugar. El cansancio en sus extremidades la llamó a la razón y decidió observar dónde estaba, se percató de que se hallaba muy cerca de su morada; sin duda los instintos la habían conducido hacia allí. Rita había subido una loma de unos tres kilómetros que en otras circunstancias nunca la hubiera subido andando, ella desdeñaba de caminar en pendiente. Resolvió acelerar para refugiarse en la intimidad de su hogar. Una vez dentro de su casa, fue a su habitación y se dispuso a descansar sobre su cama.

El ruido de la puerta sacudió el sueño de Rita, obligándola a salir del mismo, mientras abría los ojos, dando lugar a un regocijo que se apropió por unos momentos de sí misma, diciéndose: "¡¡Menos mal! era un sueño!". Su corazón vibró de contento, su cuerpo se erigió en el acto, haciéndola quedar sentada al instante. Transcurridos unos segundos recordó lo sucedido y la ilusión se desvaneció al igual que su cuerpo sobre la cama, sus manos de nuevo empezaron a sudar frío y el sello de la desgracia se acicalaba dentro de su ser. Cuando menos lo imaginó su marido estaba plantado en la puerta de la habitación, diciéndole:

—Hola. ¿Estás enferma? — No era habitual que Rita estuviera en cama a esas horas, eran como las seis de la tarde. Ella lo miró y en el acto volvió a erigirse. A continuación de tragar saliva varias veces, le dijo lentamente:

—¿Recuerdas que te dije anoche que me habían dado una cita de urgencia donde el doctor Duarte?

—No. O sí, me parece. ¿Estás enferma?

—Parece que sí —Los ojos de Rita se abrillantaron.

Efrén exclamó:

—¿Cómo? —dijo él y se fue acercando con inquietud, se sentó a su lado en la cama y con gesto serio, le preguntó:

—¿Qué dices? ¿Estás resfriada?

—No, no, ojalá. Al parecer tengo cáncer. — Su voz se entrecortó y sus ojos se encharcaron abundantemente.

—¿Qué, que? —, manifestó el hombre, a la vez que juntaba sus cejas y su cara se desfiguraba. Un gesto que Rita identificaba con "pérdida de control" y la cual había tenido la oportunidad de sufrir años atrás.

—Hoy estuve donde el Doctor Duarte y me dijo que había que repetir la mamografía, que el examen salió mal —Rita respiró y tomó un leve descanso, tratando de contener el llanto—y me dio orden para realizarlo de nuevo.

—¿Y, y, y cu-cu-cu-ándo te, te re-re-repiten el exa-exa-examen? —dijo Efrén tartamudeando, algo que Rita sabía le sucedía cuando se sentía nervioso.

—Mañana, mañana a las ocho de la mañana, es urgente, será en el Hospital del Prado —Efrén continúo a su lado sin mediar palabra.

Hubo un largo silencio hasta que Rita lo interrumpió para decirle:

—No le digamos nada a Sofía hasta que no tengamos los resultados confirmados, por favor—expresó Rita apesadumbrada. El hombre asintió con su cabeza.

El silencio calló el dolor que se traspiraba en aquella habitación, guardando las palabras para cada cual.

Tres días después, Efrén y Sofía estaban sentados en el comedor a la hora de la cena. Rita acabó de servir la comida y se sentó junto a ellos. La mesa era pequeña, de forma rectangular, Efrén estaba ubicado en la punta de la mesa, Sofía en frente en la otra punta y Rita al lado derecho de Efrén, como solían sentarse por costumbre. Margarita se deleitó al observar a su hija comer tal si fuera la primera vez, era como si jamás la hubiera visto consumirse un plato de alimentos, reparaba su manera de masticar, los ruidos que producía al chocar sus dientes con la cuchara, la forma de manejar los cubiertos, su postura doblada sobre el plato, algo que ella le corregía con constancia, pero en aquel instante cada uno de sus gestos incluidos este, le lucían tiernos. Se imaginaba cómo sería no volver a verla y la vida de ellos dos sin ella. De inmediato volvió a sentir esa sensación de palparse fuera de su cuerpo, viendo su propio cuerpo desde arriba y observando toda la escena en el comedor, similar al día en la consulta de su ginecólogo se sentía por unos segundos suspendida en el aire, alcanzó a divisar su lugar en el comedor vacío, esto la turbó y la impresionó de tal modo que, sin saber cómo, retornó de inmediato a ocuparlo. "Serán los signos de la muerte", se dijo un poco aturdida e intentó apaciguarse diciéndose: "Es mi imaginación, son mis nervios debido a lo que estoy atravesando, tranquilízate, que Sofía va a terminar y necesitas decirle todo". Le restó trascendencia a esta sensación y se dispuso a hablarle a su hija.

La hora de la cena era el espacio que había elegido con su esposo para comentarle a su hija la noticia de su enfermedad. Los peores pronósticos se habían confirmado, Margarita tenía un carcinoma ductal infiltrante en el pecho derecho, al parecer un tumor maligno, esto último fue lo único que entendió Rita, igualmente que debían operarla para extirpárselo. El nódulo era pequeño, pero hasta después de la cirugía no se sabría su alcance. La aciaga noticia la había recibido el día anterior en la tarde, de la propia voz del doctor Duarte, quien le dijo que estaba haciendo arreglos para que la operaran lo más rápido posible. Rita y Efrén no tenían más remedio que contárselo a su hija, ya que la cirugía era cuestión de unos días.

Rita esperó a que Sofía finalizara la comida y le dijo antes de que se levantara de la mesa con cierta agitación:

—Espera, cariño, debemos decirte algo —inmediatamente su marido la miró con colosales ojos y palidecido rostro, Rita no lo miró, aunque se imaginaba su gesto.

—¡Ahhh! ¿Qué he hecho mal? ¿Otra vez me vas a regañar por la habitación? —exclamó bruscamente.

—No, no. ¿Y por qué crees eso? —apuntó Rita con la voz temblorosa, intentando un escaso mediar entre sus palabras y el temor de darle la noticia a su hija.

—Como siempre me hablan solo para quejarse o regañar. Además están muy serios, ¿qué más va a ser? Díganme lo que sea rápido que tengo que hacer una llamada—dijo despectivamente Sofía.

—Me van a operar. —Cuando la hija escuchó las palabras de su madre se quedó atenta y decidió retornar su pierna izquierda a la silla, la cual había girado hacia afuera en señal de advertencia de que no estaría dispuesta a escucharlos por largo rato. Y preguntó a su madre:

—¿Y qué tienes? —dijo un poco inquieta.

—Para eso me van a operar, tengo un quiste en el seno derecho y necesitan saber si es benigno o maligno. — Esa fue la manera más suave que encontró para manifestarle a su hija de qué se trataba, sin indicar la cruda realidad.

—¿Y cuándo te operan?

—La próxima semana, en cualquier momento me avisan. Hoy estuve haciéndome exámenes, pero como es viernes, el doctor Duarte me sugirió que no me operara el fin de semana para él poder estar presente. —No se explicaba Rita de dónde había salido el valeroso discurso; sin pesadumbre y victimismo, estaba intentando transmitir un parte de tranquilidad y al parecer lo había conseguido.

—¿Y yo tengo que ir? —expresó la joven, con voz quebrantada.

Rita se quedó desconcertada con la pregunta y observó a Efrén, el cual lucía peor de aturdido que ella. Hubo un corto silencio y cuando las miradas de las dos se volvieron a cruzar vio que de los ojos de su hija brotaron dos lágrimas. Rita se reprimió las suyas para no ahondar la pena de su hija, aunque sus ojos brillaban y la acuosidad se posaba por encima de su parpado inferior. De repente aquellas iniciales y escasas lágrimas de Sofía encendieron un generoso llanto, entonces Rita se puso en pie al instante, igual que su hija, y recorrieron unos cortos pasos que las hicieron coincidir y sumirse en un triste abrazo. Sofía la apretaba enérgicamente contra sí, mientras Margarita le suministraba palabras de sosiego. Le decía:

—Todo estará bien, nada malo pasará— entretanto acariciaba su espalda, deslizando sus manos de arriba abajo. Un sentido abrazo impregnado del miedo a la posible ausencia de la presencia de Rita. Largo rato ellas estuvieron unidas, luego se separaron y ella secó delicadamente con sus manos las lágrimas del rostro de Sofía, le sonrió cariñosamente. Rita tenía los ojos aguados, sin permitirse llorar. Su hija se retiró compungida hacia su cuarto. Mientras, Margarita giró hacia Efrén, él estaba con los ojos brillantes y sin decir una palabra, se levantó de la silla, se dirigió al sofá, tomó el control remoto que estaba en la mesa de centro y encendió el televisor. Rita lo miró, esperaba un abrazo o cuando menos una mirada de complicidad.

A la semana siguiente, un día martes en la mañana, Rita se encontraba recostada en la cama de una habitación en el hospital central, junto a ella se encontraba Sofía y Efrén. Pasados unos minutos, una enfermera entró acompañada de otros dos hombres vestidos de verde pálido y diáfanos gorros, un suceso que le indicó que había llegado el momento. Ellos la subieron a una camilla y emprendieron camino. Rita buscaba contactar con el rostro de Sofía, que se encontraba caminando a la derecha de su camilla, y con la mano de su esposo, que le apretaba la suya, él venía a su izquierda. Subieron a un ascensor y Margarita percibió la presencia de otras personas que estaban allí. Recordó que durante algunas ocasiones cuando ella se desplazaba en el ascensor de un hospital y había visto subir las camillas, sentía lastima de las personas que estaban sobre ellas; lo que no se imaginaba era que algún día estaría en igual modo.

Llegaron a una puerta pendular y la enfermera que los acompañaba dijo:

—Hasta aquí pueden llegar —dirigiéndose a Sofía y Efrén. Margarita profesó un intenso desconsuelo que se manifestó con el consabido dolor en la boca de su estómago y casi sin darse cuenta su hija la estaba abrazando y su marido besaba su mano, todo transcurrió rápidamente y ya dejo de verlos. No podía entender que esto le estuviera pasando a ella.

En el quirófano pudo reparar los ojos del doctor Duarte, casi irreconocible con el gorro, también el anestesiólogo y el oncólogo que la había atendido previamente, los demás eran únicamente voces con dinámica. La pasaron de la camilla a la mesa de cirugía, la lámpara ante sus ojos la cegó, la fueron conectando a cuantiosos aparatos, escuchaba voces femeninas tratando de relajarla y le decían:

—Todo va ir bien, no se preocupe, señora Margarita, en un momento ya todo habrá pasado y pronto estará frente a su hija —Mientras iba sintiendo varios pinchazos en sus brazos y los aparatos conectados a su cuerpo.

Margarita se percibía como en un sueño, la luz de la lámpara se fue haciendo más y más grande, lentamente se sintió dirigiéndose hacia allí sin poder oponer resistencia, ella viajaba dirigida a la luz, veloz y sin control.

4. El primer día

El sol incumplía su habitual cita, se asomaba un poco más tarde de la seis de la mañana debido a que las nubes imponían su supremacía en el firmamento desde la noche anterior. Unos minutos después, algunos desafiantes aunque debilitados rayos solares pudieron atravesar las nubes y a la vez, el cristal de la ventana de la habitación de Daisy; se posaron no solo sobre su lecho sino sobre su cara, si bien no parecían estorbarle, por el contrario, el efecto de su calidez le regalaban la mejor hora de sueño. Un sonido interfería en su placentero dormir, una intempestiva voz en la lejanía se entrometía en su mundo onírico. Al comienzo creyó que hacía parte del mismo, empero, con el siguiente sonido aclaró la duda, era la voz de su madre, diciendo:

—¡Bajen a desayunar, se hace tarde! —Enseguida sintió unas sacudidas en su cuerpo y otra voz exclamándole:

—¡Levántate, levántate, Daisy! —le hablaba Esmeralda, su hermana, un tanto agitada. Al tiempo, la zarandeaba fuertemente y seguía diciendo:

—Muévete que vamos tarde, hace media hora que mamá

está llamando. Yo ya me bañé y vestí y tú todavía durmiendo.

Daisy, aún sin despertarse por completo, se preguntaba: "¿Tarde?, y, ¿a dónde?". Seguidamente volvió a escuchar nítidamente las palabras de su madre desde el primer piso de la casa:

—El desayuno está servido. ¿Ya están listas Esmeralda y Daisy?

—Yo sí, mamá —respondió Esmeralda, frase que la indujo que Daisy en el acto quedara sentada en la cama. Y un tanto aturdida, dijo:

—¿Para dónde nos vamos? —preguntó con inocencia. Era la primera vez que la despertaban de esa forma y se cuestionaba: "¿Qué es lo que está pasando?". La niña trataba de comprender lo que estaba sucediendo, escuchaba un ajetreo y movimiento desconocido. Ella se levantó y caminó lentamente hacia el baño. Esmeralda le contestó bruscamente:

—¡A la escuela, vamos, báñate, vístete! Hoy es el primer día de escuela. —Al tiempo que empujaba a Daisy por la espalda con su mano, provocando que caminara más rápido y además recordara. Al instante se dijo: "¡Claro, es el gran día!". Cuántas veces había estado imaginando su primer día de escuela: ¿Qué haría? ¿Quiénes serían sus amigas? ¿Y su profesora? ¿Y podré jugar con mis fichas?, se preguntaba con frecuencia; ella adoraba esas fichas, eran los residuos que había tomado de un viejo juego de parques, las usaba como personas para construir historias y fantasear, era la mejor actividad lúdica previa a dormirse, el juego perfecto para superar la transición entre "la vida y la muerte", tal como ella percibía el suceso de dormir.

Daisy tenía grandes expectativas sobre la escuela, lo deseaba intensamente; desde que era consciente de que sus dos hermanas mayores se marchaban a estudiar y ella se tenía que quedar en casa con su hermana pequeña. Dicho acto le representaba que ya era "grande".

Rápidamente Daisy se organizó, estaba vestida con su mejor ropa, la que le había traído el Niño Jesús en navidades; llevaba una falda corta enresortada por la cintura, estampada con diminutas flores entre amarillas y verdes con un fondo color rosa, y al final tenía una delgada franja de encaje blanco bordeando en grandes olas el dobladillo, le daba justo encima de sus rodillas; también vestía una camiseta de algodón blanco y unos zapatos colegiales de color negro, esos no eran de navidad; eran cedidos por su hermana Esmeralda en la consabida cadena de heredades de ropa y calzado, entre una familia de cuatro hijas y con limitados recursos económicos. Daisy había pulido y brillado sus zapatos la noche anterior; su hermana Esmeralda era muy cuidadosa, y con las mejoras le lucieron como nuevos. Daisy se asomó al espejo, se sentía radiante para su primer día escolar.

Esmeralda estaba esperando de pie a Daisy, su hermana estaba justo en la puerta de salida agitando su zapato derecho apoyado en el suelo, de arriba a abajo, mientras que Daisy se desplazaba presurosa al baño por sugerencia de su madre.

—Vamos. Vamos, ya —le dijo Esmeralda. Daisy salió rápida a su encuentro, salieron juntas de la casa, Esmeralda cerró la puerta y cuando se disponían a dejar el jardín de su vivienda, la puerta se abrió y la madre gritó:

—¡Daisy, Daisy, tu maleta! —Al instante la niña se devolvió deprisa y tomó la maleta escolar de mano de su madre. En verdad no era propiamente una maleta de escuela, era un sobre transparente, un estuche de un sufragio que alguien había traído cuando su abuela había muerto, unos años atrás. Su madre lo había guardado entre su armario, por si algún día "servía para algo", como ella solía decir. Y en efecto, así había sido. Dentro del sobre había un cuaderno, un lápiz y un borrador, útiles que Daisy había puesto allí desde hacía varios días.

La niña, después, sujetó fuertemente la mano de Esmeralda, ellas continuaron calle arriba, pasaron por tres casas vecinas, giraron la esquina hacia la izquierda y transitaron sobre una zona verde en forma de triángulo que separaba su manzana de otra que se ubicaba perpendicular a la suya, hasta salir a la avenida principal. Una vez allí, viraron a la derecha, luego cruzaron dos calles y en la mitad visionaron la puerta de entrada a la escuela. Daisy estaba muy emocionada. Ella conocía con exactitud el recorrido, no obstante, hoy era la primera vez que cruzaría esa puerta. Se sentía exaltada, lo había logrado: "¡Por fin a la escuela!", se dijo.

Daisy estaba sentada en la última fila del lado izquierdo de un aula de clase. Sentarse aquí había representado un desafío; su hermana la dejó en un corredor con un sinnúmero de niños y niñas de su edad, en medio de un inmenso bullicio que la aturdía -jamás había estado entre tanta cantidad de gente-. Acaecidos unos instantes entre la multitud, a Daisy le empezó a faltar el aire y sus manos empezaron a sudar frío, sintió un tremendo impulso de correr y regresarse a su casa y cuando se disponía a hacerlo, una mujer la tomó del brazo inesperadamente, la condujo a un aula que estaba repleta de otros chiquillos y la sentó allí, precisamente donde estaba ubicada. El salón era inmenso, los niños gritaban y correteaban, el ruido la ensordecía, nada se parecía a sus expectativas y fantasías nocturnas.

Una mujer hablaba algo, pero Daisy estaba un poco mareada, confusa, y no alcanzaba a escuchar nada. Al rato otra mujer gritó tan alto que los niños se quedaron en el acto en completo silencio, una voz que hizo cimbrar a Daisy de arriba abajo. La mujer empezó a hablar en un tono exagerado, era un acento fuerte y ronco, un sonido que retumbaba en los oídos de la niña tal como el grito inicial, manifestándose en su pequeño cuerpo con un tiritar, el cual comenzó en su pecho y luego se le extendió por toda su complexión. De repente todos los niños se giraron para mirar a Daisy, ella sintió las miradas posarse sobre sí, entonces su corazón se aceleró más de lo que estaba, su rostro lividedió y de su nariz empezaron a brotar diminutas gotas de sudor frío al igual que de sus manos, se quedó sin aire y paralizada hasta que otra vez escuchó aquella mujer con un chillido enorme y grave, aún más elevado que el anterior, éste la sacudió de tal forma que la obligó a tomar aire. Fugazmente alcanzó a oír:

—¿Está sorda?, usted, niña, ¿que cómo se llama? — la mujer se estaba dirigiendo a ella y Daisy a penas se enteraba. Se dijo: "Dios mío, ayúdame", pero cuando se disponía a responder, su voz no salía, las palabras se le atragantaban, su cara aparentaba quemarse ante la mirada fija y perpleja de todos. Entonces de nuevo sus oídos sufrieron la alta acústica de la mujer, al igual que su corazón y sus labios parecieron coserse. Al tiempo escuchó:

—¿ES QUE NO ESCUCHA? ¿QUE CÓMO SE LLAMA? — esta vez la mujer pronunció despacio, aunque el tono siguió siendo idéntico.

Los labios de Daisy estaban tan pesados que apenas los pudo mover y de ellos salió un leve murmullo con su nombre, a lo cual la mujer volvió a gritar desesperadamente:

—¿QUE, QUE?

Ipso facto, Daisy escuchó unas dulces palabras que no supo de dónde procedían: "Habla, niña, habla", "¿Qué?", le contestó la niña confundida a la voz, sin saber si estaba hablando a su mente o a alguien. Luego, volvió a escuchar: "Tranquila, yo estoy contigo, respira profundo, dile tu nombre, no temas", "¿Quién eres? ¿Dónde estás?", dijo Daisy. El tiempo pareció detenerse y transcurrir solo en este coloquio. La voz le respondió: "Contigo. Te estoy viendo y sintiendo". "Pero yo no te veo", le dijo Daisy. "Contéstale fuerte, muy fuerte, di que te llamas Margarita, dilo, dilo".

—ME LLAMO MARGARITA —habló con una voz contundente, y a la vez completamente desconocida.

5. El recibimiento

Los labios de Rita estaban tan pesados que apenas los pudo mover y de ellos salió un leve murmullo con su nombre, a lo cual la mujer volvió a decir:

—¿Qué? ¿Qué dice?

Ipso facto, ella escuchó unas dulces palabras que no supo de dónde procedían: "Habla, habla", "¿Qué?", contestó Rita, confundida, a la voz. Sin saber si estaba hablando a su mente o a alguien. Luego, volvió a escuchar: "Tranquila, yo estoy contigo, respira profundo, dile tu nombre, no temas", "¿Quién eres? ¿Dónde estás?", dijo Rita. El tiempo pareció detenerse y transcurrir solo en este coloquio. La voz le respondió: "Contigo. Te estoy viendo y sintiendo". "Pero yo no te veo", le dijo ella. "Contéstale fuerte, muy fuerte, di que te llamas Margarita, dilo, dilo".

—ME LLAMO MARGARITA —habló con voz contundente y a la vez, completamente desconocida.

—Sí, señora, tranquila, ya la escucho —le dijo dulcemente una mujer—. Está usted despertando de la anestesia. ¿Recuerda algo más? ¿Cuántos años tiene?

—Me llamo Margarita —continuó diciendo, con la lengua trabada y muy lentamente.

—De acuerdo, ya la escuché. ¿Y qué más recuerda? ¿Sabe qué hace aquí? —la mujer hizo una pausa en espera de la respuesta y al no obtenerla, prosiguió:

—Está en el hospital, la cirugía salió muy bien. Despacio empiece a moverse. ¿Me escucha, señora Villada? —decía la fémina, tratando de hacerle entender su situación.

Rita no la escuchaba con nitidez sin alcanzar a concebir lo que sucedía, estaba como hibernando en un triunvirato desconocido y misterioso; ella se estaba viendo sentada en el centro de un auditorio, similar a un teatro; era una inmensa y oscura sala, aunque desde allí podía divisar con lucidez hacia el escenario; a la vez, sorprendentemente observaba dos escenas diferentes: de un lado veía aquella niña, en un aula de clase con la voz atragantada y paralizada por el miedo, y del otro lado, veía la mujer en el hospital, igual de atragantada y paralizada. Lo impresionante era que se percibía en las tres escenas al mismo tiempo, un suceso que la espantó, parecía ser todas y ninguna a la vez. Súbitamente la dama que contemplaba las dos escenas empezó a reír a carcajadas y tanto la niña como la mujer en el hospital la miraron alucinadas, y cuando las miradas de las tres se cruzaron, una luz relampagueante emergió entre su intersección y una sensación de ingravidez despidió a Rita como si viajara dentro de una burbuja. Ella estaba flotando sobre las escenas, la imagen se iba diluyendo en una transición entre oscuro y claro; viajaba sin rumbo, aterrada, a través de una luz completamente blanca.

Luego de unos instantes, de modo progresivo volvió a escuchar la voz de la enfermera diciendo: —¿Me escucha, señora Villada, me escucha? Mueva la mano derecha si me oye. — Rita la escuchaba, pero no podía responder; flotaba todavía, estaba suspendida en el aire, elevada sobre su cuerpo, y no lograba acoplarse dentro de sí. Detallaba a la enfermera con una linterna abriendo los ojos de su cuerpo.

Ulteriormente, la vio que tocaba sus pies y con dicha acción, de inmediato Rita se ancló en su cuerpo. Ella apreció un leve traqueo en el cuerpo, un silbido penetró en sus oídos y en el acto, percibió una sensación de distancia, como si estuviera hundida dentro de sí. Logró entreabrir los ojos y alcanzó a divisar a la enfermera de forma diluida y acuosa, como si estuviera sumergida, empero fue acercándose de manera remisa y el efecto de distancia desapareció. Y aunque la imagen no era de total trasparencia, Margarita se apreció otra vez en la cama de aquel hospital. Pudo obedecer las órdenes de la mujer y consiguió mover gradualmente los dedos de su mano derecha.

—Continúe, señora Villada, siga moviendo el resto de su cuerpo, suave, respire profundo— le decía la mujer, al contemplar su evolución.

Margarita siguió las instrucciones y en breve distinguió con claridad a la enfermera. La mujer estaba vestida de un impecable blanco, sus ojos eran muy negros, un poco achinados, si bien, Rita puntualizó más en sus dientes, eran parejos y muy blancos, expresando una plácida sonrisa. Ella exiguamente recobró el sentido de lo que le estaba aconteciendo y recordó poco a poco los sucesos.

La mujer le siguió hablando:

—¿Sabe dónde está, señora Villada?

—Sí, estoy en el hospital, me han operado —dijo Rita con lánguidez, esforzándose por mover su lengua. A partir de este momento, Rita empezó su proceso de recuperación.

El albor de aquella mañana, después de quince días en el hospital, resplandecía exhibiendo sus colores y su brillantez desde muy temprano, hecho que se conjugaba con la inmensa alegría que Rita sentía, hoy regresaría a su casa.

Ella estaba deseando ver entrar a Efrén y Sofía por la puerta de la habitación para llevarla a su casa.

En las dos semanas de permanencia en el hospital, Rita había tenido tiempo suficiente para recapitular casi toda su vida. Pero existía una imagen recurrente que se apropiaba de la mayor parte de sus cavilaciones: aquella niña y la mujer que reía de ellas a carcajadas. Rita sentía la imagen como real, no había sido un sueño y pensaba: "Yo lo viví, ¿qué fue eso entonces? Si esta es mi realidad, estoy aquí". Incluso le había comentado y preguntado al anestesiólogo sobre la posibilidad de que fueran efectos de la anestesia; él le contestó que era posible. Una respuesta que no la satisfacía.

En el atardecer por fin Margarita estaba en su casa, sentada en el comedor, esperando que su suegra y su hija Sofía trajeran la comida. Juana, la madre de Efrén, venía de modo eventual por su casa, era un tanto hosca, aunque bastante solidaria, había permanecido durante su ausencia cuidando a Efrén y a Sofía. Ellos lucían muy animados, incluso Sofía se veía contenta de compartir en familia; últimamente estaba más cercana. La velada resultó de verdad gratificante para Rita. Ella detallaba con curiosidad y meditaba: "Cuánto he extrañado mi casa y a mi familia". El estar en su morada acompañada por sus seres queridos la hacía sentir confortable y de nuevo ilusionada por la vida.

Poco a poco el día se consumió y el crepúsculo la fue arropando entre la dulzura de su hogar y la placidez de sus misterios, y sin darse cuenta, el sueño la arrojó entre sus brazos.

El glamuroso y flauteado canto de un pájaro la despertó, pese a que sus ojos continuaban cerrados, sus oídos le habían dado el toque del comienzo del día, y mientras su cuerpo terminaba de comprenderlo, su cabeza empezó a cavilar acerca de lo acaecido un mes atrás. Su vida había cambiado desde aquel día en la consulta del Doctor Duarte. Rita recapitulaba cada sensación, cada palabra, cada lamento sufrido. Su repaso se detuvo en intervalos de especiales sentires, como el instante cuando le contó a su familia parental que estaba enferma, ella les comentó vía telefónica, sin referir toda la verdad, les manifestó lo mismo que a Sofía. Pese a ello, su madre se preocupó, y aunque le quiso transmitir un parte de tranquilidad, Rita sabía lo nerviosa que estaría. Desde el mencionado día no paraba de ir a la iglesia a rezar, según le comentaban sus hermanas. Ella evitó decirles toda la verdad, tanto por Sofía como para eludir las trágicas advertencias de sus padres y la posible visita de ellos o una de sus hermanas; un hecho que de seguro la harían experimentar mayor tensión e inquietud. Igualmente, cada vez que los escuchaba por teléfono, justo le provocaban aquello que ella quería evitar, de modo que optó por no responderles algunas veces sus frecuentes llamadas. Las palabras de ánimo de su madre le producían el efecto contrario; cuando Rita colgaba el auricular se observaba angustiada. Aparte, su familia la consideraba la más fuerte y valiente, ella era la que aportaba la solución a gran parte de sus problemas, así que no iba a ser la causante de alguno, pensaba. Posterior a la cirugía les habló para decirles que todo estaba perfecto, un medio de rehuir su presencia, en verdad la idea de que la vieran débil y con miradas de lástima le aterraba, en particular por parte de sus hermanas. Definitivamente, hizo lo posible por impedir su visita. Les anunció que pronto iría y desanimó cualquier tentativa de su familia para viajar a verla.

Entre lo que cabía, la noticia más satisfactoria ese mes había venido de las manos de los médicos que creían haber extirpado entero el tejido canceroso, sin embargo, le habían recomendado tomar de veinte a treinta sesiones de radioterapia; conforme vieran su necesidad, las suspenderían o incrementarían.

Otro aspecto grato también había sido el cambio de su hija Sofía y de Efrén, los dos se mostraban más amables y considerados, su hija la atendía y se ofrecía por lo menos a poner la lavadora.

En sus elucubraciones matutinas estaba asimismo presente un asunto imposible de rehuir y que con insistencia secuestraba su mente, la escena que sufrió cuando se estaba despertando de la anestesia, un acto que la estremecía, "¡Era real!, se decía reiteradamente. Rita no atinaba quiénes eran dichas personas, no recordaba haberlas visto jamás; esa niña en el aula de clase y la mujer en el público que reía a carcajadas, tampoco conocía los lugares vistos, lo extraño era que apreciaba los sitios y a dichas mujeres como si les conociera de toda la vida. En definitiva necesitaba una explicación al respecto.

Rita decidió aprovechar los días previos a su incorporación al trabajo para tratar de averiguar sobre el incidente y preliminarmente a las sesiones de radioterapia, pasaba por una biblioteca próxima en búsqueda de una respuesta. Consultaba en libros, revistas científicas, incluidos los periódicos. Indagaba sobre los efectos secundarios de la anestesia y por experiencias personales relacionadas con la suya. En sus consultas reparaba si existían historias similares, si bien lo más similar que encontró fue acerca de individuos que compartían vivencias en el "túnel de la muerte"; aparte descubrió varias historias interesantes de gente que había sufrido una enfermedad llamada "catalepsia", un tema que la cautivó, llegó a escuchar varios audios y observó uno que otro vídeo. Le interesó mucho la singular experiencia de un hombre que creía haberse encontrado con Dios y, según manifestaba, Dios no era un ser humano, sino una entidad, una fuente de energía o una inteligencia que contenía todo y con cuya entidad él obtuvo comunicación. El asunto sedujo a Rita de tal manera que empezó a cuestionarse sus creencias religiosas; ella era católica, una religión que le habían inculcado sus padres, sabía que existían otras, pero en ninguna ocasión se había preocupado por averiguar en qué creían o qué profesaban, y mucho menos en debatir ideas como las que le rondaban actualmente en su cabeza. Ella reflexionaba: "Si Jesús es el hijo de Dios y yo soy hija de Dios, yo podría tener los mismos poderes de Jesús", inclusive llegó a pensar.

La inquietud le había calado tan profundo que quiso comentarlo con su esposo. Efrén le respondió que ella necesitaba tranquilizarse, que esto eran consecuencias de lo que estaba viviendo y procuró apaciguarla, le leyó apartes de la Biblia, le recordó trozos del Evangelio que el sacerdote en su última misa les había subrayado, en mención a la duda y la fe; además le repitió sobre la promesa que juntos habían hecho de ir al santuario del "Milagroso de Buga" si ella se sanaba. Efrén le señaló que era "Nuestro Señor" el que estaba haciendo el milagro de su curación, gracias, asimismo, a los rezos de su madre y de él. De tal manera que Rita tuvo que recapacitar y pensó: "Sí, Efrén tiene razón". Se sintió culpable por cuestionar sus creencias y decidió alejarse de sus averiguaciones y, en suma, regresar a misa todos los domingos con su esposo y su suegra. Como valor añadido, Juana estaba bastante encantada de verla y su distante relación estaba mejorando.

Sus pasos consumían el habitual camino que conducía a Rita a su trabajo, un recorrido que retomaba después de casi tres meses. Se profesaba agradecida por estar avanzando en su curación, tener a Sofía, a su suegra, su familia y por su puesto a Efrén. Él, aparte de ser un gran esposo, era un extraordinario consejero, y aunque era muy callado, cuando hablaba era un hombre muy sensato y lograba hacerla entrar en razón, así como recientemente Efrén la había ayudado a esclarecerse sobre las ideas disparatadas que se cruzaron por su cabeza acerca Dios y su religión. Gracias a él, había regresado a rezar a la iglesia y encontrar la paz espiritual. Claro que su mejor amiga y compañera de trabajo, Sara, le había ayudado también a esclarecerse. Llevaban numerosos años de amistad, Rita le escuchaba atentamente sus consejos. Ella le recomendó orar en los ratos libres, de modo que su mente no estaría desocupada y ociosa, según sus propias palabras. Aparte, sus padres le recordaron que la novena de "María de la Paz y la Misericordia" era milagrosa, que ellos la estaban leyendo para rezar por su salud. De tal manera que Rita decidió, además, en la noche leer junto a su esposo dicha novena. La cual de acuerdo a su progenitor le había concedido algunos favores, como el de conservar el puesto de trabajo cuando lo iban a echar alguna vez. Sara adicionalmente la hizo darse cuenta que la Virgen a la que le estaba rezando la novena era la misma que representaba el colegio donde ellas trabajaban; una coincidencia que Sara le ayudó a ver como una señal del "Señor".

Rita estaba próxima a arribar a su trabajo, levantó su cabeza y empezó a ver el nombre del colegio que ya se alcanzaba a distinguir de frente, estaba plasmado junto a la escultura de la Virgen, donde se leía: "Colegio María de la Paz". El colegio era católico, como la gran mayoría de instituciones privadas de la región, pero era uno de los más pequeños, tenía aproximadamente unos trescientos alumnos.

Rita de manera habitual iba caminando a laborar, pero el recorrido de hoy era singular, una sensación de desasosiego la abordó y la invadía a medida que se arrimaba. Habían transcurrido varios meses sin hacer dicho trayecto, se le habían reunido las vacaciones con la incapacidad laboral, llevaba considerable tiempo sin ver a sus compañeros de oficina. Ellos se manifestaron de alguna forma en su percance y le mostraron su aprecio; Sara, adicionalmente de ser un apoyo muy importante en este tiempo, había sido el puente con los sucesos ocurridos en el colegio durante su ausencia, asimismo por ser la administradora del centro. Ellas pasaron muchas tardes departiendo y casi a diario hablaban por teléfono, Sara la mantenía informada de cada detalle. Sus compañeros eventualmente la habían visitado, aunque se comunicaban vía telefónica con cierta frecuencia.

Rita alcanzaba a avizorar la puerta de acceso al colegio, se sentía más nerviosa a medida que se aproximaba, el solo hecho de pensar en las miradas conjuntas de sus compañeros y quizás de los alumnos, que, pese a que no tenía gran contacto con ellos la conocían y a esta hora, el colegio al completo estaría ya enterado de su enfermedad. Ella sentía un pavor inexplicable al apreciar las miradas conjuntas y dirigidas de la gente hacia ella, esto la había atemorizado desde siempre. De repente pensó: "Qué extraño, nunca lo había visto. ¿De dónde me viene esta sensación?". Y antes de responderse ya tenía en frente todas esas miradas, estaba entrando al colegio y los estudiantes la observaban de arriba abajo con una contemplación lastimera; Rita les sonreía procurando disimular su incomodidad, si bien sabía, faltaba la siguiente prueba: sus compañeros de trabajo y oficina. Entretanto, atravesaba el corredor que la conducía a su despacho, iba desfilando y saludando a los que traspasaba en su camino, contestando por inercia:

"Bien, gracias", a cada uno de los que preguntaban: "¿Cómo sigues?, ¿todo bien?, ¿qué tal te encuentras?", etc. El recorrido lo estimó eterno, por fin estaba delante de la oficina administrativa del colegio, allí estarían los amigos cercanos y su despacho. Ya se disponía a entrar cuando súbitamente alguien salió y se topó con ella cara a cara, era una conocida, se trataba de una profesora de biología que llevaba escaso tiempo en la institución, cerca de un año, con la que establecía escaso contacto, tanto por su corta estancia como por la opinión que de la mujer sostenía su amiga Sara. Ella le había manifestado en alguna oportunidad que era "rara", hablaba y se comportaba de forma extraña, siendo esto un comentario generalizado entre los compañeros. Clara era su nombre, la profesora, según mencionaban, en la vida asistía a reuniones sociales, proclamaba no ser católica, una señal poco verosímil por aquellas tierras, además no bien vista por pertenecer a dicha institución. Ella se vestía con ropa suelta y larga, nadie entendía muy bien su religión y la mujer tampoco se preocupaba por explicarla. Margarita conocía a la mujer unicamente por comentarios ajenos, sabía que estaba casada y tenía dos hijos porque alguna vez se la encontró en un centro comercial un fin de semana y ellas se presentaron por cortesía a sus respectivas familias.

Cuando Clara y Margarita traspusieron sus miradas, algo asombroso advirtió Rita, una sensación que de ningún modo había sentido antes al verla; ella le sonrió y la saludó normal, no le preguntó cómo estaba o se sentía. Rita agitó rápidamente sus párpados tratando de cavilar sobre lo acaecido, al mismo tiempo que atravesaba el umbral de la oficina. Al instante ingresó, y el alboroto de sus compañeros de oficina interrumpió sus peroratas. Como de costumbre, las dos secretarias estaban detrás del mostrador en la recepción, y el coordinador de disciplina estaba de pie junto a una de ellas. Sara salió de inmediato de su oficina al escuchar el revuelo. Al tiempo, los compañeros se arremolinaron a su alrededor, se abrazó con cada uno, incluso una de las secretarias estaba con los ojos humedecidos y muy emocionada al verla, Rita los sosegó de idéntica forma que hizo con sus padres. Se desprendió de ellos de manera expedita, si bien discreta y cortés, luego se encaminó a su despacho seguida de Sara. Rita prefería mentir antes que despertar pena, y debido a esto prefería expresar que su tumor había sido benigno. Pese a que, la evidencia de los hechos y sus gestos la delataban; el mencionado placebo verbal le permitía eludir momentáneamente la contemplación lastimera o los "ojos de ternero huérfano"-como decía su hija Sofía- que tanto le fastidiaban. Claro que era consciente de que tarde o temprano se enterarían de la verdad.

Rita y Sara prosiguieron por el pasillo que quedaba a la derecha de la recepción, su oficina estaba al fondo del mismo y contigua a la del director del colegio, pasaron por otras dos puertas, una era la oficina de los coordinadores, académico y de disciplina, la otra de Sara y junto a esta, del lado derecho, estaba su despacho. Ingresaron a su oficina y se sentaron, y cuando Rita estuvo medio acomodaba en su escritorio, exhaló enérgicamente.

—Cálmate, Rita —le dijo Sara. Ella sabía lo atribulada que se sentía su amiga ante tales situaciones —. Ya pasó, ¿has visto? Era solo un momento.

—Sí —dijo Rita, mientras inhalaba aire. Un sí destemplado que transmitía negación. Sin embargo, era cierto que estaba empezando a serenarse.

Las dos conversaron unos minutos hasta que Rita se sintió tranquila, luego Sara, de modo sensato, le manifestó que se marchaba para que retomara su rutina de trabajo y le dijo que al mediodía vendría a recogerla como siempre para ir al comedor escolar. Rita se dispuso a reanudar su habitual desempeño, intenciones que fueron al traste al ver el caos en que se encontraban sus labores. De acuerdo a lo comentado por Sara, el director y ella habían asumido su cargo, cuyo resultado estaba observando con desconcierto, le esperaban intensas jornadas de trabajo. Pese a lo visto, su primer reto era establecer rápidamente la normalidad y que todo volviera a ser "igual que antes"; según le expresó a Sara.

El unísono hablar de la multitud en el comedor del colegio era una resonancia que Rita ya había olvidado y que recordó al sentarse; ella estaba con Sara y algunos compañeros en la mesa, eran como las doce y treinta del mediodía. Rita estaba un tanto consternada y previo a comer de su bandeja, se dedicó a curiosear en el panorama desplegado a su vista. De los alumnos únicamente estaban los mayorcitos, los menores comían primero y los empleados compartían con los más grandes la hora del comedor. El área era inmensa, un aforo próximo a cien personas, claro que dependía de las circunstancias, pues a veces se acomodaban casi el doble. En determinado instante se detuvo en la imagen de aquella profesora, Clara, con la que se había topado al entrar en la mañana a su oficina, ella estaba ingresando por la puerta trasera, la siguió con su mirada hasta verla recoger su comida y acomodarse junto a otros dos profesores y empezar a departir distendidamente. Era una mujer de estatura media, delgada, de buena figura, al menos era lo que se apreciaba, ya que como vestía con anchos ropajes era difícil asegurarlo; algo anormal en esta cultura, donde la mayoría de las mujeres querían lucir y exhibir su figura con ropa muy ajustada, de ahí que su estilo llamara la atención. La mujer aparentaba abstraerse de dicho patrón cultural, su aspecto en general aparentaba despreocupación y descuido. Clara llevaba el cabello recogido en una coleta alta y poco maquillaje, sus pies estaban cubiertos por unas sandalias bajitas, su tez era color canela y sus ojos miel, una mezcla que creaba un gran impacto cuando se le observaba de cara, su rostro encajaba en un perfil árabe más que mestizo, tal cual era la raza común de dicha área. No era muy bella en su conjunto, pero a primera vista expendía una aureola que exhortaba a fijarse en ella.

Margarita, después de reparar en Clara, empezó a sentir de repente un enorme impulso de acercarse a ella, solo que de inmediato pensó: "¿Y cómo?, ¿qué le digo? Si nunca me he mostrado amistosa o cercana". Y casi sin percatarse, su cuerpo la obligó a levantarse cuando vio a Clara dirigirse a servir agua de una jarra que se encontraba contigua al dispensador de bebidas gaseosas. Rita, automática e inexplicablemente, se dispuso a dirigirse hacia allí. Sus compañeras la miraron atónitas y Sara le preguntó en el acto:

—¿Qué te pasa? —mientras la observaba levantarse y dar su primer paso.

—Voy por agua —le respondió Rita y se encaminó al lugar donde estaba Clara, ante los ojos de intriga de Sara.

Rita se acercó a Clara, la mujer la observó y le sonrió amablemente y le dijo:

—¿Quieres agua?

—Sí, gracias —Rita puso su vaso de cristal para que Clara se lo llenara.

—¿Y…. y…. y qué tal el día? —le preguntó Rita, un poco nerviosa.

—Muy bien, ¿y el tuyo?

—Un poquito extraño después de tantos días de incapacidad —contestó Rita intentando proponer el tema. Rita no advertía exactamente el por qué quería hablar sobre el asunto, creía estar intrigada con ella; era la única persona que no le había hecho alguna alusión a su enfermedad.

—Sí, me imagino, luego de bastantes días retomar el trabajo cuesta —dijo Clara. Su voz era apacible y paradójicamente enérgica. Margarita al escuchar sus palabras, pensó "Así que sí sabias y no me dijiste nada. ¿Serás tan maleducada?". Entonces no se contuvo, y le dijo:

—¿Sabes lo que me ha pasado?

—Sí. Alguien que no recuerdo me lo comentó. Me gustaría y deseo con todo mi corazón que pueda aprender de lo que le ha pasado— dijo Clara.

Inmediatamente Rita pensó "Pero ¿qué dice esta mujer? ¿Cómo que aprender? ¿Qué tengo que aprender de una enfermedad?, ¿acaso esta mujer piensa que estoy fingiendo y me he inventado todo esto? ¿Qué se cree?". Entonces le contestó, catapultada por sus pensamientos y con un tono casi indignado. Aunque fingiendo su habitual cortesía, le dijo:

—¿Qué me quiere decir con esto, es que cree que no estoy enferma? —hubo un corto silencio, hasta que Clara le respondió:

—Es que para mí la enfermedad no existe —expresó de forma sosegada y contemplándola a los ojos. Pese a la tranquilidad en la expresión de Clara, Rita ahora sí que se sentía irritada. Por un instante perdió la compostura que la caracterizaba y motivo de adulación de los que la rodeaban. La gente le alababa su amabilidad y cortesía, únicamente su familia la había visto enojada alguna vez y sin duda el detonante era por lo regular cuando la tachaban de mentirosa o así lo sentía; igual a como se sintió con el comentario de Clara. Rita se esforzó para mantener la educación, sin embargo, de su boca salió un acento brusco, diciendo:

—No la entiendo —expresó de forma rápida y recia, al mismo tiempo que le lanzaba una mirada pendenciera y descargaba con energía el vaso de agua en una mesa.

Clara le contestó mirándola afablemente:

—Perdone, mi propósito no era molestarla, lo siento. —E inmediatamente se dio la vuelta y se dirigió hacia su mesa.

Rita se quedó plantada sin reaccionar por unos segundos, luego, una fuerza incomprensible -aunque un tanto tardía- la impulsó a moverse antes de que Clara llegara a su mesa, la alcanzó y la sujetó por el brazo diciéndole:

—Yo lo siento más, perdone, es que estoy muy sensible —la voz de Rita retornó a su habitual cortesía e introdujo levemente sus labios en señal de disculpa.

—La comprendo —dijo Clara.

Rita suspiró aliviada.

—Por favor, explíqueme lo que me quiso decir... — y Rita no había terminado de expresar la oración cuando se escuchó el rechinante ruido del timbre para el reinicio de las clases y la gente empezó a desplazarse.

Clara la miró desconcertada al no poder responderle y le dijo elevando su voz, casi gritando:

—Sí quieres nos vemos aquí mismo como a las tres, hoy no tengo la última clase. Lógico, sí tú puedes.

—Sí, sí, aquí estaré —dijo Rita con la voz difuminándose y entusiasmada al mismo tiempo.

Después de ver a Clara marcharse, observó que Sara se le acercaba y al tiempo que la sujetaba por el brazo, le preguntaba:

—¿Te pasa algo?

—No, no —contestó Rita.

—No has comido. Pensé que algo sucedía con esa mujer. Como ella es tan extraña. ¿Te dijo algo que te molestara?

—No, no, solo que…

—Solo que, ¿qué? —dijo con un tono áspero Sara, interrumpiéndole —. ¿Te ha ofendido? —. De ninguna manera —dijo Rita enfáticamente, y se disponía a contarle lo sucedido, pero cuando observó el gesto un tanto agresivo de Sara, reculó y dijo:

—Solo quería saber cómo estaba de salud, al igual que los demás. Pero vamos que esta tarde. — En el camino a la oficina iban en compañía de otra compañera y Sara comentó:

—Rita, recuerda que Clara es una mujer complicada, no le hagas caso —y le preguntó a la otra mujer que las acompañaba:

—¿Verdad, Helena? —La mujer dijo:

—Sí. Por lo que dicen, porque yo nunca la he tratado en confianza. Una profesora me comentó que recogieron una cuota para darle un regalo al coordinador y ella no la quiso dar y le preguntaron que cuál era la razón, y ella dijo que no quería, sin más explicaciones.

—Es una maleducada, eso no se hace. Ni porque se fuera a empobrecer con una nimia cuota. A lo mejor es una tacaña —las mujeres rieron. Rita se sintió un tanto incómoda y acotó:

—Ya te digo, Sara, que nada ocurrió con ella, únicamente quería saber cómo seguía —dijo Rita.

—Es que te veo tan alelada, después de que hablaste con esa mujer.

—Sabes que es mi primer día luego de la incapacidad. Ha sido un día pesado.

—Sí, amiga, se me olvida, disculpa.

—No te preocupes —dijo Rita.

Entre cada sorbo de té transcurrían los minutos, Rita estaba en el comedor escolar esperando a Clara, tal como habían quedado al mediodía. Llegó diez minutos antes de las tres, debido a que no se fijó muy bien en el tiempo, simplemente después de las dos y treinta aprovechó el momento oportuno para salir de su oficina sin que Sara se enterara. Se sentía culpable de mentir a su mejor amiga, empero pensó: "Luego le cuento la verdad, cuando sepa qué es lo que me va a decir Clara".

Después de su corto intercambio de palabras con la profesora, sus pensamientos no se apartaban de dicha conversación. Un día repleto de sobresaltos, desde por la mañana, cuando había puesto un pie en el colegio, todo había sido impactante "¡Qué mañana he tenido!". Se decía; "No solo el retorno a trabajar, también los saludos y pesares, aparte, esto de Clara, y por si fuera poco tenerle que mentir a Sara". Ella no podía evitar la agitación interna que vivía, puesto que, además, el hecho de hablar con gente desconocida la inquietaba desde niña y Clara prácticamente lo era.

Volvió a mirar el reloj, eran las tres y dos minutos, bebió otro sorbo de té intentando disiparse, mientras se sumía nuevamente en sus divagaciones: "Sí, yo creo que Clara tiene algo más para decirme, ¿o será que me estoy inventando todo esto? ¿Y si hago el ridículo frente a ella? ¡Ayy, qué vergüenza!". Cuando la incertidumbre la empezaba a invadir, de súbito escuchó la puerta trasera del comedor pendularse, era una puerta de vaivén bastante pesada que emitía un silbido agudo con su movimiento semicircular y estaba justo en frente de su vista. Fue así como vio a Clara atravesar la susodicha puerta, ella venía sonriente y con una aquiescencia en su rostro que hasta ahora Rita divisaba.

—Lo lamento, se me presentó un imprevisto con una niña que tuvo una hemorragia nasal y la llevé a la enfermería —expresó Clara, a medida que se acercaba a la mesa donde estaba sentada Rita. El comedor estaba desocupado y se escuchaba nítidamente por todo el recinto.

—Tranquila, siéntese. ¿Quiere tomar algo? —dijo Rita.

—Agua, pero quédese que yo misma la tomo —Clara fue al dispensador y Rita, al verla desplazarse, sintió deseos de salir corriendo, la inseguridad la inundó, por un instante se preguntó: "¿Qué hago yo aquí?". Se dispuso a levantarse, no obstante sus piernas no respondieron, entonces tuvo tiempo de pensar, "¿Qué excusa le doy para irme?". Entretanto, casi al mismo tiempo, Clara se sentó y se posó frente a ella. Margarita no tuvo otro remedio que permanecer y procurar expresarse. Algo difícil para ella cuando estaba nerviosa, que en ocasiones le había traído inconvenientes; ya que hablaba sin mucho sentido e incontenidamente, ante el desconcierto del interlocutor y de ella misma.

—¿Y qué pasó con la niña? — dijo Rita, buscando iluminación para poder hablar con coherencia.

—Nada serio, la niña está bien. Pero retomemos la conversación de esta mañana…

—Ah sí — interrumpió Margarita —. Mire, Clara, yo estoy viviendo momentos muy complicados, quiero que me comprenda, usted me dijo eso de que "la enfermedad no existe" y yo me sentí como una mentirosa. Quiero disculparme por mi exagerada reacción, estoy muy sensible y quisiera que me explicara bien, ¿qué significa esa frase? Yo nunca había escuchado eso y esto me hace …

—Por favor, tutéame que estamos en confianza— la interrumpió Clara—. Está bien —dijo Rita

—Continúe, por favor.

—No. Eso, ¿qué me quisiste decir?

—Lo primero, tranquila, no tienes que explicarme, yo comprendo. Lo segundo es que su comportamiento no tiene nada de malo, simplemente es que yo tengo unas creencias diferentes a las suyas, ¿supongo? —Rita asintió con la cabeza.

—Además se lo dije para inquietarla y parece que así sucedió —ambas sonrieron. Aunque el desconcierto aumentaba en Rita.

—Cuando una persona no se inquieta significa que no está preparada para escuchar, así que, por tu reacción, presumo que lo estás. Tu mente debe estar receptiva, y procura sentir en lugar de pensar acerca de lo que te voy a decir, ¿de acuerdo, Margarita?

—Lo intentaré —dijo Rita, pese a que en verdad todavía no entendía nada. Si bien pensó que debía ser algo importante, por el preámbulo. Clara prosiguió:

—Cuando los seres humanos decimos que enfermamos es simplemente el resultado de que algo dentro de nosotros está buscando expresarse y se manifiesta a través de un conjunto de síntomas en nuestro cuerpo, el cual es tan solo un receptor, el emisor se encuentra en nuestro inconsciente; es decir, Margarita, existe alguna información que desconoces que te está causando daño. La enfermedad no es el problema sino la solución que nuestra biología encuentra en su afán de expresar una incoherencia, y los síntomas son los signos de expresión de esa información que vegeta y nos está causando tal perjuicio. ¿Estoy haciéndome entender, Margarita?

—Clara, ¿me puedes llamar Rita?, es como me dicen las personas cercanas, por favor— le dijo Rita un poco avergonzada.

Está bien, Rita —respondió Clara, sonriéndole.

—Creo entender lo mismo de esta mañana, que me estás

diciendo que yo me he inventado la enfermedad —dijo Rita, alzándose de hombros.

—No exactamente, no es que te la inventes, los síntomas existen, luego eres tú la que le da el matiz de enfermedad, debido a una información que hay dentro de ti. Voy a explicarme mejor. ¿Has escuchado que muchas personas son portadoras de alguna enfermedad, pero ellos no la sufren?

—Sí, claro —dijo Rita.

—Entonces, ¿por qué crees que no se les manifiesta? ¿Qué pasa? Los científicos dicen que en los genes está la información de las enfermedades que sufriremos en nuestra vida; no obstante, ¿por qué unos las sufren y otro no? Siente eso, Rita.

Margarita guardó silencio por un momento, procurando sentir como le estaba diciendo Clara, y pese a que no lograba saber exactamente lo de "sentir", algo le decía que debía seguir escuchándola y asintió para que ella siguiera.

—Sé que es complicado procesar lo que te estoy comentado. Es mejor que leas sobre el tema, así puedes asimilar más fácil. Si quieres te puedo dar un material escrito para que veas, ¿quieres?

—Sí, claro, por favor.

Clara sacó de su bolso una libreta y le apuntó en una hoja de papel su correo electrónico, la arrancó y se la entregó a Rita, diciéndole:

—Escríbeme a mi email y de retorno te mando información, ¿te parece?

—Por supuesto —respondió efusivamente Rita, entretanto recibía el papel de manos de Clara.

—Muchas gracias, Clara.

—Para servirte —al mismo tiempo la mujer juntaba las dos manos de Margarita y se las agarraba entre las suyas, en señal de despedirse, lo cual le transmitió una sensación especial en Rita, vislumbró como si entre esas manos nada malo le pudiera ocurrir jamás.

Después de despedirse de Clara en el comedor, Margarita se dirigió presurosa a su oficina y empezó a buscar de forma perentoria información. Estaba sentada frente al computador, leía afanosa sobre el tema. Rita no había podido esperar a recibir la respuesta del email de Clara. En internet había escrito aquella frase de "la enfermedad no existe" e inmediatamente vio desplegarse en la pantalla tal cantidad de material escrito que se quedó perpleja, para su sorpresa había tanta que se preguntaba: "¿Cómo yo no había escuchado de esto? Si parece que todo el mundo sabe menos yo".

Rita arrancó a tomar nota de varios libros y después de terminar su jornada laboral se desplazó a comprarlos a una librería que se encontraba en un centro comercial contiguo al colegio. Compró tres libros, uno de ellos hablaba acerca del inconsciente y su influencia en nuestros comportamientos; el otro, sobre las heridas emocionales, y el tercero trataba el sentido biológico de las enfermedades.

Aquella noche, en el regazo e intimidad de su apartamento, Rita se embebió en cada libro, cada hoja, cada palabra, de hecho no había ni comido, se metió en su cama tan pronto como pudo aduciendo cansancio por la jornada laboral.

Rita se sumió en un viaje de peregrinación interior, cada frase era un brillante descubrimiento hasta que tocaba la siguiente y se daba cuenta de que la anterior no era tan brillante. Había abierto la puerta de un nuevo mundo que la empujaba a penetrar en sus entrañas e iniciarse para revelar su mágico encanto y recibimiento.

6. El nuevo mundo

E ra viernes, tres días habían transcurrido desde aquel primer encuentro entre Rita y Clara. Posterior al susodicho día, ellas siguieron reuniéndose a la misma hora en el comedor escolar, un tiempo que resultaba escaso para el sinfín de inquietudes que Margarita ostentaba. Cada respuesta desnudaba sus creencias más arraigadas y desplegaba un abanico de arcanos que despertaban las más profundas emociones en Rita. Eran revelaciones que desenmascaraban su intelecto y a la vez su corazón, y la dejaban a merced de la siguiente inquietud suscitada. Una antología que estimaba infinita. Rita había descubierto otro mundo.

Al principio pensó que estaba entrando en un universo mágico, y si bien, de cierto modo lo era, pero a medida que avanzaba en conocimiento, era capaz de entender y concebir los fundamentos eruditos que sustentaban cada contestación. Aunque de hecho también argüían bases subjetivas, las cuales estaban cargadas de tal coherencia que resultaban de fácil comprensión para Rita, conjugando de manera sorprendente un antagonismo entre la objetividad y subjetividad que daba lugar no únicamente a la resolución de sus dudas, sino al sentir intrínseco de que una nueva vida la esperaba. Era una forma de concebir y percibir la vida completamente distinta a la que ella hubiera imaginado algún día que existía.

Era el último día laboral de la semana, y por primera vez desde que ella trabajaba quería seguir yendo al colegio; le espantaba la idea de que estuviera viviendo una fantasía y que al alejarse de Clara despertará en la siguiente aurora, dándose cuenta de que todo era producto de un sueño. Entonces se preguntaba: "¿Y si todo es como el "sueño" que tuve en el hospital y me despertara?". La sola idea le aterraba; ella necesitaba saber que este mundo era real y no una simple ilusión.

Rita cavilaba todo esto mientras se encaminaba a su cita con Clara a horas del mediodía. Ella iba como habitualmente lo hacía, acompañada de Sara y sus compañeras de oficina. Los anteriores días se había desprendido en especial de Sara yéndose al baño, y al regresar se sentaba en una mesa opuesta fuera de la vista de su amiga y sus compañeras para esperar a Clara. El sitio, aparte de estar alejado de sus colegas, era un tanto íntimo e ideal para su encuentro. Rita sabía que Clara se retrasaba unos minutos, ya que tomaba más tiempo desplazarse desde las aulas de clase que de su despacho al refectorio.

Rita lucía radiante, lo había percibido en el preludio del día cuando se miró al espejo, por primera vez no era la oscuridad de sus ojeras o la hinchazón de su párpado superior el principal foco de atención; dicha mañana había visto la luminosidad en sus ojos y rostro, lo cual comprobó de boca de sus compañeros de trabajo al entrar a la oficina. Pensó que sería por lo vivido aquella semana, ya ni siquiera las sesiones de radioterapia donde debía acudir a continuación de la jornada laboral dos veces por semana eran tan agotadoras y tediosas, pues las susodichas se habían convertido en una oportunidad para digerir ideas, analizar conceptos sobre sus entrevistas con Clara y repasar la información que leía. Rita sacaba fruto de cada instante y minuto vivido para adquirir éstos conocimientos.

De pronto advirtió que Clara entraba al recinto, le sonrió efusivamente, se acercó deprisa y se sentó en frente de Rita, como los días anteriores.

—Te veo radiante hoy —le dijo.

—Sí, ¿verdad? Todos me han dicho lo mismo. Gracias—contestó Rita. Ella por fin estaba aprendiendo a recibir halagos.

—Me encanta —dijo Clara y la miró con afecto—. Veo que me trajiste la bandeja.

—Sí, tomé el menú que siempre escoges.

—Perfecto, Rita, este es, muchas gracias. Y, ¿cómo vas?

—Fíjate que anoche estuve leyendo algo que me dejó muy inquieta —expresó ansiosa y expectante Rita—, dice en el libro que te comenté: "El tiempo no existe para el inconsciente". ¿Esto quiere decir que una persona puede vivir en varios tiempos a la vez?

—Esto es complicado de explicar. Pero ¿estás segura que es tu inquietud? —Rita se tomó un momento para sentir, ya estaba aprendiendo a conectarse con sus sentimientos y emociones en lugar de sus pensamientos; sugerencia que Clara le subrayaba como un ingrediente vital para conocerse a sí misma y tomar decisiones. Ella le había explicado que, para conseguirlo, lo primero era respirar profundamente y en un exhalar dejaba salir las palabras de modo espontáneo, sin análisis y empezando por decir un "yo siento que...". De modo que Rita procedió de idéntica forma y luego dijo:

—La verdad es que yo siento que aquí está la respuesta

a algo que me sucedió y no te había comentado; resulta que cuando estaba despertando de la anestesia, después de la cirugía -era curioso que antes no le hubiera hablado sobre los detalles de su enfermedad, Rita no quería plantear el tema hasta no entender correctamente el significado de la frase que había dado lugar a todo, aquella de que "la enfermedad no existe"-, sentí que estaba en tres mundos paralelos... —y prosiguió contándole cada detalle y cuando terminó, Clara le dijo:

—¡Qué extraordinario! ¿Y hasta hoy me lo dices, mujer? Hubiéramos empezado por ahí.

—Temía contártelo pues no quería tocarte el tema de mi enfermedad hasta no digerir algunos conceptos, además todo ha ido tan rápido que me confundo a veces.

—Lo que te pasó tiene explicación y está visiblemente relacionado con tu situación. Según mis conocimientos, es un mensaje de tu inconsciente que está buscando salir —inmediatamente Rita interrumpió:

— ¿Con mi situación de salud?

—Sí, Rita, en tu inconsciente existen unas emociones que te están causando sufrimiento y necesitan salir por algún lado, de ahí los síntomas. La respuesta biológica que el inconsciente tiene para manifestarse es la enfermedad, por eso aparecen las señales que son el significado de lo que te sucede. Yo quería que encontraras por ti misma la relación de tus síntomas con el acontecimiento que desencadenó los hechos; sin embargo, con lo que me cuentas, yo creo que estás lista para reconocer la emoción que te está lastimando. ¡Por eso nos encontramos! —puntualizó diciendo Clara como si se tratara de una iluminación.

—Entonces lo que viví, ¿es real? ¿Es información que está en mi mente y que yo quiero que se manifieste a través de este cáncer? —Era la primera vez que entre las dos se mencionaba la palabra "cáncer".

—La primera parte creo que es así, aunque la segunda es debido a que como no has sanado las heridas del pasado, esas te están carcomiendo, que es lo que el cáncer hace, carcomer. —Inmediatamente los ojos de Rita se convirtieron en un manantial y las lágrimas brotaron a borbotones. Clara permaneció serena, sin decir ni una palabra permitió que ella llorara. Le suministró un pañuelito de papel y cuando reparó que Rita había terminado, prosiguió hablándole.

—El problema y la solución están en ti misma, hay gente que se muere sin saberlo, tú actualmente tienes la posibilidad que ellos no han tenido. —Después guardó silencio.

Rita se esforzó por hablar y de pronto un sonido destemplado y acuoso salió por su boca, diciendo:

—Entiendo —mientras se secaba las lágrimas—, no sé ni por qué lloro—dijo.

—Sí que lo entiendes, lo que sucede es que todavía no lo comprendes; las lágrimas evidencian que hay un lamento gritando dentro y tú aún no lo escuchas. Ahí está tu completa sanación. Es posible que te hagan la radioterapia y quedes limpia, no obstante, si no terminas de sentir y sanar dicha emoción muy probablemente reaparecerá, que es lo que les acontece a ciertas personas.

—Y, ¿cómo hago eso? —expresó Rita, entre sollozos y con una voz discontinua.

—El cómo se resuelve cuando reconocemos la información; por consiguiente, lo fundamental es identificarla. —Hubo una corta pausa y luego Clara continuó:

—Te propongo que descanses este fin de semana de leer y que empieces a sentir dentro de ti ese dolor o aquello que puede estar causando los síntomas que has presentado, es la forma de identificarlo. Y si el lunes todavía crees que te falta algo, entonces te pongo en contacto con una persona que te puede colaborar.

—¿Y por qué no me das los datos de esa persona ya? —dijo Rita, en tono suplicante.

—Necesitas darte la oportunidad de descubrirlo, es posible que puedas hacerlo, será mejor para ti. Aprenderás a no depender de otros y a resolver por tu propia cuenta cualquier dificultad. Si no lo consigues, no te preocupes, yo misma todavía requiero guía y acompañamiento. Pruébalo, nunca se sabe; encima, con lo que te sucedió en el hospital siento que es viable que puedas hacerlo. Tienes mi teléfono, me llamas si crees que me necesitas. ¡Confía, confía en ti!

—Clara, no logro entender lo que me hablas —dijo Rita, con desazón—. Yo no tengo elementos terapéuticos para hacerlo, dame alguna guía o indicación, por favor.

—¿Y acaso los tenías aquel día en el hospital?

—A lo mejor eran efectos de la anestesia y actualmente no estoy bajo sus secuelas.

—Ay Rita… ¡Suéltate! Es miedo lo que tienes, déjate llevar, inténtalo. Nada puede causarte más daño del que has sufrido. Es temor al dolor lo que tienes. Los seres humanos, por instinto de protección, tendemos a alejarnos de lo que puede lastimar, solo que en tu caso y en el de muchos otros, si ya están heridos, ¿por qué resistirse? Es absurdo. Los síntomas ya son la evidencia del daño. —Ambas permanecieron calladas por un momento.

—Además —agregó Clara—, no es una terapia, se trata de expulsar, de identificar y reconocer lo que te está causando padecimiento y te corroe por dentro. Un ejemplo, Rita, es como si sintieras una herida en alguna parte del cuerpo y no supieras dónde está. ¿Qué harías? Inicialmente empezarías a palparte y buscar por tu cuerpo, luego, posterior a ubicarla, la observarías para saber qué es y detallar sus características, si es grande o pequeña, y tratarías de identificar o relacionarla, es decir: es un corte, un clavo, un rasguño, un golpe, etc. Después te alarmarías o te calmarías dependiendo de lo detallado, y de acuerdo a eso vas corriendo al hospital, llamas a alguien que sepa del asunto o te sanas tú misma poniéndote un antiséptico y cuidándola hasta que cicatrice. Lógico, esto sucedería más rápido o más lento dependiendo de la gravedad. —Entretanto Rita escuchaba con atención—. Pues bien, eso es lo que te digo, inicialmente necesitas identificar y reconocer la herida emocional, luego mirar si para sanarla requieres de colaboración, si es urgente o si tú misma puedes sanarla. Igualmente, ya los primeros auxilios te los han hecho con la cirugía. En el momento, es importante que cicatrice y no vuelva a causarte dolor. Y no te preocupes que nada te va a pasar, lo peor ya sucedió. ¿Me comprendes, Rita?

—Ah, entonces, si nada me va a pasar, ¿para qué lo hago? —dijo en tono de broma. Ambas rieron. —Sí, ya me queda claro, Clara —y volvieron a reír—. Gracias, gracias por lo que me has enseñado, me das mucha luz—apuntó Rita.

—Servir es mi misión, simplemente devuelvo lo que otros me han dado a mí. Nos vemos el lunes. Ya sabes, si quieres me llamas, mejor en las mañanas, no importa la hora, yo madrugo. En las tardes salgo con mi familia. ¡Que tengas un lúcido fin de semana! —exclamó Clara efusivamente —. Te doy todo mi amor.

—Gracias de nuevo, feliz fin de semana, Clara.

Ellas se estaban despidiendo cuando Rita giró a su lado derecho y se topó con la visión de Sara. Su cuerpo se estremeció al verla y detallar su mirada un tanto enojada. Rita terminó de despedirse de Clara y en el trayecto apresuró el paso para alcanzar a Sara. Cuando lo consiguió le dijo:

—Vas muy rápido, ¿tienes alguna reunión, Sara? —le dijo Rita. Su amiga la miró de soslayo y le respondió con tono seco.

—No.— Ambas se mantuvieron en silencio por un escaso momento y al unísono hablaron sin que una escuchara a la otra. Rita le dijo:

—Habla tú, Sara.

—No. ¿Estás de amiga de esa mujer? —dijo Sara reclamante. Rita tuvo miedo de decirle la verdad. Sara tenía un temperamento fuerte y no quería provocar su rabia o sus celos, así que le dijo:

—No tanto como amigas, es que no te había dicho, ella me ofreció algo para curarme rápido y conversamos sobre eso.

—Ya. ¿Y qué tipo de remedios?

—Cosas de las que ella sabe, como es bióloga.

—Mucho cuidado con esa mujer. Hazme caso, Rita, yo sé lo que te digo. Mucho menos vayas a tomar cosas extrañas. Con la rara que es a lo mejor es bruja.

—Que va, Sara, no es nada de lo que piensas, es... —y cuando Rita se disponía a seguir explicándole a su amiga, se tropezaron con el rector y siguieron junto a él hasta la oficina, luego el hombre le pidió a Sara que siguiera a la rectoría para conversar un asunto laboral. Rita respiró tranquila. En realidad no quería explicarle a Sara nada de su relación con Clara, temía que ella la desaprobara y se inmiscuyera, arruinándole la fantasía de este nuevo mundo descubierto.

Unas horas más tarde, aproximadamente a las cinco de la tarde, Rita descansaba en su apartamento, había sido una intensa semana. Se sentía como desposeída de ella misma, peor aún después de lo sucedido con Clara horas antes en el comedor del colegio. Había llorado y reído de igual forma, lo que más extrañaba era su llanto, ella que no lloraba hasta hacía escaso tiempo y en los últimos días era de lágrima suelta. Estaba sintiendo una combinación de indescriptibles sensaciones; todavía no podía referir ni darles nombre, como exponía en algunos de los materiales escritos que leía; decía allí, que, si le dabas nombre a una emoción, podías hacerla consciente y convertirla en un sentimiento para conseguir cambiarla o disolverla, si era del caso; lo cual era precisamente lo que necesitaba hacer ella, según le expresó Clara.

Rita, como era costumbre antes de la cirugía estaba descansando en el sofá de su casa ulterior a la jornada de trabajo. Claro que hoy los pensamientos y preocupaciones no eran los acostumbrados, en lugar de estar pensando en los demás, ella estaba peregrinando en su interior; descubriéndose en un desafiante y al mismo tiempo fascinante viaje. De pronto escuchó el repicar del teléfono y Rita de inmediato se imaginó que era Sara y se dijo: "No voy a responderle". Se escucharon varios timbres, se disparó el contestador automático y al instante la voz de Sara decir:

"Amiga, llámame cuando puedas. Recuerda que tenemos una conversación pendiente, chao, beso". Rita se incomodó, pero luego se dijo: "Es que no quiero explicarle nada". Notó una rabia que no había percibido hacia su amiga. Emergía de dentro y prosiguió su diálogo interno, "Ella quiere saber todo de mí, a veces me asfixia y lo peor, me da órdenes y me controla como si fuera mi madre. Esta vez no le voy a decir nada, no".

Pasadas unas horas, detalló el tiempo en el reloj de pared, recordó que era viernes y quizás Efrén no estaría temprano; él había estado comportándose considerado; ayudaba a lavar la loza, estaba amable, hablador y bromeaba ocasionalmente. Efrén no había vuelto a quedarse hasta tarde los viernes como era su hábito; desde la cirugía, arribaba pronto, de tal modo que era posible que llegara puntual. Margarita sabía que se estaba esforzando por cambiar, él usualmente era callado, transcurrían los días sin decir más que "Hola, ¿cómo estás?". Cuando comparecía en casa, se sentaba a ver la televisión, comía y retornaba de nuevo al sofá para seguir viendo, hasta que sentía sueño y se iba a la cama. Volvía a recordar que Rita existía en el momento que ella se metía en la cama, ¡ahí advertía su presencia! El hombre se daba vuelta hacia ella, pasaba sus manos rápidamente por sus pechos y por su vulva, en espera de excitarla; lo cual algunas veces conseguía, aunque en la mayoría recibía negativas. "Menos mal que no se enoja", se decía Rita ya que, de acuerdo a los comentarios de sus amigas, sus maridos se disgustaban. Efrén y Rita duraban largos periodos sin contacto sexual.

Su esposo por lo general era tranquilo, excepto cuando estaba ebrio, razón por la que ella evitaba darle motivos de irritación cuando se hallaba en dicho estado. Era el principal motivo de reproche; sin embargo, ella lo consideraba como "buen marido".

El comportamiento colaborador, amable y comprometido de Efrén con Rita, no era desconocido; cuando nació Sofía, él había tenido una conducta similar. En aquella ocasión Rita se había ilusionado con que perduraría; pero a los pocos meses volvió a sus viejos hábitos. Tal como presumía ocurriría en el presente; el principal indicio era que ya había pasado la hora en que normalmente debía de estar en casa. Pese a que él retornara a su habitual comportamiento etílico, algo sí parecía haber cambiado; Rita no había intentado manipularle para que llegara temprano, ni surcaba la senda entre la ventana y el sofá para asomarse insistente al escuchar ilusoriamente el motor de su carro parqueando; ni fantaseaba con el sonido de la puerta al oír entrar a Efrén, tampoco reparaba incesante el reloj, ni esperaba el picar del teléfono a ver cuándo su marido o hija se dignaban llamarle para avisarle que llegarían tarde; paradójicamente, ella estaba reconfortada por estar sola. Rita podría aprovechar para buscar respuestas; más bien su intranquilidad estaba en otro lado. Necesitaba identificar en su inconsciente la emoción que le había originado su enfermedad.

Rita estaba concentrada en la conversación con Clara y en pretender sentir el dolor que la estaba carcomiendo. Incluso osó pensar que era conveniente que su marido llegase de madrugada, así tendría más tiempo y facilidad para conectar con sus sentires, tal como Clara se lo había sugerido.

Ella recordó que uno de los libros que estaba leyendo, recomendaba un ejercicio para reconocer la información inconsciente; se trataba de hacer una autobiografía. "Esto es", se dijo, "es una estrategia ideal para recordar". Entonces, tomó el mencionado libro y se dispuso a realizar el ejercicio que según evocó estaba en las hojas finales del mismo. El autor del libro sugería escribir la historia personal, plasmando las percepciones, sentimientos y pensamientos que la persona considerara relevantes y subrayando con un marcador sobre ellas. Consistía en hacer énfasis en aquellos hechos que produjeran malestar, disgusto, rabia, o cualquier alteración. Según el autor, era una manera de identificar las heridas emocionales relevantes. Luego de terminar se conectaba con los hechos subrayados y se debía de expresar lo que saliera de dentro.

Rita empezó a plasmar su historia, procurando contactar consigo misma y lograr identificar su dolor. Después de varias horas escribiendo, completó unas diez hojas. Ella se detuvo a pensar en medio de la tarea y se dio cuenta de que aún no alcanzaba a sentir ningún dolor, la autobiografía que estaba creando no le generaba nada molesto; por el contrario, recordaba plácidamente mientras escribía, rememoraba su niñez, los juegos con sus hermanas en las tardes, su madre llamándolas varias veces a merendar; ya que se entretenían tanto en su mundo pueril que ni hambre sentían. Revivía su casa de infancia con melancolía, allí vivió casi desde que nació hasta que se mudó a Medellín. Aquella vivienda era de dos plantas y grande, ella y sus hermanas usualmente jugaban en el patio o en el segundo nivel, razón por la cual la madre debía gritar y cuando bajaban a comer, ella estaba enojada, aunque a todas les causaba bastante gracia ver a su madre con rabia. También recordaba las fiestas de su juventud, tenía un grupo de amigos del colegio con los que iba cada fin de semana a casa de alguno para bailar; siempre iba con su hermana Esmeralda, era la única forma de conseguir permiso. Su padre les permitía estar hasta las once de la noche, por lo cual ellas debían abandonar la fiesta cuando estaba en furor. Ellas arribaban temprano, pero la fiesta no empezaba hasta las nueve o diez de la noche. Eran las primeras en llegar y las primeras en marcharse. Dicho suceso Rita lo recordaba como una simple anécdota y entendía perfectamente la actitud de sus padres.

El sonido del teléfono interrumpió la escritura y se preguntó: "¿Quién será?". Y sin pensarlo descolgó el auricular y dijo:

—Hola, buenas tardes. —De inmediato identificó la voz de su hija al otro lado del teléfono.

—Hola mamá. Te llamo para decirte que voy a estar tarde. Y además saber cómo estabas.

—Ah bien, gracias, hija. ¿Y a qué horas vienes? — En el acto reflexionó que su hija un día le había dicho que por eso no la llamaba, para que justo no le hiciera esa pregunta, e intentó reparar de inmediato —. No, tranquila, con que me avises es suficiente —dijo Rita.

—Como sabía que me ibas a preguntar eso, ya tenía la respuesta preparada. Cerca de las dos de la mañana, vamos para una fiesta donde Juan Carlos.

—Ah. Pues gracias por llamar, mi amor —Rita esperó a que su hija siguiera la conversación para evitar hacerle un interrogatorio como solía hacerlo, e impedir acaso con dicha actitud que Sofía continuara avisándole cuando fuera a llegar tarde.

—¿Y papá?

—No ha llegado.

—Volvió a lo de siempre. No te preocupes por él, que él no se preocupa por ti. Debe estar bien contento y feliz y tú amargada.

—Para nada, hija, hoy estoy muy entretenida.

—¿Y qué haces?

—Escribiendo. O para decirlo mejor, haciendo un ejercicio que recomiendan en unos de los libros que compré.

—Sí. Te he visto muy distraída leyendo. Entonces sigue leyendo. Hasta mañana, que duermas.

—Hasta mañana, mi amor, disfruta y cuídate. Un beso.

Ella continuó escribiendo y cuando estaba próxima a la actualidad, decidió mirar el reloj, ¡eran más de las doce de la noche! Y se dijo: "Mierda, si es medianoche y no he comido nada" — y con un poco de nerviosismo y prisa, se dispuso a comer e irse a la cama.

Más tarde, ya en sus aposentos, Rita encendió una tenue luz de la lámpara que estaba en la mesa de noche, junto a ella. Tomó el cuaderno donde estaba escribiendo su autobiografía para continuar su historia. Se dejó absorber por la creación de sus memorias, absorta en cada renglón escrito. Y pese a que no había encontrado "nada" notable, ella estaba muy entusiasmada cifrando su historia. Llevaba escritas como unas 20 hojas de cuaderno cuando el sueño inicio su habitual ronda, los párpados se fueron haciendo pesados y las crepúsculas sombras de la noche la atraparon en sus disimuladas y seductoras redes. Se quedó profundamente dormida, el cuaderno de modo espontáneo se posó sobre su rostro y el lápiz quedó nadando entre el revoltijo de sus sábanas.

7. La evasión

El peso que sentía sobre su rostro le impedía abrir por completo sus ojos y por más que se esforzaba no lo conseguía, apenas, tenuemente, alcanzaba a observar una imagen traslúcida y nublada que denotaba ciertos colores en movimiento. Pero en un santiamén, la visión adquirió una tenue diafanidad; Rita logró visualizar la figura de una persona pequeña moverse alrededor de algo que no alcanzaba a definir con precisión. Ella intentó aclarar totalmente su enfoque, sacudiendo su cabeza y parpadeando con insistencia; entretanto, la silueta continuaba con la idéntica dinámica. Pasados unos instantes, Rita pudo divisar que era el aspecto de una niña que vestía una camiseta roja y un pantalón vaquero. La pequeña estaba en frente de ella, dando su espalda. Aparentaba jugar; era tan solo una suposición, debido al mutismo de la imagen. Casi sin querer, su cuello la obligó a girar y detallar el lugar; advirtió una sensación de familiaridad con el sitio. Observó que se hallaba en el patio de una casa; el suelo era rústico, cubierto de un concreto con fragosidades, patentizando un torpe vaciado del hormigón que generaba continúas grietas, de cuyos espacios emergían delgadas ramificaciones de maleza, repartidas de forma abundante y que hacían lucir el sitio como un lugar inerme. Opuesta a Rita había una puerta de color turquesa pintada aproximadamente hasta la zona media, ya que a partir de ahí se gradientaba hasta cubrirse en total de un color cobre oxidado y terminando en franjas de diminutos huecos que creaban pequeñas puntas amorfas, característico del metal corroído. A la derecha de la susodicha puerta, se hallaba un tanque de agua con un lavadero de ropa, cubierto por entero de verdecida lama. Sobre su izquierda, existía un árbol de naranjas que abarcaba hasta el espacio vertical de un muro, el cual separaba los patios de las casas colindantes y se extendía hasta intersectar perpendicularmente en sus lados con otros dos muros laterales que se unían a las paredes de la mencionada vivienda; encerrando la propiedad, que quedaba incrustada entre otras casas. Justo entre el tanque de agua y el naranjo, se encuadraba un foso pequeño en el suelo del patio, el que únicamente Rita al verlo de soslayo, le ocasionó un cierto resquemor, empero cuando se detuvo a contemplarlo, pensó: "pero si es muy pequeño, ¿de qué me da temor?". Una divagación interrumpida por los gritos de la niña y que la hicieron volver la vista en el acto hacia ella; la imagen hasta ahora adquiría sonido.

—Maldita seas, ¿para qué has nacido? eres mala —chillaba la niña, engrosando su voz, al mismo tiempo que lanzaba azotes a una pared con un cinturón de cuero ancho y grueso que tenía enrollado en su mano derecha, de cuya punta se alcanzaban a reparar gran cantidad de hilachas colgando. Rita se sintió un poco turbada y confundida e intentando aclararse, le preguntó a la pequeña:

—¿Qué haces, nena? —De Inmediato, la niña suspendió el juego y se giró bruscamente. Sus ojos se abrieron como platos y bailaban buscando el origen de la voz. Y pese al asombro, logró preguntar:

—¿Quién es? ¿Quién habla? — preguntó de una manera todavía brusca, impulsada por la inercia de los gritos que segundos antes salían de su boca. Se dirigió como hablándole al árbol de naranjas y con los ojos hiperactivos. Ella empezó a atemorizarse con la voz.

—Soy Rita ¿qué haces, a qué juegas? Estoy enfrente de ti —La niña se acercó sigilosa, juntando su entrecejo, y aunque se sentía temerosa, la voz de Rita asimismo le sonaba conocida. Respondió gagueando, con un tono bajo:

—Eh, eh, al, al papá y y y a la mamá. Lárguese quien sea, yo no conozco a ninguna Rita, no quiero que nadie me vea jugar, además mamá me prohíbe hablar con desconocidos.

Rita por fin apreciaba diáfana la cara de la niña, igualmente le lucía familiar y le dijo:

—¿Sabes? Yo creo que te conozco, y a esta casa también. Me parece que ya he estado aquí.

—¿Eres amiga de la familia o de mi madre? —dijo la pequeña, un tanto más tranquila. Entonces ella dio otro paso hacia Rita.

—Es posible… ¿cómo se llama tu madre? —dijo Rita.

La niña ya estaba bastante próxima. Rita decidió agacharse para verla mejor. La pequeña figuraba estar observando a través de un cristal.

—Mi madre se llama Mercedes. —Y cuando la niña pronunció dicho nombre, Rita sintió un violento remesón en su corazón, sus ojos se desorbitaron y atinó a decir:

—¿Qué? ¿Qué? Si se llama igual que mi madre.

Al instante, las miradas se trenzaron y el contacto produjo un tremendo impacto entre las dos, Rita sintió un intenso estrangulamiento en la boca del estómago, el aire la marginó de su fluir y la imagen de la pequeña se empezó a diluir mientras caía por un orificio sin ningún control y a medida que perdía la vista del rostro de aquella niña, sus oídos empezaron a sonar intensamente como si fueran turbinas. Veía luces de colores pasar a tal velocidad que eran como uniformes rayas a su alrededor, Rita estaba cayendo al vacío, no podía respirar y se dijo: "Estoy muerta, estoy muerta".

Una brusca sacudida y una voz que gritaba, "Rita, Rita, ¿qué te pasa?", la estremeció de tal modo, que en el acto quedó sentada en la cama. Por fin obtuvo aire. Su rostro transpiraba copiosamente y rodaban lentamente gotas que humedecían su pijama.

—¿Qué te pasó? —Era la voz de Efrén. Rita irrumpió en llanto, lo abrazó y le dijo:

—Sentí que me moría — Efrén la palmoteo sobre su espalda, mientras le decía:

—Fue una pesadilla, solo eso, tranquilízate. Me asustaste, gritabas y gemías de una forma horrorosa, menos mal que estás bien— y dicho esto, suspiró al igual que Rita, recostó de otra vez su cabeza en la almohada y casi al instante se escuchaban sus ronquidos.

Rita se desplazó a la cocina, buscó un vaso, lo llenó de agua del grifo con nerviosismo y empezó a beberlo, regando algunos chorros en su bata de dormir. Necesitaba urgentemente sentirse viva. Observó la hora, eran casi las seis de la mañana. Estaba tan ensimismada en su sueño que ni siquiera había sentido a su esposo, ni a su hija. "¿Habrá llegado Sofía?", se preguntó. Entonces, fue expedita a la habitación de su hija, la vio dormida y respiró aliviada. Luego se sentó en la sala para terminar de tomarse el vaso de agua, respiró y expiró profundo. Cuando estuvo relajada, se dijo: "No era un sueño, esa niña yo la he visto y esa casa también. ¿Cuándo, cuándo?", casi terminada la pregunta sabía ya la respuesta, y se dijo: "Dios mío, no puede ser, si es la niña del hospital, la niña que vi cuando despertaba de la anestesia". Su cuerpo vibró, se levantó agitada y se dirigió de nuevo a la cocina, llenó otra vez de agua su vaso y regresó a la sala. Se sentó tratando de comprender el suceso y, al no conseguirlo, optó por encender el televisor, cogió el control remoto, empezó a buscar una película y encontró una que la distrajo. Desechó cualquier pensamiento, las imágenes la retornaron al mundo onírico y minutos más tarde estaba completamente dormida.

Rita durmió unas horas adicionales; durante el resto del día, estuvo ocupada en las labores domésticas, inusual para ser un día sábado. Ella hizo limpieza profunda y cocinó platos especiales, olvidándose en absoluto de aquella niña. Terminando la tarde, llamó a Sara y no contestó, le dejó un mensaje cariñoso en el contestador. Se sentía un poco culpable de no responderle el día anterior.

Luego marcó a su madre y sus hermanas como regularmente lo hacía los sábados; dos de ellas, Carla y Esmeralda, vivían cerca de sus padres; Sandra, su hermana menor, residía en la capital, en Bogotá, como a unos quinientos kilómetros de Medellín.

Rita habló con cada uno de los miembros de su familia, incluso con los sobrinos y cuñados. Por lo general, todos ellos pasaban reunidos el fin de semana en casa de sus padres.

A continuación pensó que le faltaba hablar con Sandra, de vez en cuando la llamaba y hoy tenía tiempo para hacerlo, aunque dudaba, ya que no le apetecía demasiado hablar con su hermana; ella tenía una manera de pensar que nadie en la familia compartía; sin embargo, Rita y sus hermanas solían acudir a Sandra cuando necesitaban un consejo que ninguna amiga les daba, y pese a que Rita hacía caso omiso, sus consejos le ayudaban a reflexionar acerca de sus errores; si bien en el momento de hablar con ella se defendía, pues usualmente era enérgica para hablarle, razón por la cual en ocasiones discutían.

Mientras estaba marcando el número de Sandra se preguntaba: "¿Qué le voy a decir? ¿A qué la llamo? ¿Será que le comento la verdad de mi enfermedad? Voy a saludarla únicamente. ¿Por qué siempre la tengo que llamar para contarle un problema? No le voy a comentar nada sobre mí". El tono de ocupado en la línea telefónica interrumpió por un segundo la cadena de interrogantes. Su mente reanudó con la siguiente elucubración, al momento que colgaba el auricular y se dijo: "Menos mal que vivo lejos de mi familia y no pueden enterarse de lo que acontece, si los tuviera aquí no podría sostener la mentira sobre mi enfermedad, además no aguantaría ver sus ojos de preocupación y lástima, en especial los de mi madre".

Rita sintió pasos en el corredor, supo que eran los de su hija Sofía.

—Hola, mamá —entretanto su hija le daba un beso en la mejilla.

—¿A qué horas llegaste? —le preguntó Rita.

—Como a las cuatro de la mañana.

—Ummm, ya veo... por la hora que te levantas. Hay comida en la cocina, estoy llamando a mi familia.

—Sí, no te preocupes. Más tarde como, ¿y papá?

—Durmiendo.

—¿Llegó tarde?

—Supongo

—¿No lo sabes? —dijo Sofía un tanto sorprendida.

—No. Me quedé profunda.

—Qué extraño, tú siempre sabes a qué horas llegamos.

—Sí, ¿verdad? —dijo Rita, dándole la razón a su hija. Mientras, Sofía se marchaba al baño. Rita se sintió gratificada con la actitud amable de su hija. La notaba así desde que le comentó lo de la cirugía. "Seguramente el temor a que me sucediera algo la hizo reaccionar, ojalá sea algo definitivo", se dijo.

Rita observó el reloj, eran como las seis de la tarde y se preguntó: "Qué extraño que Sandra no responda, si ella llega temprano a casa desde que tuvo la bebé". Así que volvió a marcar desde el teléfono inalámbrico y se dispuso a recostarse en el sofá. Después de algunos repiques, escuchó la voz de Sandra al descolgar:

—¿Aló?

—Hola, ¿cómo estás? — respondió Rita.

—¡Qué bueno escucharte! —exclamó Sandra. Seguidamente ellas intercambiaron algunas trivialidades. La conversación a continuación se centró en el estado de salud de Rita, justo el tema que ella quería eludir. Sandra le preguntó:

—Cuéntame que hace días que no sé de ti, mamá me comentó que estabas muy bien, ¿es verdad? Ya sabes que como tu operación casi coincidió con mi maternidad y además la niña nació prematura, no te he podido llamar mucho, y las pocas veces que te marco, no respondes. Bueno, pero dime.

—No te preocupes, yo te entiendo, Sandra. Yo tampoco te he llamado para saber de la bebé, aunque mamá me ha tenido al tanto. En cuanto a mí, yo estoy bien, ya empecé a trabajar esta semana.

—¿Apenas? ¿Entonces es algo grave?

—No, no. Es que empalmé con mis vacaciones —dijo con cierto nerviosismo, al sentirse descubierta en la mentira. Ella sabía que Sandra era muy sagaz y difícil de engañar. En este momento recordaba por qué no respondía a sus llamadas y no quería comunicarse con ella.

—Creo que estas mintiéndome—dijo Sandra.

—¿Por qué dices eso?

—Yo siento que hay algo. Anda, confiesa, que ya sabes que no le cuento a nadie, si es por eso. — Margarita, al verse pillada, no tuvo otro remedio que sincerarse con su hermana; aparte, sintió una necesidad enorme de manifestárselo. Claro que se percató de que Sofía estuviera encerrada en su habitación.

Cuando Rita terminó de relatarle la verdad, ellas se mantuvieron por un lapso en silencio, luego Rita le dijo:

—Prométeme que nadie más lo sabrá, Sofía inclusive, no lo sabe todo.

—Te lo prometo—dijo Sandra.

—Actualmente estoy en sesiones de radioterapia. —Inmediatamente dijo esto, Rita escuchó los sollozos de Sandra, los cuales la contagiaron. Cuando estuvo calmada, Rita le dijo:

—Entre lo que cabe estoy bien.

—Vale, pero dime, ¿qué tan grave es el cáncer? —dijo con voz entrecortada y ronca, Sandra.

—¿Es tu pecho derecho, verdad?

—Sí, así es, el forúnculo era pequeño pero profundo, estaba sobre el lado inferior.

—¿Y te duele?

—Antes de la cirugía y unos días posteriores sí me dolía, pero ahora solo un poco.

—¿Y el seno? ¿Te lo extirparon?

—No. Afortunadamente, me hicieron algo que se llama tumorectomía y el pecho quedó intacto.

—¡Siquiera! —dijo Sandra—. Todo va a ir mejor, no te preocupes, hoy en día esto se cura, yo conozco mucha gente que está sana. — Luego, le preguntó:

—¿Sabes que las enfermedades las causan nuestros pensamientos? Sé que me vas a decir "ya estás con tus tonterías", pero aunque sea por una vez, escúchame: nosotras vivimos una infancia muy dura, igual sé que piensas que fue perfecta, que mi padre era muy responsable, que nunca nos abandonó ni faltó al respeto, que tuvo una vida muy difícil, que hay que comprenderlo y que mi madre fue una santa y que ellos nos dieron lo que mejor pudieron, no obstante, Rita, el dolor está ahí, en nuestra mente, y lo tapamos por miedo a enfrentarlo.

—Fíjate, Sandra —interrumpió Margarita—, creo que tienes razón.

—¿De verdad lo crees? No puede ser —su tono sonaba entusiasmado —. Tanto que hemos discutido y hasta hemos dejado de hablarnos por esto. Es fantástico, me anima. Ahora dime, ¿por qué lo crees?

——Resulta que he encontrado a alguien que me está ayudando a darme cuenta de que esto es así, como tú lo dices. He pasado negándolo y debido a ello, el cáncer se desarrolló, según ella —Sandra no hablaba —. El asunto es que yo no recuerdo nada que me lastimara, anoche estuve intentándolo y de verdad que no encuentro situaciones dolorosas.

—¿Qué dices? Si son casi todas, cada instante — Sandra expresó esto un tanto exaltada y casi con rabia. Rita empezó a sentirse molesta, no obstante decidió escucharla hasta el final para evitar molestarse o discutir. Aparte, se trataba de saber precisamente lo que Sandra parecía tener claro.

—No recuerdas acaso cuando papá te maltrató por un libro que se te extravió en la escuela, siendo que en verdad tú no le quisiste decir lo que había sucedido, que se lo habías prestado a una compañera, ya que no sabías que sería peor. Casi te mata. O cuando nos azotó a las dos injustamente porque rompimos un plato mientras jugábamos. No recuerdas la ocasión que estrujó a mamá y la mandó contra la pared, o cuando llegaba borracho a lanzar por los aires cuanto se le atravesaba contra los muros. Y como se gastaba el dinero en sus borracheras y luego casi pasamos hambre, comiendo arroz con huevo, y sin ropa o zapatos para salir. Debíamos ir con el uniforme a la calle o con los zapatos del colegio, mientras él se lo bebía con sus amigotes.

—Cállate, Sandra —le habló enérgica Rita —. Cállate. — No podía soportar lo que estaba escuchando. Su hermana no escuchó. Sandra, por el contrario, seguía vociferando palabras llenas de rabia y resentimiento. Así que de súbito Rita empezó a gritarle:

—Que te calles. Continúas siendo la misma rencorosa, llena de odio, como dice mamá, eres incapaz de olvidar y perdonar. Ya que eres madre, sabes que uno hace lo mejor por los hijos, y que nos equivocamos, sí, pero es por el bien de ellos, a los padres hay que respetarlos y perdonarlos, les debemos la vida. —Ninguna de las dos se escuchaba, hablaban al mismo tiempo, el tono de Sandra también se elevó. La discusión se tornó en reyerta, hasta el punto que Efrén y su hija acudieron a la sala a ver qué sucedía. Margarita seguía gritando de manera incontrolada por el teléfono, luego se percató de la presencia de su marido y su hija, ella les miró y les señaló que se fueran con su mano izquierda; sin embargo, ellos permanecieron inmóviles; Rita moduló por un momento la altura de su vocablo.

La trifulca no parecía tener fin, hasta que Sandra decidió enmudecer y esperó a que Margarita acabara de vociferar y le dijo:

—La que está enferma no soy yo. —Dicho comentario afectó a Rita en lo más recóndito de su ser. Soltó el teléfono y salió corriendo hacia el baño y se encerró allí.

Entretanto, Sofía sujetó el teléfono y le explicó a su tía la reacción de Rita. Sandra colgó el teléfono después de decirle a Sofía que lo sentía mucho y que llamaría más tarde a disculparse con su hermana, se profesaba arrepentida de haber generado tal sufrimiento a su hermana.

Durante la cena, solo se escuchaba el movimiento de los cubiertos. Rita había salido del baño como una media hora después, sirvió la comida y llamó a su marido e hija a la mesa. Ya casi iban a terminar cuando Sofía le preguntó:

—¿Mamá, por qué peleaste con mi tía Sandra?

—Es complicado de explicar, hija —mientras tanto, sentía la mirada atenta de Efrén y prosiguió.

—Ella habla muy mal de mis padres y eso me disgusta mucho.

—¿Y es verdad lo que ella dice de los abuelos? —De pronto se escuchó la voz de Efrén decir:

—Así fuera verdad, nunca se debe hablar mal de ellos, nuestros padres y todos los padres hacen lo que pueden. —Sofía torció la boca y dijo:

—¿Y si se portan mal?

—Ni en ese caso —respondió Efrén enfático —. Es pecado.

—Pues no estoy de acuerdo—dijo Sofía y se marchó furiosa. Afortunadamente no gritó, algo que daba muestras de su cambio.

Cuando estaban en la cama, Rita le preguntó a Efrén:

—¿Has considerado si lo que dijo Sofía en el comedor tiene algo de razón?

—No. Los padres tienen que luchar demasiado para darnos lo que necesitamos y seríamos muy desagradecidos que luego les reprocháramos o los juzgáramos.

—¿Y entonces quién los juzga?

—Pues Dios, Rita. ¿Qué son esas preguntas?

Últimamente haces unas preguntas y tienes una actitud rara. Mejor mañana vienes a la iglesia conmigo y mi madre y si quieres le preguntas al sacerdote.

—Está bien, voy a la misa, pero no le pregunto nada al padre, ni tampoco le dices nada de esto a tu madre.

—Como quieras, Rita, pero un experto puede solucionarte tus dudas.

—Entiendo. Pero no te preocupes por mí, ya sabes que ando agitada y nerviosa.

El lunes en el mañana previo a iniciar su jornada laboral, Rita buscó a Sara y estuvieron hablando de modo distendido, afortunadamente su amiga no tocó el tema de Clara, una cuestión que en definitiva Rita quería eludir. Luego retomó sus labores, las cuales tuvo aprieto para asumir; se sentía intranquila, pues al medio día se reuniría con Clara y no sabía qué decirle acerca de las tareas que le había asignado.

Al medio día se desplazaba como regularmente, acompañada de sus compañeras y Sara. Rita, además de su inquietud por el encuentro con Clara, pensaba en el trayecto qué disculpa iba a dar a Sara para irse a conversar con Clara, ya se le habían agotado las evasivas. A continuación de tomar la bandeja con la comida, Rita respiró hondo, atestó sus pulmones de aire, se situó detrás de Sara y cuando ella se estaba sentando y mientras exhalaba, dijo a todas:

—Nos vemos en la oficina. — Sara giró de inmediato a verla y Rita le dijo con nerviosismo:

—Voy a encontrarme con Clara —Rita dio media vuelta. Sus labios temblaban al igual que sus piernas, una sensación que se le manifestaba cuando percibía algún miedo. Se dirigió con prisa para no dar oportunidad a Sara de alguna pregunta o quizás respuesta y se perdió entre la multitud. Se dijo mientras caminaba "¡Qué miedo le tengo a Sara! ¿Qué extraño? Hasta ahora lo sé". Luego se sentó en la mesa donde acostumbraba esperar a Clara.

Hoy, esencialmente, Rita se experimentaba alterada de hablar con Clara; no sabía qué le iba a decir, no había realizado la tarea. Ella que se consideraba una alumna tan responsable y cumplidora de sus obligaciones. El ejercicio de la autobiografía que realizó no le había ayudado a identificar las emociones que la lastimaban. Un fin de semana desperdiciado, pensaba Rita; puesto que además de no haber conseguido los resultados, se percibía muy irritable, al punto que había discutido acaloradamente con Sandra, y aunque se habían reconciliado después, el momento fue muy desagradable para las dos. Su actitud era inusual, ella, que presumía de ser educada y buena persona, estuvo agresiva y grosera con su hermana. Sentía vergüenza de sí misma. ¿Sería consecuencia de lo que estaba aprendiendo? "¿Será que he tomado el camino equivocado? Hubiese jurado que este nuevo mundo me daría una mayor paz en mi corazón. ¡Qué confundida estoy!", se dijo. Mientras Rita estaba entre sus dudas y reproches, Clara entró en el recinto sin que ella lo advirtiera y al tiempo que se iba sentando le dijo:

—Hola Rita. — Sus palabras provocaron un tremendo sobresalto en Rita. Inmediatamente Clara le dijo:

—¡Te asusté! Lo siento.

—Tranquila, Clara. — Estaba muy distraída. Clara se sentó del todo y dijo:

—Pero cuéntame, ¿cómo estás? ¿Qué tal el fin de semana?

—Hola Clara. Pues bien —dijo Rita, pendulando un poco su cabeza.

—Ya veo que no muy bien. ¿Qué te sucedió?

—Es que…—suspiró Margarita—. La verdad no he

conseguido identificar nada, hice un ejercicio de un libro, donde sugerían hacer una autobiografía, y nada, no sentí ningún dolor con lo que escribía, ni siquiera lo terminé.

Clara le dijo:

—No te preocupes, Rita, no es sencillo, como ya te expliqué; nuestro cerebro está programado para protegernos, el dolor se percibe como amenaza y de hecho lo es para nuestra biología, ya que en muchos casos un intenso dolor emocional puede generar hasta la muerte —hizo una corta pausa—. Es como cuando nos molesta una muela y tememos ir al odontólogo, habida cuenta de que sabemos que el tratamiento nos va a lastimar y quizás intensamente. En cuyo caso tenemos dos posibilidades: una es seguir aguantando el dolor hasta que no lo soportemos, y la otra es ser valientes e ir de inmediato a curarla; con la primera es factible que perdamos la muela, entonces estaremos hablando de una cirugía y el consabido periodo de recuperación, y en la segunda es posible que podamos salvarla, y aunque va a doler el tratamiento; no obstante, en un mínimo de tiempo estaremos recuperados. Como ves, en ambas hay dolor, pero en una perderemos la muela, con las consecuencias que esto implica y el sufrimiento será en vano; en cambio en la otra, conservaremos la pieza y salvaremos las consecuencias. Va a depender de cada persona—Clara hizo una leve pausa y reanudó la explicación:

» Cuando los recuerdos nos lastiman demasiado, el cerebro los envía al último rincón de nuestro inconsciente, es la forma eficaz que encuentra para protegernos del daño que el suceso causa y no saldrá hasta que hagamos el proceso de liberarnos de él, haciendo consciencia, esta viene a ser la segunda posibilidad del ejemplo que te he mencionado. Por tanto, si seguimos indiferentes a las señales que el inconsciente envía, llegará el punto en que las laceraciones sean irremediables, como en la primera posibilidad del ejemplo. —De nuevo hizo una pausa. Pasados unos segundos, dijo:

—Rita, las señales de que existe una herida emocional aparecen en el resultado de vida que arrastramos; se manifiestan en nuestro exterior, en aspectos como la economía, las relaciones amorosas, sociales o laborales, la salud, o quizás simultáneamente en todas las facetas; claro que la mayoría de personas nos damos cuenta de sus expresiones cuando el cuerpo las sufre, y eso que hay algunos que ni de este modo y mueren prematuramente, sin saberlo. ¡Las personas están o estamos muy dormidos! —Ambas mantuvieron un corto silencio y después Rita dijo:

—¡Cuántas verdades juntas dices, Clara! —mencionó Rita. Luego suspiró y prosiguió:

—Clara, ¿entonces tú crees que yo estoy haciéndome consciente?

—Sí, efectivamente. Yo creo que estás en el proceso; primero por los sueños o visiones que has vivido y segundo por lo inquieta que estás, aparte lo necesitas.

—¿Y en qué parte del proceso estoy?

—El proceso de sanación empieza por identificar, luego por reconocer y después viene la cicatrización. Claro que, como ves, Rita, identificar es lo primero, es la etapa de vaciar y dejar salir, aunque para que suceda necesitamos ser conscientes del impacto que nos está causando, que es la etapa en la que estás; tú ya sabes de las consecuencias (quirúrgicas), ahora no tienes más remedio que sacarte la muela.

—¿Y tú eres mi dentista? —Ja jajá, rieron con efusividad y soltaron sendas risotadas, solo que la de Clara se oyó de manera estruendosa, de tal modo que atrajo hacia ellas todas las miradas en aquel comedor. Rita se abochornó al sentir esos ojos encima. Nunca le había escuchado tales carcajadas a Clara y pensó que todavía desconocía muchos aspectos suyos. Pasado un momento, Clara empezó a recobrar la compostura y al mismo tiempo que se secaba las lágrimas producidas por tal hilaridad, le dijo:

—Perdona, Rita, pero a veces irrumpes con esos toques de humor…y a mí, que me dan ataques de risa.

—Tranquila, eso me dice la gente, que con lo sería que soy, cuando me salen esas chispas de humor les hace mucha gracia y les produce más risa eso que la misma broma.

—Sí, es verdad—dijo Clara. Volvieron a mantener un corto silencio. Luego, Clara retomó la conversación, todavía con la expresión de humor en su cara, dijo:

—Mira Rita, fuera de charla, tú puedes ser "el dentista". Sin embargo, si quieres, como te comenté el día viernes, te puedo recomendar a "un odontólogo" que conozco —de nuevo rieron—, es mi mentor, esta persona simplemente te guía en tu proceso de concienciación para detectar e identificar lo que te está causando daño y, si tú quieres, asimismo en la sanación, pero va a depender de ti, en definitiva, eres tú quien te sanas.

—Explícame eso. ¿El terapeuta te ayuda con alguna técnica?

—Mira, Rita. No ayuda, conduce, guía. Eres tú la que identificas y reconoces el suceso. El ayudar sería como si te empujara, y se pretende más bien de que esté a tu lado, no detrás, ni delante. De nada sirve la asistencia si la persona no se hace consciente por sí misma; por esta razón ciertos terapeutas y terapias fracasan, son ellos y no el paciente el que identifica y reconoce. Nada se logra si no es el consultante el que encara el suceso y siente la emoción que le genera el conflicto. Rita, por eso es inservible cualquier terapia donde el paciente esté pasivo. Es la razón por la cual no hacemos terapia, además, porque es posible que una visita sea suficiente para descubrir dicha información. Lo que sí te apunto es que se emplea una metodología probada y contrastada que ha dado extraordinarios resultados en la gestión de emociones. Muchas personas han logrado hacerse conscientes, sanando su cuerpo y sus conflictos.

—Ya entiendo. Pero ¿eso significa que puedo recordar eventos de mi niñez con este procedimiento? Es que fíjate, Clara, que volví a ver aquella niña del día que despertaba de la cirugía, la que te conté, ¿recuerdas…?

—¿Qué? —interrumpió Clara sorprendida —. ¿Y así dices que no lograste nada? — Rita se sintió un tanto desconcertada y dijo un poco aturdida:

—Es que como no sentí ningún dolor, no creí que fuera importante. ¿Qué es lo que tú ves en esto?

—Cuéntame primero.

—Pues al principio parecía un sueño, luego, cuando desperté, sentí de igual forma a la vez anterior que lo había vivido. La niña esta vez estaba en un patio de una casa, el cual yo sentía conocer, ella estaba muy enojada, pegándole a una pared con una correa y expresando palabras soeces. Yo le pregunté qué hacía y me dijo que jugaba al papá y la mamá. Me incitó a que me marchara, ella parecía no verme, sin embargo, yo le dije que conocía la casa, entonces la pequeña me preguntó si yo era amiga de su madre, y cuando le pregunté el nombre de la mamá y pronunció el mismo de mi madre, en el acto nos miramos y yo sentí que caía por un hueco que no tenía final y me desperté gritando, sintiendo como si estuviera yendo a la muerte.

—¡Fantástico, Rita!

—¿Eso te parece fantástico? —sonrieron las dos. Y Rita contuvo el aire, deseando que a Clara no le fuera a dar otro ataque de risa. Pero no, Clara siguió hablando:

—Sí, por supuesto. La información está saliendo, lo que sucede es que a veces acontece como menos lo imaginamos. Y luego, ¿qué pasó durante el día?

—Nada, no quise volver a pensar en eso.

—¿Te das cuenta cómo te afecto? Te evadiste del hecho, de lo que te causa dolor.

—Es que no me dolió —Rita recapacitó inmediatamente—. ¡No!, era como miedo lo que sentí.

—Rita, yo creo que no me he explicado bien. Voy a hacer hincapié en esto. Lo que llamo dolor es lo que ocasiona una emoción, o sea tristeza, miedo, asco o ira. Estas son las principales, también existen otras. Se trata de sentir cualquier sensación que te impresione.

—Ah, ya. Hasta ahora lo entiendo. Tampoco me había dado cuenta de que el dejar de pensar en el sueño era evasión; tal vez por eso preferí distraerme hablando con cada persona de mi familia, aunque usualmente llamo a mi madre, sin embargo, el sábado hablé con todos los que pude, imagínate, solo me faltó hablar con la bebé de mi hermana Sandra. —De nuevo rieron—. Claro que sí hablé con la madre, mi hermana, con la que llevaba varios meses sin hablarme. —Y cuando expresó lo última frase, ralentizó su tono jocoso y giró a uno cavilante —. A pesar de que no me distraje demasiado, discutí acaloradamente con Sandra, la dejé al teléfono y me fui a llorar desenfrenadamente.

— ¿Qué? —aquella expresión era similar a la que había expresado con lo del sueño. Así que Rita se volvió a aturdir y dijo:

—¿Eso también es importante? Sí me sentí muy mal de discutir con ella, además es casi normal que los hermanos peleen. ¿O no?...

—No en este caso. Y, ¿cuál fue el motivo de la discusión?

—Resulta que ella me preguntó por mi enfermedad, yo en realidad no había dicho toda la verdad a mi familia, les conté que era un quiste o algo así. Con Sandra no había hablado desde hace tiempo, ella recién tuvo una bebé y no quería preocuparla. A lo que voy, Sandra es un poco diferente a todos. —Clara le interrumpió:

—¿Qué quieres decir con eso?

—Ella siempre está hablando mal de nuestros padres, criticándoles, habla de ellos con rabia y resentimiento, durante años no se ha hablado con mi padre, es muy grosera, altanera y rencorosa. Sandra dice que de niñas sufrimos mucho, lo cual es mentira, nosotras tuvimos una maravillosa infancia. Como en todas las familias hubo problemas, mi padre, con las limitaciones propias de un asalariado, pero fue responsable y nos mantuvo, y mi madre cumplió con sus deberes también. Yo creo que ellos hicieron lo que pudieron, eso, por un lado, y por el otro, ella parece "vidente", es lo que decimos las otras hermanas. Sandra sabe las cosas sin que se las digamos, a mí a veces me da miedo lo que me dice y otras me produce rabia, como el sábado. Únicamente la llamamos cuando tenemos una duda y queremos saber qué hacer, puesto que una conversación normal con ella es insostenible.

» Yo sabía que debía llamarla por cortesía para felicitarla por la niña, empero, temía que me sorprendiera en la mentira, como efectivamente sucedió. Sandra me descubrió y tuve que contarle la verdad de mi enfermedad. Fue así que le di "la oportunidad" de que me soltara lo de siempre, como que habíamos tenido una infancia difícil, que mi padre... etc. Pero te juro, Clara, que eso no es así, ella vive atormentada con el pasado, es muy rencorosa y eso le dije; aunque me alteré en exceso, resulte gritando y llorando, solté el teléfono al ver a mi marido e hija sin saber cómo calmarme. Me fui al baño y la dejé esperando en la línea telefónica. Lo positivo fue que el domingo hablamos y nos pedimos mutuo perdón. ¿Eso te parece significativo? —dijo con cierto desdén, Rita.

—Para ti, ¿lo es? —Rita respiró y por unos segundos, se permitió sentir y luego le dijo:

—Sí, pienso que tal vez sí. Por mi reacción, ha de serlo. Estoy confundida. Dime algo tú si lo ves. Por favor.

—Como te he mencionado, yo puedo saber, ver o sentir, no obstante, lo relevante es lo que tú sientas, veas o percibas, para mí todo es muy evidente.

—Entonces, háblame, por favor. —Casi al mismo tiempo de terminada la frase, el timbre del colegio retumbó en los oídos de Rita como si fuera un insulto y exclamó:

—¡Carajo! —Su amiga sonrió y le dijo:

—Te voy a decir algo para que medites: ¿Qué sentiste con la mirada de la niña? de una parte, y de la otra ¿has pensado que es posible que tu hermana recuerde situaciones que tú no? Si quieres me llamas cuando medites y sientas—decía esta última frase a medida que se alejaba presurosa en dirección a la puerta y su voz se iba diluyendo entre la multitud y con voz elevada le dijo:

—Por la noche como a las ocho me puedes llamar — al mismo tiempo que le mandaba un beso con su mano.

En la tarde, Rita se observaba frente a un espejo, estaba en un cubículo disponiéndose para su sesión de radioterapia, veía colgar de su cuello aquella entretela verde que un montón le molestaba, debido a que se abría en la parte posterior, dejando al aire su voluminoso culo. Le abochornaba caminar con esta bata, si bien era un tramo corto; requería atravesar el corredor desde el baño donde se hallaba, hasta la puerta de enfrente, a la sala de radioterapia. Rita sentía vergüenza al imaginarse que alguien le viera sus flácidas y celulíticas posaderas. Abrió la puerta y asomó sutilmente su cabeza, girándola a ambos lados. Después movió la mano a la espalda para sujetar la bata a la altura de su cadera y cruzó velozmente, cerciorándose que nadie la veía. Ella entró al recinto donde la esperaba una enfermera, por fortuna hoy se encontraba de turno una mujer que a Rita le agradaba mucho por su amabilidad y dulzura. La mujer la saludó afable como siempre y Rita se recostó en la camilla como ya sabía; había ido tantas veces que prácticamente no necesitaba ayuda para posicionarse. Cuando estuvo lista, la mujer salió y cerró la puerta, era una sala similar a un "búnker", menos mal que Rita no sufría de claustrofobia; quizás el único miedo que no poseía. Y pese a que la sesión duraba cerca de quince minutos, a Rita, antes, le parecían horas. Sin embargo, este día estaba tan sumida en las preguntas que le había hecho Clara para que reflexionara, que deseaba alargar su estancia allí. Los pensamientos cruzaban sus sentires en una disputa constante, sin que pudiese relacionar lúcidamente las respuestas.

El hecho de sentir que su hermana Sandra tuviese razón y que la infancia de ella hubiera sido tan traumática como ella lo expresaba, la hacían estremecer de rabia, incluso de ira hacia su hermana; por ratos sentía repudiarla. Esas sensaciones la hacían huir y fluctuar hacia la otra pregunta: ¿Qué sentía con la mirada de la niña? Tampoco lograba recordar esa mirada. En el susodicho mar de disertaciones, las sensaciones se ahogaban y las creencias dominaban su mente, terminaba con un "no puede ser". Y de nuevo retornaba a Sandra y el pensar recurrente surgía: "Ella es muy rencorosa y conflictiva, siempre peleando, hasta se enfrentó a mi padre, lo desafío, es una grosera e irrespetuosa, ¿cómo se le había ocurrido confrontar a quien le dio la comida, arañándolo y dándole patadas? Mi padre, con los sacrificios que hizo para mantenernos; es justo que haya dejado de hablarle desde aquel día, un irrespeto que no se puede tolerar, pero tal parece que eso no le bastó, asimismo quiere indisponerme en contra de él diciéndome que me maltrató. Un correazo no traumatiza a nadie, yo le he pegado a Sofía alguna que otra vez para corregirla y de no haberla castigado, ¿cómo sería? si así es grosera. Por si fuera poco, Sandra se atreve a criticar a mi madre, indicando que es una cobarde. Ni más faltaba, ¡qué descaro! Si mi mamá hizo lo que pudo, criar a cuatro hijas. Vamos a ver qué hace ella ahora que es madre. Si ya es arduo con un hijo, mi mamá que debía de hacer de comer, comprar, limpiar y, además colaborar a mi padre en los pequeños negocios que montaba para ayudarse con su salario. Hay que ser desagradecida para no ver eso. Bien merecido tiene que mi padre tras diecisiete años no le dirija la palabra. Aunque mi madre es incapaz de hacer lo mismo; justo la que ella critica de cobarde, la defiende, al contrario, ella sufre e insiste sin descanso en mediar entre los dos, procurando ablandar a mi padre e insistiéndole a Sandra para que entienda su error y le pida perdón. Espero que al presente, que ya tiene una hija, entienda lo que es ver que un hijo le falte al respeto y la desafíe, eso es un pecado". De pronto la puerta se abrió y la enfermera dijo:

—Bueno, Rita, ya concluimos, cariño— mientras encendía las luces. Rita sintió una leve decepción al tener que interrumpir sus elucubraciones.

—Gracias, Ana, eres muy querida —dijo Rita.

—¿Gracias? Solo cumplo con mi deber. Nos vemos el jueves. He revisado y le quedan escasas sesiones. Vamos ver que le dice el oncólogo la otra semana.

—Sí, ya lo sé. Yo creo que me va a dar buenas noticias. Me va a agradar dejarte de ver —Ambas rieron.

Al salir de la consulta, Efrén recogió a Rita para ir a comprar. Evidentemente ella lo esperó en el carro, la sesión la dejaba débil. Cuando regresaban a casa, él le dijo:

—Hoy hablé con Sara.

—¿Sí? ¿Y cómo fue eso?

—Eh, eh, ella me llamó. Es que dice estar preocupada por ti.

—¿Y qué más te dijo?

—Que tienes una nueva amiga, que no cree en Dios y cosas así.

—¿Y tú que le dijiste?

—Que hablaría contigo.

—Ya.

—¿Quién es tu amiga?

—Es una compañera de trabajo, una profesora. No le hagas caso a Sara, está celosa y yo la entiendo.

—¿Y eso de que tu nueva amiga no cree en Dios?

—Sí que cree. Son falsas ideas las que se hace Sara. Ya te digo, son celos.

Luego llegaron a casa, Efrén se sentó a ver un partido de fútbol en la televisión y Rita se dispuso a servir la cena, se apercibía con ánimo. Recibió una llamada de Sara y habló con ella mientras ponía la mesa. Después llegó Sofía, cenaron de modo habitual y Rita continuó haciendo las tareas domésticas pendientes de forma ralentizada. A las doce de la noche finalizó sus labores, Sofía y Efrén ya estaban durmiendo. Se sentó por un momento en la sala, un acto en el que se enteró del inmenso cansancio que sentía, se encontraba extenuada. De inmediato recordó que había tomado la radioterapia en la tarde y se dijo: "¡Si tengo energía extra! con la sesión quedo de cama y he tenido vitalidad. Esta noche sí que voy a dormir profundo".

El fresco del anochecer entraba exhibiendo su fugaz rebeldía, provocando el ondear de las cortinas de la habitación, había sido un día caluroso y aquel aire enfriaba plácidamente la habitación, convidando a un plácido sueño; no obstante, Rita no podía aceptar tal invitación. El mundo de los sueños le era arisco; se giró y quedó de cara frente a unas marcas en la quinta tablilla que había reconocido unos meses atrás y que, a partir de dicho día, se constituyeron en compañeras de su vigilia.

Habían transcurrido varias horas desde que Rita se había acostado y el alba la asediaba con su aparición, empezaba a desesperarse. Sintió el impulso de levantarse a llamar a Sandra, pero se dijo: "No, no, es demasiado tarde, ella tiene un bebé, es una locura. ¿Qué le voy a decir a Clara mañana?"

Eran cerca de las tres y treinta de la mañana cuando Rita decidió levantarse y dar una ronda por la casa, se asomó a la ventana, el paisaje nocturno era maravilloso, el titilar de los faros en los edificios del centro de la ciudad y el alumbrado público definían de forma centelleante los trazos de la ciudad, que contrastaban con el ébano del firmamento, difuminándose y dibujando hermosos rayos de luz configurando una espectacular vista que Rita en ocasiones aprovechaba para relajarse, tal como necesitaba aquella madrugada.

Al rato, su mente la trasladó a la conversación telefónica que sostuvo con Sara al finalizar la tarde, se apercibía un tanto molesta con Sara por haber llamado a su marido a quejarse, claro que no pudo reclamarle, estaba entre otras cosas muy ocupada cuando Sara la llamó. Ahora reaccionaba y empezaba a percibir lo que de verdad sentía, ella era de acción retrasada, a veces se aturdía y su reacción se producía tardía, justo como en este momento y pensaba: "Sara quiere controlar mi vida, se cree dueña hasta de mis pensamientos. ¡Se pasó al hablarle a Efrén!". En la llamada Rita se limitó a oír lo que según Sara eran consejos sobre su relación con Clara, no quiso discutir con su amiga, pese a la incomodidad que sentía por su manera de expresarse de Clara. Sara la llamó de forma despectiva como "la bruja", un mote que a Rita le disgustó; no la conocía ni entendía de lo que hablaba Clara como para calificarla de este modo, además tampoco es que le permitiera a Rita durante la conversación ninguna explicación. Sara levantaba la voz cada vez que ella intentaba repararle sobre alguno de sus prejuicios, ya había sentenciado a Clara. Por esto consideró que no se iba a desgastar procurando hacerla entender, total, ella no la escucharía.

En este mismo instante decidió ser egoísta y pensar solo en su curación definitiva, Rita la quería mucho, pero Sara no le iba a devolver su salud, al contrario, en los días recientes había perdido interés en su amistad y hasta le incomodaban sus temas de conversación; ella continuamente estaba hablando de los demás, de sucesos trágicos y de enfermedades. Sara era una mujer demasiado criticona, moralista y perfeccionista, actitudes que antes las unían; lo admitía. Una complicidad que en la actualidad las estaba separando. Y por más que Rita intentaba desviar el enfoque de los diálogos con Sara, su amiga insistía, obligándola a buscar una excusa para retirarse y parar de escucharla.

En el presente, Rita propendía por incrementar su comprensión con la gente; la cirugía y la nueva visión de la vida que Clara le estaba enseñando, contribuían al giro en la manera como ella percibía el mundo. Actualmente, Rita estaba más preocupada por aprender de sí misma que por juzgar a la gente, sabía que cuanto la rodeaba era un reflejo de su mundo interior, y si un comportamiento o actitud de alguien la molestaban era el espejo de su interior que se estaba proyectando en el otro; simplemente era un reflejo de lo que todavía le faltaba reconocer, lo cual se estaba mostrando en el mundo circundante. Rita quería concentrarse en ella misma, desprenderse de sus viejos hábitos y crear un ambiente adecuado para sanarse.

Pasados unos minutos, Rita se retiró de la ventana y cuando iba con destino a su habitación observó en el espejo que se localizaba al final del corredor y donde se podía reparar de cuerpo entero, razón por la que lo había puesto allí. Posó y se reparó detenidamente en dicho espejo y sin explicárselo, sintió la necesidad de acercarse. Se aproximó deseando contemplar dentro del mismo, percibía como si alguien la observara desde allí y tratando de averiguarlo, casi juntó su nariz a su reflejo y reparó fijamente. Acción que la estremeció, percibió en el acto un impetuoso dolor en la boca del estómago y exclamó para sí "Los ojos de la niña", aterrada, partió hacia su dormitorio. Rauda, se refugió llena de pánico en el cuerpo de su marido para protegerse.

Al día siguiente, Rita no lograba concentrarse en su trabajo y los números que ingresaba en su computador carecían de lógica y cada intervalo debía empezar de nuevo la digitalización, hasta que decidió suspender su actividad e ir a asomarse a la ventana, necesitaba disiparse. Desde dicho punto se veían los atolladeros de tráfico sobre la autopista y, aunque estaba retirado, se alcanzaba a escuchar el rugir de los vehículos. Se solazó curioseando un leve accidente, un vehículo había golpeado a otro por detrás; al instante, un hombre se bajó del automóvil de adelante, enfurecido y con gesto amenazante, se dirigía al otro conductor, quien permaneció impávido. Mientras que los conductores más cercanos se bajaban de sus carros y se agolpaban alrededor del accidente como si de una exhibición se tratase. Rita, a partir de varios minutos, se cansó de esperar el cambio del evento y a que la policía se presentara. Ella se sentó de nuevo en su escritorio, aunque todavía seguía conectada a la escena al escuchar las desesperadas bocinas de los demás coches, una actitud que siempre la había molestado, al pensar, "¿Para qué diablos hacen esto? Si lo único que consiguen es molestar, ¡qué disparate!". Quiso alejarse de esta cavilación y procuró abstraerse del ruido y enfocarse en sus labores.

Cuando divisó en la pantalla del ordenador, estaba en modo salvapantalla, tenía un fondo negro y en cuya base pudo ver su imagen transparentada, lo que la transportó a lo sucedido en el espejo la noche anterior y lo espantada que se sintió al acercarse al mismo. La única forma de calmarse fue decirse que se trataba de un producto de su imaginación, como cuando era niña y atisbaba figuras en las paredes antes de dormirse y la asustaban. Total, esto le acontecía desde entonces y se ajustaba a lo sufrido en el citado espejo la pasada madrugada.

No obstante una voz le contradecía de dentro para expresarle que se mentía; aun así, al no encontrar una explicación, Rita prefirió apartarse de lo sucedido y enfocarse en sus labores.

Transcurridas unas horas, como de costumbre, Rita se dirigía hacia el comedor del colegio con sus compañeras de trabajo, incluida Sara; ellas salían juntas de la oficina administrativa y cuando arribaban al refectorio, Rita se despedía y se marchaba a encontrarse con Clara. Ella ya tenía asumida la desaprobación de sus compañeras sobre su relación con Clara. No quiso contarles nada acerca del asunto y mucho menos de lo que ellas hablaban, sentía que era algo "sagrado" y, aunque presumía que el misterio era motivo de crítica y especulaciones entre sus compañeros, no parecía importarle, excepto por Sara. Lo único que le inquietaba aún era como se sintiera su amiga, pero se mantenía en su decisión de ser egoísta. Cuando consiguiera sanarse, vería qué sucedería con Sara.

El ruido de los tacones repicaba en agudos y consecutivos golpecitos que se duplicaban con el resonar del eco generado por el vacío del corredor que separaba las aulas de clase y la ruta obligada que Rita debía caminar rumbo hacia su oficina, era un poco más de la una de la tarde. Y pese a que ella hacía ingentes esfuerzos para evitar el sonido, los zapatos que calzaba eran nuevos y los tacones emitían raudos y llamativos sonidos ante el silencio de los alumnos, ya prestos en sus respectivas clases. Su boca se encogía hacia dentro como si con el gesto pudiese aminorar el ruido, ella probaba de pisar con la punta de sus pies, pero el estruendo era ineludible, al igual que su vergüenza. Un bochorno al que se expuso al quedarse hablando con Clara, ulteriormente al sonar el timbre. Ellas habían aprovechado que Clara no tenía la siguiente clase, aunque Rita había olvidado por completo la travesía por dicho pasillo para ir a su despacho, un hecho que alguna vez sufrió.

Rita estuvo tan concentrada en evitar lo inevitable, que no tuvo la oportunidad de recapitular entre sus pasos la conversación con Clara, unos minutos antes; un suceso vuelto costumbre en las últimas semanas. Dicho trayecto lo había bautizado con el nombre de "la ruta de la reflexión". Por fin terminó de recorrer aquel corredor, e inmediatamente rememoró parte de la conversación con Clara; había sido un diálogo de inexplicables emociones, las susodichas se expresaban en su fisiología como lúdicos pelotazos por diversas partes.

Clara se comprometió para hacerle una cita con su "mentor", como ella le decía. Rita no le había preguntado el nombre, donde era o tan siquiera su teléfono; una actitud inexplicable en una mujer tan controladora como era. Una conducta que justificó con su exaltación y el miedo que sintió al mismo tiempo; una incoherente sensación que se expresaba en su cuerpo con aquellos pelotazos, un síntoma que asociaba como un sinónimo de agradable, una impronta que desde muy niña conocía. La empezó a notar por primera ocasión cuando tenía como cinco años y escuchó a su madre decir que irían a visitar a sus abuelos paternos e inmediatamente sus hermanas hicieron tal alboroto que acabaron danzando y saltando en una ronda, abrazadas mutuamente. Un júbilo que luego se combinó con el miedo que le producía viajar, situación análoga a la que estaba viviendo en este justo instante.

8. La cita

Los vehículos transitaban de modo incesante a grandes velocidades por ambas calzadas y entre cada uno, la gente se echaba a cruzar la avenida de tres carriles en cada sentido; una hazaña que a Rita le aterraba, ella prefería atravesar por el puente peatonal, a pesar de que tuviera que recorrer una longitud mayor; no solo lo hacía por su temor sino porque le gustaba respetar las normas. Esta actitud contrastaba con la idiosincrasia de la región. Su conducta le ocasionaba que se sintiera ajena y forastera en su propio país. Rita no compartía el folclorismo típico de sus habitantes y la próspera espontaneidad en que se desenvolvían frecuentemente. Los hábitos sociales de su patria contrarrestaban con los suyos; ella era una mujer organizada, cumplida y respetuosa de las normas. Rita había leído que en otras culturas sus peculiaridades eras consideradas como virtudes; a la inversa, en esta sociedad le habían causado cuantiosos disgustos. Rita desde muy joven quería viajar y conocer otros mundos, en particular le llamaba la atención ir a Europa. Cuando se casó y con el nacimiento de Sofía, todo varió, ella prefirió la estabilidad y concentrarse en educar a su hija. Los deseos de aventura terminaron embebidos en su vida conyugal, total, la incertidumbre y el viajar le producían gran temor y tal vez si su esposo se hubiera animado, persistiría en su sueño. Por supuesto, Rita sabía con precisión que Efrén no se iría del lado de su madre y de esta ciudad que amaba.

Rita cruzó el puente peatonal y mientras bajaba las escaleras reparó que Clara ya estaba esperándola en la puerta de entrada de un edificio muy alto; algunas veces Rita había ido allí a hacer gestiones de su aseguradora, era un sector de clase alta. El lugar se localizaba en una zona plana al sureste de la ciudad, ella vivía al este, casi en el centro, en un área de clase media baja. Era inevitable que se sintiera acomplejada al pisar territorios de opulencia; aunque paradójicamente Rita podría permitirse vivir en esta zona; ya que sus ingresos eran suficientes, sin embargo, no le alcanzaba el dinero. En ocasiones le costaba llegar a fin de mes, algo que todavía no entendía.

Observó de lejos la entrañable sonrisa de Clara, ella lucía un vestido verde, suelto y un poco corto, algo anormal en ella. Rita nunca había visto sus rodillas, se veía maravillosa, y en efecto ese fue el primer comentario que le hizo cuando se saludaron, unas palabras que ruborizaron a Clara, no parecía acostumbrada a dichos comentarios y a lo sumo le contestó:

—Gracias. Pero vamos, vamos que se hace tarde —dijo nerviosamente.

Al rato estaban sentadas en una sala, no se asemejaba a una consulta, más bien era una vivienda, un apartamento. Una mujer les había abierto la puerta y saludó a Clara de manera efusiva, a ella le dirigió una respetuosa bienvenida, y apuradamente les dijo:

—Siéntense, por favor —Clara las presentó y la mujer amablemente contestó:

—Mi nombre es Cielo, tanto gusto.

—Igualmente. Me llamo Rita —seguidamente la mujer les dijo:

—En unos minutos regresaré— y se retiró rápido hacia el interior del lugar.

Rita le preguntó a Clara:

—¿Aquí es la consulta?

—Sí, así es, esta es su casa, ella trabaja con grupos, lo hace a través de seminarios, en salas de conferencia, la consulta personal es eventual.

—Ah, ya entiendo. ¿Es ella tu mentor?

—Sí.

—Yo pensaba que era un hombre. —Clara le mostró sus dientes y le dijo:

—¿Ah sí? No sabía que te habías hecho esa idea.

—Como me hablabas de "mentor" y no "mentora". —Ambas rieron.

—Sí, ¿verdad? Qué fallo el mío, y yo que me las doy de feminista y, ¡no valoro el dar el género femenino a la palabra mentor!

—No te preocupes, que me gusta, me siento más cómoda hablándole a una mujer de mí misma. Claro que te confieso que me siento igual de nerviosa.

—Te advierto que tendrás que hablar poco.

—¿Si? — Al momento salía Cielo en compañía de otra mujer, la fémina saludó y luego Cielo la despidió cariñosamente en la puerta y se sentó en la sala junto a ellas y les expresó:

—De normal no atiendo a más de una persona en el día, pero he hecho la excepción por ti, Clara. Ya sabes, es algo que me gusta hacer relajada, y saber que enseguida viene otra persona me tensiona. A veces las cosas suceden así y debo aprender a ser más flexible.

—Gracias por hacerlo, nosotras entendemos, ¿verdad? —dijo Clara mientras contactaba la mirada cómplice de Rita, que asentía con su cabeza y decía:

—Por supuesto. Muchísimas gracias por atenderme.

—Antes de empezar, me gustaría saber si puedes venir el siguiente fin de semana a apoyarme en el seminario, Clara —dijo Cielo.

—Yo creo que sí, haré los arreglos con mi marido, ya sabes que los fines de semana los tengo comprometidos con mi familia, pero de vez en cuando no pasa nada y, como acabas de decir, yo también debo aprender a ser flexible.

—Muchas gracias, Clara, no quiero causarte contratiempos, si ves que es fácil o si no avísame y llamo a Alex, aunque sabes que tu colaboración me encanta.

—No, tranquila, no va a causar ningún contratiempo, lo único es que Oscar diga que sí y yo estoy casi segura que lo hará. Él sabe como esto nos beneficia a los dos.

—Vale, Clara, y ahora veamos a Rita. ¿Es tu nombre, verdad? —Cielo giró su mirada en dirección a ella y sintió un leve dolor en la boca del estómago al enlazar con sus ojos, entretanto le respondió:

—Me llamo Margarita, aunque prefiero que me llamen Rita, es más corto —y sonrió. Una explicación que en ciertas ocasiones le servía para entrar en confianza.

—¿Ya sabes de qué va esto?

—Creo —respondió Rita.

—Vamos entonces—Cielo se levantó de la silla y Rita la siguió, de pronto cuando volteo a ver que Clara se quedaba sentada, le preguntó a Cielo:

—¿Clara puede venir?

—Como tú quieras y te sientas mejor —dijo Cielo.

—Sí, yo quiero, así luego ella me ayuda.

—O tú a ella —expresó Cielo. Rita no captó el mensaje de dicha frase. Dirigió su mirada a Clara y ella se dispuso a seguirlas.

En un momento estaban las tres acomodadas en una habitación perfectamente acondicionada: había un sillón reclinable con otros dos sofás grandes a su alrededor, al fondo había un escritorio de espaldas a un gran ventanal con un computador portátil y al lado derecho del mismo, una inmensa biblioteca. La habitación era casi del tamaño de la casa de Rita. Cielo le indicó que se sentara en el sillón reclinable. Ella se sentó y palpó la gran comodidad del mueble. La mujer le ayudó a ajustarlo a sus pies y a continuación expresó:

—Sabes, Rita, los seminarios son una consulta general, algunas personas comentan sus conflictos y los demás, al escuchar los casos, aprendemos de nosotros mismos. De manera que no sabemos cuál de las tres vaya a aprender más de tu situación, ¿comprendes, Rita?

—Sí. comprendo —expresó Rita. Jamás se hubiera imaginado que sus problemas le ayudarían a alguien y mucho menos a Clara y Cielo. Y ella que había vivido toda su vida, tapando sus problemas a la gente.

Cielo prosiguió diciéndole:

—Clara me ha explicado que has leído algo de lo que se trata y que ella te ha ido conduciendo para que adquieras consciencia, pero que llegas a un punto y no avanzas, ¿he entendido bien?

—Correcto.

—Entonces te voy a dar un formulario para que lo llenes y luego seguimos —Cielo fue a su escritorio y tomó una tabla de apoyar, le puso un papel encima, buscó un bolígrafo y retornó para entregárselo a Rita. Ella empezó a responder la información personal, luego venían preguntas puntuales como el diagnóstico médico, si era zurda o diestra, cuándo se había producido la enfermedad, etc. Entretanto, Cielo y Clara conversaban. Cuando finalizó, le entregó el formulario a Cielo. Ella leyó rápidamente y le empezó a hacer una serie de preguntas:

—¿Tienes el informe médico? —Rita agarró su bolso, sacó el informe y se lo dio. El diagnóstico decía que le habían encontrado un carcinoma ductual infiltrante, en el pecho derecho parte exterior, de tamaño (0,5) centímetros aproximadamente, en fase T1. Cielo leyó detenidamente el informe médico completo, se tomó su tiempo y cuando finalizó le dijo:

—¿Sabes cuándo apareció el tumor?

—No sé.

—Serán unos cinco o seis meses atrás ¿tal vez? —dijo Cielo.

—Ya recuerdo. Me dijo el oncólogo que según el tamaño podía haber aparecido hacia seis a siete meses, ¡claro!, es lo que dices, puesto que eso me lo comentó unos dos meses posterior a la operación, en una revisión —respondió Rita.

—¿Recuerdas algo que sucediera en ese tiempo, entre cuatro a cinco meses antes de la cirugía? —Rita estaba pensando, sin lograr acertar nada. Cielo siguió hablando, queriendo refrescarle la memoria.

—¿Algo impactante que te hubiera hecho estremecer? ¿Qué te generara estrés, miedo, rabia, furia, algo incontrolable o que te hiciera sentir impotente, desamparada?

—No, no recuerdo —dijo Rita.

—Una pérdida de un familiar, tu padre, esposo, amigo muy querido, un hombre, asimismo un trabajo o un accidente y que te hayas percibido desvalida.

—No. Nada de eso.

— ¿Qué tal la relación con tu padre? — "¿Mi padre?", se

preguntó Rita. "¿Qué tiene que ver mi papá con esto?", y luego respondió:

—¿Mi padre? Bien.

—¿Y con tu esposo?

—Como todos los matrimonios, los problemas normales, pero bien.

— ¿Qué es bien con tu padre, Rita? — Ella empezó a sentirse incomoda en el sofá que minutos previos le había lucido cómodo y comenzó a moverse. Le respondió un tanto confundida y vacilante:

—Lo... lo... lo quiero y y él me quiere.

—¿Y con tu madre?

—Bien, muy bien, también.

—¿Qué es bien, Rita? — De nuevo su trasero circulaba en el sofá.

—Nunca peleamos, ni discutimos, la quiero mucho, ella es una santa, como dice mi padre.

—¿Y tu padre? ¿Cómo te manifiesta amor? —Ahora sí que bailaba el trasero de Rita en la silla. Se preguntaba al mismo tiempo, "¿Y esto qué tiene que ver con un tumor en el seno derecho?". Aunque Cielo no le otorgaba descanso para pensar, la acosaba con el interrogatorio.

—Mi padre está pendiente de mí, de lo que hago, me llama constantemente.

—¿Él te llama? — "Qué extraño". Rita hasta hoy se daba cuenta de que en verdad él nunca la llamaba, pero se dijo: "Es que es muy malo para hablar por teléfono", y por más que quería continuar con sus pensamientos, Cielo seguía hostigándola.

—¿Si? ¿Estás segura?

—Mi madre me llama y él luego habla. Mi padre es un hombre muy responsable, nunca tuvo otras mujeres.

—Detente, Rita, no sigas —Rita estaba desconcertada, sin embargo, cuando miraba a Clara ella la tranquilizaba con su incolumidad.

—Te voy a recostar un poco la silla, vas a relajarte e intentaremos ingresar a tu inconsciente para preguntarle y obtener la información que requieres. Te vas a dar cuenta de todo. Lo único es que te vas a sentir como si no fueras tú, si te siento muy afectada, retornaremos aquí inmediatamente. Así que has lo que te digo y relaja tu cuerpo. Iniciaremos con cada parte, siente tu dedo gordo muy, muy liviano, está muy, muy, muy liviano…

Así fue tomando cada parte del cuerpo de Rita, ella comenzó a sentir como si gravitara, en un estado de relajación y sutilidad increíble, que en la vida había experimentado. Se sentía en una gran paz.

—Quiero que te dirijas al espacio donde se empezó a generar el tumor. ¿Dónde estás? ¿Con quién estás? ¿Es de día o de noche? ¿Qué está pasando? —le decía Cielo suavemente y con una voz que hacía sentir a Rita muy segura.

—Estoy en mi cama, sola, estoy llorando—respondió Rita.

—¿Cuál es la causa de tu llanto?

—Mi esposo, no llega, él ha quedado de recogerme y me ha dejado esperando. Está tarde, estoy muy preocupada, tampoco llega mi hija, ninguno de los dos me llama a decirme que están bien.

—¿Qué hora es?

—Las tres de la mañana del sábado.

—¿Qué piensas?

—Que tal vez le ha pasado algo a mi esposo, que tiene otra mujer o que está embriagándose. Que soy una estúpida por aguantar.

—¿Qué más?

—Que no me quiere. Que no le importo. Que se aprovecha de mí. No me cuida, es un desconsiderado.

—Eso es, Rita. ¿Y qué sientes?

—Estoy desolada, me siento impotente.

—¿Qué es lo que te hace sentir así? —le decía Cielo. Rita calló por un instante y luego expresó:

—Que no recuerde tanto él como mi hija que estoy en casa esperándoles, me siento impotente.

—¿Qué te hace sentir la impotencia?

—Tristeza, mucha tristeza. —Unas lágrimas brotaron por los ojos de Rita.

—¿Cuándo más te has sentido así?

—Todos los viernes, ellos salen todos los viernes.

—¿Quiénes son ellos?

—Mi esposo y mi hija. Ella hace unos días, pero él siempre. Él se va con sus amigos y regresa al amanecer, embriagado.

— ¿Cuándo más recuerdas que esto te haya pasado? —Rita no habló por un minuto. Luego respondió:

—Cuando era niña, no era yo la que sufría, era mi madre. Ella también esperaba a mi padre los viernes en la noche. —Las lágrimas proliferaron y rodaban por los pómulos de Rita —Mi madre estaba siempre esperándolo, todos los viernes, al amanecer del sábado. —Su boca se aguó y se le escuchó un sonido gargajiento y esforzado. Entonces Cielo inclinó medianamente el sofá y le dijo:

—Respira, Rita, respira, estás a salvo, te sientes tranquila y relajada. Cuando yo llegue a cero, abrirás tus ojos, diez, nueve...cero.

Rita abrió los ojos y miró de forma extraña a las dos mujeres. Clara le suministró una caja de pañuelos.

—¿Cómo te sientes, Rita?

—No lo sé.

—Sí sabes. Exprésate sin temor, vamos —le animó Cielo.

—No recordaba eso. —E inmediatamente retornaron las lágrimas. Cielo le dijo:

—Llora, llora, necesitas sacarlo. —Rita expresó su llanto abundantemente y pasados unos minutos empezó a sentirse liviana, como si se quitara un peso de encima. El silencio permaneció, ella pudo percibir el respeto absoluto de sus acompañantes por sus sentimientos. Después de un rato, Rita dejó de llorar y las miró, aliviada.

—¿Estás mejor?

—Sí, me siento liviana.

—Así es, ¿dime qué has hecho consciente? — Rita respiró profundamente y dijo:

—Que el tumor se formó aquella noche cuando esperaba a mi esposo y mi hija. Que el dolor que mi madre sentía es idéntico al que yo siento. La historia se repite, ella sufría por eso y yo me solidaricé con ella, por eso me caso con un hombre que me provoca lo mismo.

—¡Excelente! —dijo Cielo. Y luego le preguntó:

—¿Tu madre tiene o ha tenido cáncer?

—No—dijo Rita.

—¿Qué crees que significa que ella no lo tenga y tú sí? —Rita sintió y sin pensar, salieron las palabras:

—¿Que yo me he cargado con lo de ella?

—Exactamente.

—¡Dios mío! ¿Qué es esto? —expresó un tanto angustiada Rita.

—Es lo que hay dentro de ti, en tu inconsciente, hay una información que te transmitió tu madre. Lo haces como tuyo y lo materializas en tu propia vida, desarrollando un cáncer que evidencia un inmenso dolor. Quizás porque eres más fuerte o más débil que tú madre. Lo importante es identificar para transformar esta información o aceptarla, si es el caso. Lo relevante es que has hecho consciencia. — Margarita permanecía en silencio y tras unos minutos, dijo:

—¿Y qué hago con esto? —En el acto, Clara y Cielo se miraron como diciéndose algo que Margarita no deducía.

—¿Qué pasa? ¿Qué he dicho tan grave?

—Nada es grave —dijo Cielo.

—Solo que necesitarás otras dos consultas por lo menos.

—Ah, entonces no es tan grave. Ya he ido como a veinticinco sesiones de radioterapia —Las tres rieron.

—¿Cuántas sesiones de radioterapia te faltan?

—Esta semana me dicen cuántas más o si ya no necesito.

—La radioterapia es lo mejor en tu caso—dijo Cielo.

—¿Te parece bien? Yo creía que estabas opuesta a la medicina tradicional.

—No, nada de eso. Tu cuerpo necesita sanar tanto física como emocionalmente, aquí estamos tratándolo desde el punto de vista emocional. Cuando el síntoma aparece y daña algo del cuerpo, hay que repararlo, y para eso es la medicina. No hacemos milagros, aunque a veces lo parece —ja jajá, se escucharon reír las tres.

—¿Me hago entender, Rita?

—Sí, claro.

—Fijemos la siguiente sesión, si te parece —Rita asintió y Cielo se desplazó a buscar un cuaderno en su escritorio y a medida que regresaba, pasaba hojas buscando fecha. Después se sentó y dijo:

—¡Umm! Esto está lleno, estoy muy ocupada. Aproximadamente en dos meses podría. Está muy lejos, necesitas que sea rápido.

—¿De verdad? ¿Así estás de ocupada? —dijo Clara.

—Ya sabes cómo va esto. Al tener una sola cita al día, y además los seminarios este mes los tengo fuera de la ciudad e incluso debo viajar al exterior. Este mes y el siguiente están copados.

Las tres guardaron silencio un momento. Luego Clara dijo un tanto animada:

—¿Por qué no que Rita venga al seminario?, así a lo mejor no necesita volver.

—Estaba pensando eso exactamente, Clara —dijo Cielo —¿Qué te parece a ti, Rita? ¿Puedes venir al seminario el siguiente fin de semana? Son unas 15 horas.

—Pero...

—¿No puedes? —interrumpió Clara—. Yo voy a ir a colaborar, ya lo oíste.

—¿Cuánto cuesta? La verdad es difícil para mí hacer frente a los dos pagos en el mismo mes.

—No te preocupes, puedes pagarme al siguiente mes, a mí nadie me queda debiendo —dijo Cielo sonriendo. Se desplazó de inmediato al computador, y se sentó frente a la pantalla, luego expresó:

—Esto está copado, el aforo está completo. Puedo abrirte el espacio, casi siempre falta alguien, espero— repuso Cielo y continúo diciendo:

—Entonces, ¿sí vas a venir, Rita? Fíjate que te estoy abriendo un espacio y quiero que estés segura.

—Sí voy a ir —dijo firme y entusiasmada Rita, después dijo:

—¡Muchas gracias, Cielo!

Cielo le tomó los datos a Margarita y luego se puso de pie. Ellas se levantaron y fueron desplazándose a la salida.

—Muy bien, las veo en el seminario, recuerda confirmarme, Clara.

—¡Por supuesto!

Cielo las condujo a la puerta y se despidieron con un beso.

En el recorrido, Clara le explicó varios datos logísticos del seminario y se despidieron nada más bajar del edificio; Clara tenía su coche aparcado ahí mismo. Rita empezó a caminar para abordar un taxi, se desplazó hasta la esquina de la avenida, donde creía sería más sencillo; a medida que andaba, sentía emociones opuestas, una mezcla entre melancolía y concordia. Ya dentro del taxi se sumió en aquella sesión e iba repasando cada fase vivida, cada palabra, cada sentir, cada lágrima. Cuando sus pensamientos le dejaban un respiro miraba la ciudad a través de la ventanilla; el panorama era diferente, incluso el atasco normal a dichas horas no le causó mella o disgusto; tenía un justificante para alcanzar a experimentar lo que se aventuraba dentro de sí.

Eran aproximadamente las siete de la tarde cuando Rita observó el reloj en el radio del taxi, llevaba como unos treinta minutos de recorrido, ella se preguntó si ya habrían llegado Efrén y Sofía a casa, estarían estupefactos de no encontrarle; no les dijo a dónde iba, temía su reproche. Luego les diría que se había entretenido de compras y ya. Rita sabía que era probable que no le creyeran, puesto que no era común este comportamiento en ella. Un pensamiento nimio, dada la magnitud de los otros, que actualmente la asaltaban. En su cabeza no había cabida para preocuparse, estaba absorta en la cita que acababa de tener con Cielo y Clara.

"Caramba, no le pregunté una gran cantidad de cosas. En verdad, el tiempo estuvo corto", se dijo. "Pero ¿qué digo? ¿Cómo que corto?, si he pasado dos horas allí, ¡increíble!", se corregía inmediatamente. "En el seminario le haré las preguntas o si no a Clara, en el colegio".

Luego en su apartamento, tal como todas las noches, excepto por la hora, los tres estaban sentados comiendo, eran como las nueve de la noche y de modo usual lo hacían entre las siete y ocho. Rita arribó pasadas las ocho, preparó comida rápida para cenar; ni su hija ni su marido se habían concedido la obligación de hacer de comer; lo cual Rita tenía ya bien asumido. Efrén escasamente sabía hacer café y su hija, aunque sabía hacer las labores domésticas, odiaba cocinar y siempre que pudiera escaquearse, lo hacía.

Durante la cena, Efrén estaba muy serio y más callado que de costumbre, una señal de disgusto que Rita conocía, nada más sentarse, Efrén dijo:

—¿Dónde estabas?

—Hablando con una amiga, me distraje, no me di cuenta del tiempo, lo siento.

—¿Con tu nueva amiga? —dijo con ironía su esposo.

—¿Nueva amiga? —dijo Sofía.

—Se llama Clara —dijo Rita y miró detenidamente a Efrén que tenía pegada su cara al plato—. Y sí, estaba con ella —expresó Rita con cierta molestia. Luego se escuchó a Sofía decir:

—¿Te enojaste con Sara? ¡Si es verdad!, no ha vuelto, cuando mantenía metida aquí a diario.

—No estamos enojadas. Un poco distanciadas sí. Ella parece que está celosa de Clara —dijo Rita.

—Espero que la Clara no sea tan metiche y abusona como Sara. La verdad me agrada que no vuelva —dijo su hija mientras se levantaba de la mesa. Y cuando se disponía a marcharse, Rita le dijo:

—Sofía, lleva el plato a la cocina, hija.

—¡Ahh! Sí que estás mandona, ya veo por qué te peleaste con Sara —dijo bruscamente Sofía, luego recogió de mala gana el plato y fue afanosa a llevarlo. Rita pensó, "ya hemos vuelto a lo mismo". No obstante, cuando Sofía pasó a su lado de regreso, se le acercó por detrás, la abrazó y le dio un beso en la mejilla diciéndole:

—Mentiras, mamita, no te sientas mal —Rita le sujetó los brazos con sus manos y sonrió. Luego Sofía se marchó a su habitación. Efrén entonces le dijo:

—TU nueva amiga te está perjudicando —Rita no le contestó. Luego él se levantó de la mesa y recogiendo su plato le expresó:

—Lo llevo antes de que me lo mandes —dijo con cierto disgusto. Ella permaneció en silencio y pensó: "Qué tal que supiera de dónde vengo y a dónde voy a ir. Lo ideal será que mienta para evitar problemas y que termine odiando a Clara".

Después de la cena, Rita decidió llamar a su hermana Sandra, una idea reiterada en su cabeza desde que salió de la cita con Cielo. Esperó a que Sofía y Efrén se retiraran a dormir. Ya era tarde cuando esto sucedió, eran como las once de la noche; empero tomó el teléfono y se arriesgó a marcar. Sandra respondió entre dormida:

—Alooo.

—Hola Sandra, soy yo, perdona la hora, ¿puedes hablar? —dijo en voz baja Rita.

—Hola —su voz se sentía ronca y pesada.

— ¿Te desperté?

—No. Imagínate que hoy la niña se durmió tarde, acabo de acostarla y estaba tomándome algo antes de ir a la cama.

—¿Y Carlos? —le preguntó Rita.

—Durmiendo, nada lo despierta. Dime, ¿te pasa algo? Casi nunca me llamas y menos a esta hora.

—No o sí. Es que, ¿recuerdas la amiga que te comenté que conocí recientemente?

—Sí, la que te dijo que tu enfermedad era por alguna información o emoción que tenías en tu inconsciente.

—Te voy a hablar bajo para que Efrén y Sofía no escuchen. Mejor me voy a la cocina, espera.

—Sí, tranquila. Yo espero —Rita se trasladó a la cocina y cerró la puerta suavemente. Luego prosiguió:

—Sí, ella. Se llama Clara. Hoy me llevó donde su "mentora" a una consulta, la mujer es la creadora de un grupo que se llama "Sendero Hacia el Cielo". —Cuando pronunció el nombre del grupo, Rita se dio cuenta del significado, Clara le había dicho el nombre del grupo cuando le proporcionó los detalles del seminario ¡era igual al nombre de la mujer! Luego prosiguió, ralentizando su voz al atravesarse este pensamiento —. El hecho es que la mujer me practicó una especie de regresión y reviví algunas experiencias del pasado, entonces quería preguntarte algo. Por lo visto yo no recuerdo muy bien ciertas cosas y como sé que tú sí, por eso te llamo. —Sandra la interrumpió.

—Espera, no te entiendo mucho, estas yendo a una consulta, ¿sobre qué? — dijo Sandra.

—Se trata de hacer conscientes las emociones que pueden haberme causado el cáncer.

—Ya entiendo, ¿entonces a través de una regresión fueron a tu pasado para ver que podría causarlo?

—Sí. Efectivamente. Te cuento que pude ver una escena de mi madre esperando a mi padre un día viernes en la noche, ¿y sabes? Sentí el sufrimiento de mamá, era como si fuera el mío, claro que en efecto lo es.

—Impresionante, sigue —dijo Sandra.

—Al parecer hay algo más. Si bien te cuento que sentir esto me ha liberado, experimenté un tremendo alivio, como si me hubiera quitado una maleta de encima.

—¿Y qué quieres decir con que tú sufres de igual modo que mamá?

—Recuerda que Efrén sale todos los viernes igualmente.

—¡Yo no sabía! —dijo Sandra.

—¿Cómo qué no?

—Sé que se emborracha y sale, pero desconocía que era cada fin de semana.

—Pues así es, Sandra. ¿Sabes de alguna escena que me haya causado más dolor qué esta? —Al instante se arrepintió de haberle preguntado de forma tan general.

—Claro que sí, muchas, las borracheras de mi padre, los celos de mi madre, su sumisión…

—Para, para, para, Sandra —la contuvo Rita.

—Quiero saber algo mío o conmigo.

—Ya. Pero fíjate que la escena de mi madre esperando a mi padre no es tuya y te lastimó igual.

—Sí. Tienes razón.

—Rita, yo creo que no soy la indicada para lo que requieres. Tengo todavía mucho resentimiento y exagero. A veces pienso que tienes razón y más vale olvidar y pensar que ellos hicieron lo que pudieron —expresaba con un matiz bajo y triste.

—No, no, Sandra. Si eres tú la que estabas en lo cierto, tus recuerdos son reales, no los míos.

—Pero es que yo me sigo haciendo daño al repetir y repetir las mismas escenas. Después de que discutimos la última vez, estuve reflexionando que era posible que fuera una resentida y, tal como me dijiste, estoy intentado olvidar.

—¡Ni lo pienses! Ahora sé que no se olvida, simplemente lo transportamos a un rincón, pero desde allí sigue instigando y haciéndonos daño.

—Mira, Rita, soy madre y no puedo seguir transmitiendo tanto rencor y rabia a mi nena, eso también me dijo Carlos.

—Yo creo que es cuestión de que manejes adecuadamente ese resentimiento. Cuando aprenda más de este tema, te comento qué hacer. Si tú quieres.

—Sí, dime, aunque te confieso que el procurar olvidar me ha servido, me siento más tranquila, mientras nadie me haga recordar como tú hoy. Lo innegable es que estoy confusa.

—No te preocupes, ya te iré contando —Rita comprendió que había perdido a la que consideraba su aliada idónea en este momento y lo peor, ella había contribuido a esto. Su hermana estaba cansada de revivir las amargas y aciagas memorias y no saber gestionarlas.

—Vale, Rita, que duermas, feliz noche. Me alegra que te sientas mejor.

—Feliz noche, Sandra, besos.

—¡Espera, espera! —Rita alcanzó a escuchar mientras iba descargando el teléfono y de inmediato volvió a ponerse al auricular.

—Dime, Sandra.

—Revisa ese acontecimiento que te dije la última vez que hablamos, cuando papá te azotó por aquel libro que perdiste, ¿recuerdas?

—No, no recuerdo nada.

—Míratelo, yo lo recuerdo intacto y sé que hubo mucho dolor en ti.

—Está bien. Hasta mañana, Sandra.

El salón de conferencias estaba casi desocupado, el día del seminario había llegado, escasas dos o tres personas estaban sentadas o acomodándose, era un recinto de un prestigioso hotel con capacidad para unas cien personas, Rita era el número ciento uno, de acuerdo a lo que le había dicho Cielo. Se encaminó por el pasillo central, a medida que daba un paso, se reconfortaban sus pies con el amortiguado pisar, una dádiva suministrada por el tapete que cubría el lugar. Rita tuvo la oportunidad de escoger el sitio deseado. Buscó un lugar en frente del escenario y en las filas del medio, tal como le gustaba cuando iba al cine. Se sentó y conforme avanzaban los minutos, el recinto se fue copando. Rita tuvo suficiente tiempo para detallar cada centímetro de la sala: las paredes estaban decoradas a media altura, con rectángulos bordeados de líneas de fina madera y las esquinas refinadas con una forma convexa, en el centro de cada rectángulo había un hexágono entallado de la misma madera con hermosas y diversas figuras precolombinas en alto relieve, el cielo raso estaba decorado igual que la pared, solo que los hexágonos eran cavidades de donde colgaban las lámparas de iluminación del techo en forma de espectaculares puntas de cristal en forma de cono. Al fondo del escenario colgaba un pendón a lo largo donde decía: "Sendero Hacia el Cielo", al lado izquierdo del mismo, se veía la foto de Cielo, un tanto traslúcida. En el centro había una pantalla gigante mostrando la publicidad con los libros y los próximos seminarios en diferentes partes del país y el exterior. Rita asimismo tuvo tiempo de catar la acolchada y confortable silletería, moviéndose para encontrar una cómoda posición. Rita se hundía un poco, de tal manera que pensaba: "está como para dormirme".

La gente fue arribando, a su lado derecho se plegó una mujer mayor, de unos sesenta años, y del otro, un hombre de unos cuarenta años, ambos se mostraron muy amables, al rato estaban departiendo los tres. Ellos se presentaron, el hombre ya había estado en varios seminarios, para la mujer era el segundo. En general, Rita percibía un ambiente de entusiasmo y acogimiento. Unos minutos después, se sintieron aplausos y nada más un hombre empezar a hablar ante el micrófono, el público se quedó en completo silencio. El caballero habló de los próximos eventos, de los libros y demás material audiovisual, posteriormente, hizo una efusiva introducción de Cielo, destacando sus estudios, el currículo y éxitos. Enseguida la anunció, ella salió muy sonriente, con un sencillo conjunto de pantalón estilo sastre de color azul claro y zapatos de medio tacón negros, ella era de estatura baja, de contextura media, Rita no alcanzaba a calcular su edad, pero aparentaba unos 50 años; hasta este momento la detallaba, claro que Cielo hoy lucía muy distinta a la que había visto en la consulta. Ella fue aplaudida por un rato, luego hizo una delicada señal con sus manos para que la gente suspendiera los aplausos y se sentara.

Posterior a dar las gracias a los organizadores, colaboradores y a los presentes, empezó a hablar; según expresó iba a dar una introducción para los principiantes y un repaso para el resto. Esto tomó unos minutos. Por intervalos, Rita navegaba en sus preocupaciones; intentaba recordar la escena que Sandra le había dicho la última vez que la llamó. Desde aquel día insistía infructuosamente en conseguirlo. Había ido año por año recapitulando su vida, pero era incapaz de traer el suceso a su mente. Lo único que logró fue sentir la certeza de la existencia de tal día. Unas palabras la hicieron regresar al presente. Cielo dijo:

—La mente inconsciente determina nuestros comportamientos, veamos en el caso de una mujer que fue maltratada por sus padres, ella, cuando es adulta, se siente lastimada. La mujer no sabe conscientemente que lo está. Cuando ella tiene hijos los lastima, infringiéndoles similar dolor al que alberga. La mujer no quiere hacerlo y se acumula de remordimientos y culpa, sufre y almacena más dolor. La información que alberga en su subconsciente es de maltrato, ella repite su historia en los hijos, ya que es lo que su mente proyecta. —Rita percibió estas palabras con un cimbronazo en su pecho, aunque no quiso detenerse a reflexionar sobre su sensación para no perderse del hilo del seminario y continúo escuchando atentamente a Cielo:

—También miremos el caso de otra mujer que lleva a su hijo de cinco años al psicólogo porque no come. Ella está sufriendo debido a que cada comida se ha constituido en una tragedia para ambos, la madre insistiendo y empleando diferentes métodos para que el niño coma, y él resistiéndose, con frecuencia los dos terminan llorando. La madre se siente impotente y decide llevarlo al psicólogo. Afortunadamente va donde uno "de los buenos" —El público rió.

—Entonces, el psicólogo en la terapia encuentra que el problema está en la madre y no en el niño. Recordemos que los conflictos de los hijos son de los padres. El resultado del caso es que la mujer necesitaba llorar, ella no había realizado el duelo a la muerte de su madre; ya que su hijo estaba recién nacido y no se lo pudo permitir. El hijo simplemente no comía para que la madre llorara y sacará su dolor, supo inconscientemente que él había sido el obstáculo, así que le provocaba dicho sufrimiento para aliviarla; la mujer únicamente lloraba cuando el niño no comía. Esta madre exhibía un aviso que su hijo leía, donde decía: "Necesito llorar". La mujer hizo el duelo pendiente y su hijo empezó a comer.

Cielo hizo una pequeña pausa y algunos susurros se escucharon.

—No necesitas creer en lo que estoy diciendo, simplemente siente, pues son en concreto las creencias las que nos tienen donde estamos.

Los casos mencionados por Cielo removieron algo hondo en Rita, habida cuenta de que ella tampoco lloraba hasta aquel día cuando según "la regresión" o el ejercicio en la cita, el cáncer había empezado a aparecer. Aquella noche, en su habitación, mientras esperaba a Efrén y Sofía. "¿Qué significará que nada más empezar a llorar aparece el cáncer?", se preguntaba. "¿Cuál es el aviso que tengo en mi frente? ¿Será el dolor de ver a mi madre sufrir? o ¿Es otro?".

Rita al mediodía había quedado en ir a comer con Clara, se encontraron en el hall del hotel y se dirigieron a un restaurante cercano, en el camino hablaron de las trivialidades del evento; Clara le comentaba su experiencia como organizadora y Rita la suya como asistente. Cuando llegaron al restaurante había un grupo como de 10 personas, divididas en tres mesas, eran los colaboradores de Cielo. Clara la presentó a cada uno, luego Rita saludó a Cielo con un beso en la mejilla, intercambiaron unas mínimas palabras, Cielo estaba muy ocupada. Rita se retiró discretamente y se sentó junto a Clara en una mesa enfrente de la de Cielo.

Rita y Clara estaban con otros dos colaboradores y no pudo comentar nada profundo con Clara, ellos hablaban sobre lo que vendría en la jornada de la tarde, tanto para los organizadores como para los asistentes. Ella se enteró de que iba a ver un ejercicio colectivo y donde se requería especialmente que los colaboradores o facilitadores -como ellos se autodenominaban- estuvieran pendientes de los asistentes. Pasaron una lista asignándose fila. A Rita le correspondería un hombre que estaba en otra mesa. Todo el revuelo que los facilitadores tenían con lo del ejercicio instaló cierta dosis de intranquilidad en Rita, sin embargo, reflexionó inmediatamente: "Bueno, a eso vine", se dijo.

Rita retornó de aquel restaurante con los facilitadores. En el camino habló con algunos, incluido Antonio, el que le correspondía por su número de fila, figuraba afable, como los demás. Ella experimentaba algo desconocido estando con ellos; compartían el mismo idioma, los temas de conversación eran a cual de todos más interesante, ella plácidamente escuchaba, devorando con avidez cualquier información; pero sin duda lo más gratificante era que se sentía acompañada.

Se reencontró con los compañeros de fila y les advirtió de la relevancia de lo que venía, claro que ellos ya lo sabían y, al contrario, le ayudaron a Rita a saber en detalle. El hombre de su derecha le comentó que empezaba con una especie de meditación, después una sesión de preguntas y luego el reconocimiento, y ahí era donde algunas personas podían necesitar a un facilitador. Rita asumió que se trataba de un ejercicio similar al que había realizado en la cita con Cielo. Lo único que supo con certeza era la razón por la cual las sillas eran tan confortables.

Cielo empezó el ejercicio con una corta introducción sobre lo que era una meditación, en especial para los novatos, como Rita. La meditación -explicó Cielo- era para realizar conexión consigo mismo y vendría precedido de una relajación. Empezó diciendo en voz muy suave:

—Cierra lentamente tus ojos, toma aire de forma profunda y exhala despacio, tres veces seguidas. Luego tensiona los dedos de los pies y suéltalos a medida que exhalas, ahora tensiona las piernas y suelta...

De idéntica manera procedió con cada parte del cuerpo, incluso con la lengua y los órganos internos, después los condujo a un lugar donde se sintieran tranquilos, imaginario o real pero que se sintieran relajados, luego los llevo a algo que llamaba "la sala de sanación", cada uno la creaba de tal modo que se apercibieran seguros, lo único imprescindible en el lugar era un televisor y un sitio para sentarse enfrente. Una vez "construido" el lugar, les pidió que se transportaran a un evento de su vida donde se percibieran repletos de amor y confianza. Rita se trasladó a una de sus jornadas de natación, se veía nadando, en la piscina del colegio. Después les indicó que se quedaran con esa sensación y encendieran el televisor con el control remoto. En la pantalla del susodicho, les solicitó que observaran una escena donde creyeran haber perdido conexión con ellos mismos, era válido una imagen de tensión, miedo, rabia, desazón, soledad, ira, tristeza, impotencia, disgusto, etc., un hecho impactante o de estrés.

Rita se dirigió inmediatamente a ver aquella niña dando golpes a la pared, revivió la escena del último "sueño".

Pasado un rato, Cielo les ordenó que volvieran a sentir el cuerpo poco a poco y de modo inverso, los fue conduciendo a que movieran cada parte del cuerpo, consecutivamente les dijo que respiraran tres veces y abrieran despacio sus ojos, fueron encendiendo las luces y detallándose unos a otros. Cuando el total de las luces terminaron de alumbrar, Cielo les dijo:

—¿Qué tal? —se escucharon leves susurros. Cielo sonrió plácidamente.

—Los seres humanos tenemos estados de conexión con nosotros mismos, con la fuente, la inteligencia divina o Dios, como cada uno lo llame. Cuando estamos en conexión nos sentimos llenos de paz, creativos, protegidos, seguros y confiados. Lo contrario, es desconexión. Sucede como en el ejercicio que acabamos de hacer. En estado de desconexión es donde se originan los conflictos, justo lo que tenemos pendiente de sanar aparece. Esto es lo que regularmente veremos en el televisor, aquello que nos está causando daño o inquietando en la actualidad. —Guardó silencio un minuto y prosiguió:

—¿Alguien que quiera comentar su experiencia? —preguntó Cielo.

De inmediato algunas personas levantaron su mano. Cielo le dio la palabra a alguien y un facilitador le entregó el micrófono.

Empezó a hablar una mujer que desde el lugar de Rita no lograba ver su rostro. La mujer expresó que la imagen que había visto en la TV era la de su hijo cuando estaba pequeño, como de 10 años. Que el problema que ella tenía actualmente con él era su drogadicción. El joven tenía 20 años. Que ella se sentía culpable y no sabía cómo ayudarlo, reconocía que su hijo era el resultado de la educación que le había dado. La mujer dijo sentirse frustrada.

Entonces, Cielo le preguntó sobre los detalles de lo visto en el televisor y la mujer dijo que había sido muy extraño, pues no comprendía lo observado; vio una escena donde su esposo y ella estaban con unos amigos en una casa y su hijo los estaba mirando. Cielo le preguntó:

—¿Qué estaban haciendo? —La mujer respondió:

—Estábamos en una pequeña fiesta.

—¿Y qué hacían? —la pregunta le sonó a Rita muy lógica y al parecer a varios del público también, al mirarse con gestos que lo denotaban.

—Bailar, comer, beber y fumar... —y cuando mencionó lo último, su voz se diluyó un poco.

—¿Esto sucedía a menudo?, ¿por qué el niño estaba allí?

—Los fines de semana. No tenía con quién dejarlo. Todavía lo hacemos —dicho esto, la mujer empezó a llorar. El colaborador de la fila le suministró pañuelitos desechables. Cielo esperó un breve periodo y luego prosiguió:

—¿Has hecho el reconocimiento? —De la boca de la mujer salió un sí, forzosamente. Cielo explicó:

—El hijo aprendió ese mundo de sus padres, es el estilo de vida que conoce, él repite, solo que tal vez los vacíos y la desprotección de los padres lo han catapultado más profundo. Mujer, ahora necesitas sentir el "para qué" lo haces o hiciste, perdonarte y liberarte de la culpa; la cual, en lugar de ayudar, empeora cualquier situación. La culpa es una expresión de victimismo y nos quedamos atrapados en ella para evadir nuestra verdadera responsabilidad, que es la que nos conduce en realidad a reparar, cambiar o aceptar, si es el caso. Al final del seminario si todavía consideras oportuno, puedo recomendarte algunos ejercicios.

De inmediato, dio la palabra a otra persona, esta vez era un hombre como de unos 30 años, él manifestó haber visto en el televisor a su suegra haciendo de comer en la cocina, junto a su esposa. Luego Cielo le dijo:

—¿Y cómo te sientes con eso?

—Bien, eso fue lo sorprendente, que nada me produjo —dijo aquel hombre.

—¿Cuál es la situación actual que más te preocupa?

—Nada, todo está relativamente bien en mi vida. Cielo dijo:

—Entonces, ¿a qué has venido? Es la primera vez que me sucede esto, no entiendo. —Todo el público reía, algunos a carcajadas, incluso Rita, hasta el hombre estaba riendo.

—La verdad es que…

—Ah, ya estamos entendiendo, ¿verdad? —Cielo interrumpió con tono de juerga. La gente confirmó, riendo en su mayoría—. Perdona, a veces tenemos que relajarnos y la risa es un buen remedio. Sigue, sigue, por favor.

—Sí, como decía, es que hace unos días me diagnosticaron hipertensión y yo creo que estoy muy joven para sufrirla y un amigo me comentó que usted podía ayudarme con esto, que viniera al seminario que era más económico que su consulta personal. —De nuevo gran parte del público, reía a carcajadas.

—Ya entiendo— decía Cielo, todavía con la sonrisa dibujada en su boca. Luego continuó:

— ¿Hace cuánto te la diagnosticaron? —el tono de Cielo y la audiencia se tornó serio.

—Como un mes.

—Cuéntanos. Y, ¿qué pasó antes del surgimiento de los síntomas?

—No sé —respondió el hombre.

—¿Algo con tu suegra?

—Ah sí, ella vino a visitarnos y estuvo como 15 días. —Mucha gente empezó a reír otra vez, y aunque Rita no alcanzaba a comprender con exactitud, sabía que su enfermedad tendría relación con la suegra. Tardó un rato que el alboroto cesara y después Cielo dijo:

—¿Te das cuenta?

—No mucho— dijo el hombre. Al parecer el hombre estaba como Rita. Cielo prosiguió:

—La hipertensión está relacionada con tensión y por lo general es en la casa o lo que tu mente inconsciente asocie con casa, una oficina, una comunidad, asociación, un lugar. Es como si te sintieras invadido o perdiendo tu espacio físico o emocional y eso te genera tensión. —El hombre interrumpió diciendo:

—Ella vino con el suegro —de nuevo las carcajadas se desataron de manera estruendosa incluida la de Cielo y Rita. Ella buscaba con su mirada a Clara para saber si le habría dado algunos de sus ataques de risa, pero no logró verla. Luego de unos minutos, Cielo pidió silencio y el bullicio fue amainando, luego le dijo al hombre:

—¿Dinos a todos a qué se debe tu hipertensión?

—Me tensioné con la venida de mis suegros, sentí que perdía mi espacio físico y también el lugar emocional con mi esposa. Eso me despertó la enfermedad —inmediatamente la gente aplaudió con vigor.

Después de unos minutos, Cielo siguió con la tanda de preguntas y dijo:

—La última pregunta —una frase que hizo saltar de la silla a Rita como si un alfiler le pinchara en sus posaderas, ella se levantó como un resorte alzando su mano derecha. Ante tal acción, Cielo no tuvo otra opción que voltear a ella y darle la palabra. Rita quiso arrepentirse por un segundo, pero ya era tarde, aquel hombre, Antonio, el facilitador que había conocido al mediodía, venía tendiéndole el micrófono. El corazón de Rita cabalgaba como mil caballos y los estruendosos sonidos retumbaban en sus oídos y la aturdían. Por un lapso pensó que no conseguiría hablar, pero el canto de la emoción había ganado la batalla a su mente. Ella tomó el micrófono en sus manos y se quedó muda por unos segundos, habida cuenta de eso, Cielo dijo:

—Dime, por favor. — Rita alzó el micrófono perezosamente cerca de su boca y con la misma lentitud expresó con voz entrecortada y baja.

—Yo... yo... yo vi una niña que vi en un sueño, la niña estaba llena de rabia, golpeaba una pared. — De no ser por el micrófono nadie la hubiese escuchado. Rita no entendía cómo había sido capaz de hablar; dado ese pánico que sentía al notar esas miradas dirigidas y conjuntas hacia ella. Tal vez por eso había hablado, porque en dicho instante solo había sentido los ojos de sus vecinos de al lado.

—¿Qué situación estás atravesando?

—Hace unos meses me operaron de un cáncer en el seno derecho — se escucharon en el acto unos murmullos y de inmediato la gente que estaba delante de ella giró a observarla. Rita se sintió abrumada y se recriminó: "¿Quién me mandó hablar? ¡Dios mío!".

—¿Y dónde está esa niña? —preguntó Cielo rápidamente.

—Yo conozco el sitio, es similar a una casa que conocí cuando estaba niña. —Ante la pregunta, Rita empezó de manera inexplicable a sumergirse intrínsecamente y pareció olvidarse de los demás. Se percibió con Cielo, las dos solas en el recinto.

—¿Con quién relacionas esa casa y a esa niña? —Sin pensarlo dos veces, Rita dijo lo que no había sabido antes.

—Conmigo.

—¿Qué quieres decir con eso? —Cielo era incisiva y expedita al hacer los cuestionamientos, no dejaba lugar a la dispersión de Rita.

—Yo soy la que está furiosa, yo soy esa niña —Rita, de

inmediato, se derribó sin control en su asiento y empezó a llorar desconsoladamente. En el acto, el facilitador se le acercó y se acuclilló a su lado con una caja de pañuelos. Un gran silencio hubo en la sala y en lugar de Rita sentirse criticada -lo que de normal hubiera sentido- más bien, se profesó respetada y acompañada. Transcurrido un momento, Cielo le dijo:

—¿Podrás continuar? Tranquila que si no será otro día —Rita levantó la cabeza y lo primero que vio fue a su facilitador, observó su afectuosa mirada que le transmitió una gran cordialidad y contestó:

—Sí, yo puedo —el público la aplaudió con efusividad. Entonces Cielo dijo:

—Es importante continuar, ella ha reconocido en su inconsciente algo que necesita ser procesado, aunque prima lo que ella sienta. Cada uno tenemos un camino y unos tiempos que debemos respetar. Aunque supongo que todos los que están aquí lo están, no obstante, es posible que no; por eso lo pregunto.

Rita se puso de pie en muestra de que estaba lista para seguir. Cielo la volvió a mirar detenidamente y le dijo:

—¿Estás seguras de que quieres continuar?

—Sí —respondió Rita con seguridad.

—Entonces ven aquí, al escenario. — Ciertas personas del público se miraron sorprendidos y voltearon de nuevo hacia Rita. Ella salió de su sitio y se desplazó en dirección al escenario, vestida de una ajena convicción, la misma que la exhortaba a lo desconocido. Dicha ruta en algún otro momento le hubiera lucido eterna, pero en aquel instante Rita discurría conducida por una fuerza superior a ella. Cuando estuvo allí, Cielo le habló:

—Siéntate, querida —Y le mostró una silla. Posteriormente le dijo:

—Dinos tu nombre.

—Me llamo Rita —entretanto se sentaba.

—Quiero que cierres tus ojos, respira profundo y exhala varias veces. —Rita inhaló. En verdad no requería relajarse, podría haber ido directamente a la conexión. Bastaba que Cielo empezara a preguntar, Rita estaba lista. Empero Cielo la dirigió a una relajación y luego le dijo:

—Ahora quiero que te sitúes en aquella casa y veas a esa niña. Siente que tú eres la niña, eres ella. Cuéntanos, ¿dónde estás? ¿Cuántos años tienes? ¿Qué le pasa a la niña?

— Efectivamente Rita ya era la niña y respondió al público con una voz casi infantil.

—Tengo 10 años, estoy en el patio de mi casa, es de día, por la tarde. Estoy furiosa y grito: maldita seas, estúpida, y le pego a la pared con una correa de cuero.

—¿A quién le dices eso?

—A mí misma.

—¿Por qué te crees maldita?

—Eso me dice papá.

—¿Y qué más te dice?

—Él dice que soy mala y que por eso me pega —su voz se quebrantó un poco.

—¿Y cuándo te pegó por última vez?

—Anoche.

—¿Cuéntanos, qué paso?

—Extravié mi libro de español, un libro que había costado mucho dinero; bueno, en realidad no lo extravié, lo presté a Liliana, una amiga, porque ella es muy pobre y no puede comprarlo, entonces quería copiar algunas cosas a mano. Pero mi amiga olvidó llevarlo a clase y por la tarde no pude hacer la tarea; mi padre supo que no la hice y cuando me preguntó por qué no, tuve que inventarle que lo había perdido, creía que si le decía la verdad, sería peor.

—Entonces, ¿qué pasó? ¿Quieres describirlo?

—Sí. Mi padre, apenas se lo dije, se suelta el cinturón de

cuero que ajusta sus pantalones, lo enrolla en su mano derecha, yo pruebo a salir corriendo, estoy sentada en un escritorio pequeño junto a la cocina y me atasco en las patas de la mesa, él me sujeta con fuerza por el brazo, yo intento soltarme, no lo consigo, trato de agacharme para protegerme, quiero escapar, tengo mucho miedo, alguien que me salve —por la cara de Rita deslizaban abundantes lágrimas y se expresaba entre sollozos—. ¡Dios mío! Él me da varios correazos, ¡qué dolor! Chillo y grito pidiendo auxilio, cualquiera que me ayude. Mientras, él me insulta:

—Eres una maldita idiota, maldita seas, eres mala, mala.

—Las lágrimas seguían brotando de manera copiosa por el rostro de Rita, un gesto emulado por gran parte de los asistentes al recinto.

—Respira, niña, respira. Cálmate— decía Cielo y esperó a que se tranquilizara. Luego le dijo:

—¿Quieres seguir? ¿Estás calmada?

—Sí —Rita prosiguió:

—Después de varios azotes, escucho la voz de mi madre decir "No más, ya, ya, ya, para, Arturo". Mi padre me suelta, yo quedo llorando en el suelo desconsolada y dolorida, mi madre me levanta, me da agua. El aire me falta y no consigo beber, tampoco llorar, jadeo fuertemente.

—Margarita tragó saliva y prosiguió:

—Toma, toma agua, dice mi madre. Bebo un sorbo y muy despacio ella me sienta en una banca de madera que está en el patio junto al lavadero y transcurridos unos minutos cuando ya estoy serenándome, mi padre viene y se me acerca. Él se acurruca a mi lado y yo me protejo poniendo el brazo por encima de mis oídos, el miedo retorna, mi corazón se agita, estoy esperando un golpe y entonces él me dice:

—Como te portas mal yo tengo que castigarte. Me lo dice sosegado y cariñoso, él se aproxima más y yo me voy encogiendo hacia el lado opuesto, él busca mi mejilla con su boca, pero yo me cubro la cara con la mano y me alejo, le rechazo. No quiero que se me acerque, tengo miedo de su cercanía. Mi padre en seguida me dice con un tono brusco:

—Grosera, que le pego otra vez—él vuelve a arrimarse, pero esta vez me pone su mejilla para que yo lo bese. Voy a tener que hacerlo, no tengo más remedio que darle un beso o sino me va a pegar. — Rita, en el acto, se tapó la cara con sus manos y descargó su tronco sobre las piernas. Cielo le dijo:

—Tómate tu tiempo. —Esperó un momento y luego le dijo:

—Respira, estás a salvo y segura. ¿Quieres continuar? —Rita asintió con su cabeza y reincorporó su torso. Ella seguía con los ojos cerrados. Pasados unos segundos, Cielo le preguntó:

—¿Qué sientes?

—Me siento humillada. Tengo que besarlo y me da asco, pero el miedo a que me pegue es mayor. El estómago se me revuelve, debo contenerme para que no se entere. Entonces cierro los ojos, contengo la respiración y rápidamente le doy ese beso en su cara. —El relato se mezcló con sus lamentos, claro que, consiguió concluir.

Cielo, después de unos instantes de permitir que Rita expresara su dolor, dijo:

—¿Cómo te sientes ahora?

—Humillada.

—¿Qué más?

—Asqueada, fastidiada con ganas de vomitar, impotente.

—¿Qué le quieres decir a tu padre?

—Que él es el maldito, él es el maldito diablo, abusivo, hijo de puta. — Rita estaba gritando tan alto como nunca lo había hecho. Muchas personas del público fueron partícipes de su llanto y de su rabia. Rita estaba muy agitada, Cielo le dijo:

—Toma aire y mantenlo en el estómago otra vez y déjalo salir muy, muy despacio. Estás a salvo, ahora quiero que, a la cuenta de tres, estés aquí. Uno, dos, tres. Rita abrió sus ojos y Cielo le dijo:

—Estas aquí. Bienvenida —expresó con un timbre de voz sosegado—. Vuelve a respirar hondo, contén la respiración y exhala lentamente. Cuando te sientas tranquila, me dices— Cielo calló y esperó la señal de Rita. Un minuto más tarde ella dijo:

—Ya me siento mejor.

—¿Quieres decirle algo más a tu padre? — Rita caviló un momento y dijo:

—No. —Las lágrimas ya habían cesado. Rita se percibía calmada y plácida.

— ¿Qué consejo le darías a esa niña? Tú ya estás aquí, con tu edad, en este lugar, ¿qué le dirías? —Rita sintió una enorme ternura por la niña, concibió lo mismo que por su hija Sofía, la amaba y dijo:

—Yo te voy a cuidar y proteger de ahora en adelante para que nada malo te pase, estaré contigo siempre y todos los días de mi vida para amarte y cuidarte.

—Siente que la abrazas y demuéstrale completamente lo que dices. —Rita cerró sus ojos, cruzó sus brazos de adelante a atrás y se apretó con vigor. Le transmitió a su niña el amor que estaba sintiendo, mientras Cielo decía:

—Rita, esta niña se sentía desprotegida, ella reclamaba que alguien la cuidara y resguardara. Tu cáncer de seno significa eso, desprotección. Cualquier niña necesita un padre que la defienda para sentirse segura, no obstante, en tu caso, el que se supone debe protegerte, por el contrario, es tu verdugo. Ahí está tu cáncer, es el referente que tienes como masculino. ¿Me estoy haciendo entender, Rita?

—Sí, entiendo.

—Ahora necesitas la absoluta comprensión de tu sentir, luego sanar con tu padre, para eso, mañana, haremos un ejercicio. —posteriormente, Cielo le dio las gracias por compartir su historia, el público aplaudió, Rita se incorporó y bajó del escenario en medio de una gran ovación. Mientras ella retornaba a su lugar, Cielo expresaba:

—Te espera el camino de la verdad, sigue en conexión y así será. Muchas gracias, Rita, por permitirnos aprender de tu experiencia. —Rita se profesó respaldada. Cuando se sentó, la mujer y el hombre a su lado le apretaron cariñosamente la mano correspondiente.

Rita salió del seminario y en el camino a casa compró comida china para cenar, era la preferida de su hija. Se sentía muy animada, con deseos de compartir con su familia, y aunque les comentó que el seminario era de un tema laboral y no pensaba todavía decirles la verdad, por lo menos quería contagiarlos de su energía.

Cuando Rita arribó a su apartamento no vio ni a su marido ni a su hija. Los llamó en voz alta y no respondieron. En otra oportunidad se hubiera afligido al advertir que ellos no estaban, pero su emotividad estaba tan alta que se sentó a comer sola en el comedor con entusiasmo. Ya estaba finalizando de comer cuando entró su marido a la casa.

—¿Hola, cómo estás? —le dijo Rita con efusividad. Él se aproximó y le tocó el hombro con su mano. Luego dijo:

—Bien, bien —y se encaminó al baño.

—¿Te sirvo comida? Compré comida china.

—Sí, sí.

Casi al momento en que Rita acababa de servirle, Efrén se sentaba. Él empezó a comer de modo desaforado, un indicativo que indujo a Rita a preguntarle:

—¿Qué almorzaron Sofía y tú?

—Eh... Eh. Yo me fui a casa de mi madre.

—¿Y Sofía? —dijo Rita con intriga.

—No sé.

—¿No sabes?

—Cuando me levanté no la vi, me imaginé que estaba durmiendo.

—¿Y fuiste a confirmar en su habitación? —dijo Rita con cierta preocupación.

—No—dijo su marido secamente. Rita de inmediato se levantó y fue a la habitación de Sofía; la cama estaba sin tender, había mucha ropa tirada por el suelo. Detalló en su escritorio para saber si había dejado una nota. No existía ninguna, lo que sí observó fue un plato, varios vasos sucios, papeles de dulces y otras cosas. Recogió la basura y los platos, ordenó un tanto y salió. Y luego dijo en el corredor que conducía a la sala comedor:

—Uff... ¡Qué caos de habitación! — Al terminar la frase alcanzó a escuchar el sonido de la televisión encenderse. Cuando atravesó la sala-comedor para ir a la cocina detalló que su marido ya estaba sentado frente a la misma, la tenía en un alto volumen. Rita dijo con la voz alta:

—¡Sofía no está! —Y continuó a la cocina. Depositó las cosas en su lugar y retornó para recoger la mesa, al tiempo que le decía a Efrén:

—¿Me has escuchado? Que Sofía no está en casa —dijo Rita elevando aún más el volumen de su voz.

—Sí, ya oí —dijo Efrén, también en tono elevado y un poco tosco.

—¿Qué hacemos? —Y de nuevo se iba Rita a la cocina. Y al ver que no escuchaba ninguna respuesta, regresó a la sala y le dijo otra vez a su marido:

—¿Que qué hacemos? —Ella se le acercó, el hombre apenas la observó de soslayo y alzó un tanto sus hombros.

—¿No vas a decirme nada? —dijo Rita con cierto desespero. De inmediato Efrén giró y la reparó con los ojos dilatados y un tanto enrojecidos, una mirada que la fulminó en el acto y la obligó a retroceder un paso, sus piernas empezaron a temblar y su boca se resecó de inmediato. Efrén le dijo en tono elevado y remarcado:

—¿Y quién te mandó a irte? Me quieres culpar de que tú no sepas dónde está tu hija. ¡Vete a la mierda! —Rita no le contestó, se dio media vuelta y se dirigió a la cocina, observando de reojo a su marido. En el camino resopló para calmarse y pensó "Está bebido, es lo única explicación a tal reacción, ¿o será de verdad debido a que me fui al seminario? Sí, puede ser", se respondió. "Casi nunca salgo sin él y menos un sábado, excepto cuando voy donde mi madre. Mejor me callo".

Como consecuencia de lo ocurrido, prefirió mantenerse alejada de su esposo y se dedicó a arreglar la cocina, en unos minutos la tranquilidad retornaba. Al rato Sofía llegaba.

—Hola, hija, me tenías en vilo —dijo Rita, no más verla entrar

—¿Y por qué? —luego fue a darle un beso y al saludarse, Rita le dijo:

—Me habías comentado que no saldrías.

—Sí, pero me dio hambre y me fui a casa de Victoria.

—Umm, en lugar de hacer o de irte con tu padre donde la abuela. ¿Y por qué no le avisaste a tu padre?

—Si salí como a las cinco de la tarde y él estaba durmiendo todavía. Me cansé de esperar a que se despertara para decirle. Tuvo que haber regresado a la madrugada, yo llegué como a las cuatro de la mañana y él aún no estaba. —Rita no le comentó nada al respecto, no se había enterado de la hora de llegada de su esposo.

—¿Y prefieres ir donde Victoria, que está más lejos,

que donde la abuela Juana?

—Pues sí. La abuela solo sabe echar cantaleta, cocina horrible y es aburridísima esa casa.

—Shshshs, que no te escuché tu padre—dijo Rita llevándose su índice a la boca.

—Esa es la verdad…

—Shshshshs, además está de mal genio y creo que está bebido —le dijo junto al oído de su hija. Al instante la actitud desafiante de su hija se transformó en timorata.

—¿Bebido? —dijo Sofía.

—Creo. O serán los efectos de anoche todavía. El hecho es que está intratable. —Rápido cambió el tema para evitar problemas. Y dijo al instante:

—Bueno, ya estás aquí. ¿Y cómo transcurrió tu día?

—Estudiando. No es que me haya levantado muy temprano, pero estudié unas dos horas. — Y Rita le dijo con sorpresa:

—¡Qué gran noticia que estés estudiando! Y un sábado.

—Tengo un examen difícil.

—Cuánto me alegra, hija, que quieras sacar buenas notas y aprender.

—¡Bueno ya! No te pongas trascendental. ¿Y a ti cómo te fue?

—¡Maravillosamente bien! Compré comida china y todo de lo contenta que estaba —ambas rieron. Sofía dijo en el acto:

—¿Y me guardaron? No tengo todavía hambre, pero después sí.

—Claro, hija, incluso les guardé para mañana en la nevera.

—¡Bravo, bravo, mamá! —dijo de forma efusiva su hija mientras aplaudía. Rita sonreía y pendulaba en negación su cabeza.

—Como voy a ir a la piscina mañana con Victoria. Dile a papá que me deje comida para cuando venga.

—Sí, yo le digo, tranquila. No llegues tarde mañana que recuerda la dificultad que tienes para madrugar el lunes.

—¡Cómo íbamos de bien! Y me sales con cantaleta —dijo reclamante su hija.

—Sí, tienes razón. Ya eres una joven responsable y divina. —Y le mandaba un beso.

—Claro, así es. —Sofía salía de la cocina muy contenta. Al instante se devolvía

—Mamá, olvidé decirte que llamó Sara. Que la llames.

—Gracias, hija.

Un crujir rechinante en la calle la hizo saltar de la cama, un vehículo había frenado intempestivamente, Rita atisbó en el reloj despertador de su mesa de noche que eran las ocho de la mañana, en el acto se incorporó sobresaltada, dio un brinco y corrió rápidamente al baño. Ella debía estar a las nueve para el segundo día del seminario. Efrén entre dormido le dijo cuándo Rita estaba vistiéndose:

—¿Qué haces? Hoy es domingo.

—¿Se te olvidó que tengo un seminario?

—Sí. — Y se volteó para el otro lado.

—No te preocupes por Sofía, que ella se va para la piscina con sus amigas, y si quieres comida, quedó un poco en la nevera de la que compré ayer, le dejas a Sofía para cuando regresé. ¿Me escuchas?

—Siiií —dijo Efrén con desdén. Al momento le escuchaba su alta respiración.

Rita abordó un taxi en la esquina de su casa, se sentó en la parte trasera y abrió la ventanilla, necesitaba sentir el viento en su cara; algo inusual, ella que siempre discutía con Sofía porque abría las ventanillas, odiaba despeinarse; ella aplanchaba su cabello dos veces a la semana y quería conservarlo liso la mayor cantidad de tiempo. Hoy, en cambio, llevaba su frondosa y ensortijada melena mojada, al natural. Sentía en su faz la libertad del viento y su veloz paso escaneaba su rostro con frescura, mientras su cabello se alzaba y danzaba con su raudo movimiento. Divisaba por aquella ventanilla, las mismas calles, empero los matices matutinos alucinaban envolverlas en un inédito paisaje. Rita se deleitaba con un placentero aroma entre chocolate y vainilla, característico de las orquídeas que se dispersaban en diversa y abundante melodía por la región y el cual le transmitía un canto celestial. Advertía la vida en la vegetación que divisaba en un confeso secreto que le tocaba su corazón, manifestándole con desfachatez sus escondidos mundos. La ciudad desfilaba engalanada de brillantes matices, que el reluciente día que estaba empezando, ofrendaba.

En unas cuantas semanas su mundo se había transformado, Rita profesaba algo mágico dentro de sí; razón por la cual en los últimos días había puesto un trecho entre ella y su esposo e hija, no deseaba compartirles lo que estaba viviendo, sentía que si ellos se enteraban, le invadirían su territorio y la magia se esfumaría.

Media hora después, Rita llegaba al hotel y, nada más entrar, se topó con Clara en el pasillo que conducía al recinto del seminario, ella venía saliendo de ahí apresurada. Al toparse se abrazaron efusivamente y Clara le expresó lo orgullosa que estaba por la valentía que había tenido al expresar su caso ante la audiencia, el día anterior, diciéndole:

—Escasas personas se atreven en su primer seminario, ¡te felicito!

—Gracias, Clara. Cuando tu caso es de vida o muerte, te haces valiente —ambas sonrieron.

—Pero sigue, sigue, que Cielo ya está hablando. Nos vemos al mediodía —dijo Clara.

—Sí, sí, nos vemos.

Rita entró al recinto, el sitio estaba repleto y en su primera ojeada, no reparó un lugar libre para acomodarse, de pronto divisó uno a su izquierda, en la parte trasera, junto a la pared, y mientras se dirigía allí, escuchaba la voz de Cielo al fondo. Rita fue pidiendo permiso para acceder a la silla. Abrigaba gran vergüenza al tener que interrumpir la visión de sus compañeros de fila. Cuando por fin consiguió sentarse, soltó el bolso, lo situó debajo del asiento, respiró y observó el panorama. Tardó un momento en ubicarse mentalmente en el evento. Esta vez solo tenía un vecino del lado derecho, se trataba de una mujer contemporánea con ella, al menos eso consideró.

Minutos previos a entrar al recinto se estimó con cierto temor, al creer que la gente la podía reconocer por lo del día anterior y la tachara de débil o tonta. A lo sumo se reconfortó al atisbar que su vecina no parecía reconocerla, ya que la mujer le sonrió con delicadez haciéndole un gesto con su cabeza para saludarla, como si nunca la hubiera visto; Rita le respondió de igual modo.

Pasados unos instantes, su visión se centró en el escenario, aunque su mente todavía estaba en otro menester; se reprochaba: "Yo nunca llego tarde, ¡qué vergüenza! ¡Vaya que he cambiado! Quizás el temor a que me reconocieran es lo que me ha hecho levantarme tarde". La voz de Cielo intervino súbitamente en sus disertaciones, la escuchó decir:

—Para sanar los diferentes aspectos en nuestra vida, lo primero es identificar y reconocer los hechos y los pensamientos conscientes o inconscientes que han estado creando el conflicto, luego necesitamos aceptar o perdonar si fuera el caso y por último la transformación. Este paso final consiste en la toma de decisiones conscientes y el establecimiento de hábitos dirigidos a producir los efectos requeridos que conduzcan a una metamorfosis de nuestra vida. Lo único que depende de nosotros es nuestro cambio, no podemos modificar a otros, a la sociedad, la época, la familia en que nacimos —dichas elucubraciones penetraban en la mente y el corazón de Rita como si fueran agua en una esponja. Cielo proseguía con su cátedra.

» Los demás son la proyección de lo que subyace en nuestro mundo interior, debido a esto la cuestión es siempre con nosotros. Ellos nos muestran lo que necesitamos sanar. Saber que lo que nos molesta o no soportamos de los otros nos conduce a la información que existe en nuestro subconsciente. Por ejemplo, sí me fastidia el incumplimiento de la gente, preguntarme: ¿Cómo me incumplo yo?, si alguien me falta al respeto y me aflijo o enojo, entonces preguntarme: ¿para qué me quiero faltar al respeto?

» Requerimos estar en conexión con nosotros mismos y con la "fuente" para lograr estar conscientes de lo que hacemos, pensamos y sentimos. La conexión es la ventana para ver la realidad, es el "zoom", la verdad de nuestra vida —expresó Cielo e hizo un corto silencio. Luego prosiguió:

—La conexión se empieza a percibir en pequeños detalles, como sentir nuevos olores, colores, sabores o cualquier tipo de apreciación que nos haga sentir cerca del mundo, la vida o la naturaleza. — Rita escuchó de inmediato una campanita en su corazón, supo que era la respuesta a lo detectado aquella mañana. Se vislumbró orgullosa y se dijo exaltada, "¿Cómo? Si es justo lo que sentí en el taxi, esta mujer me lee la mente, es vidente. Así que era eso, "conexión".

El último ejercicio de la tarde era similar al del día anterior, empezaba con una relajación y luego se iba a la sala de sanación, se encendía el televisor, pero esta vez Cielo dijo:

—Observa la escena. —luego guardó un minuto de silencio y prosiguió:

—Siente cual es la capacidad, el atributo, el consejo o virtud que ese "tú" en la pantalla necesita para transformar su sensación, su emoción, su manera de percibir el hecho. Recuerda que requiere algo que le libere, que le haga cambiar, sanar. —Transcurridos unos instantes, volvió a decir:

—Ahora puntualiza la escena, haz consciente cada detalle, la disposición de los objetos, los ruidos que se producen, la luminosidad, es de día o de noche, observa el ambiente y las personas que están allí. —Después hizo una pausa—. Cuando estés viendo la escena, entra sutilmente dentro de ella y, de acuerdo a los detalles divisados, conéctate con la situación, observa los mismos, escucha los ruidos, siente tu cuerpo allí. Y cuando sientas que estás integrado y asociado al hecho, cambia la escena, vive el suceso con tu nueva percepción, tu nueva visión, tu nueva capacidad, tus nuevas sensaciones. —Cielo permaneció un momento callada y luego dijo:

—Percibe de otra manera, una que te haga sentir en paz, deja que tu corazón ordene y suéltate a sus órdenes. Transforma la escena, si puedes hacerlo, si no, siente y acepta con respeto lo sucedido. — Conforme Cielo hablaba, Rita iba realizando el ejercicio, ella entró en su escena con la firme intención de manifestarle a su niña lo que había surgido el día anterior en la tarima. Pretendía decirle a la niña que ella la protegería, la cuidaría de que nada malo le ocurriera, le daría amor, la abrazaría. Rita se acercó a la niña y le habló dulcemente:

—Hola, mi niña —la pequeña giró a mirarla. Rita sintió

en su mirada un gran odio, tanto que consiguió atemorizarla, era la misma mirada que había visto en el espejo aquella noche que huyó espantada a su habitación. Rita se armó de valor e insistió en arrimarse, mientras le decía suavemente:

— ¿Me recuerdas? ¿Cómo es que te llamas? —procurando ganarse su confianza. La niña modificó un poco su mirada al escucharla, aunque con su rostro todavía contenido, le contestó:

—Daisy —Rita se confundió, esperaba oír su nombre, pero al instante recordó que así le decían sus hermanas desde el día que supieron que ese era su nombre en inglés, un hecho que le disgustaba, y sus hermanas al saberlo lo hacían para provocarla cuando discutían y peleaban. De niña creía que era un insulto, hasta un día que Esmeralda le dijo la verdad. No obstante, la siguieron llamando así durante mucho tiempo, por costumbre, luego en la adolescencia una amiga la empezó a llamar Rita, a ella le gustó y lo adoptó.

Rita continuó con sus intenciones y se acercó más a la pequeña y porfió en hablarle:

—Yo me llamo Margarita como tú, nos llamamos igual.

—Sí ya. Esmeralda me explicó lo de mi nombre.

—¿Sabes quién soy yo? —Daisy le lanzó una mirada aniquiladora y contestó bruscamente:

—No—Una negativa con ánimo de ofenderla, pues en su fuero interno le lucía conocida.

—Yo soy tú misma, mayor. — Entonces Daisy retrocedió unos pasos y la contempló de arriba abajo. Un acto que hizo sentir incómoda a Rita. Daisy la escaneaba con sus ojos. Se alejó lento y dando pasos atrás hasta que la pared la detuvo, aquella misma a la que ella le lanzaba los correazos minutos antes, y entonces dijo elevando su voz:

—No, no, no, eso no puede ser, no.

—Entiendo que esto te parezca extraño —Rita debió tomar aire para disipar el impacto de sus gestos y palabras —, a lo mejor te parezco un fantasma, la verdad es que he venido porque necesitamos conversar, perdóname por aparecer de esta forma. Sé que tienes rabia y te sientes desprotegida, yo vengo a cuidarte, defenderte y decirte que ya nunca más estarás sola o abandonada, nadie te podrá hacer más daño. Estoy aquí para brindarte mi amor y protección, permíteme abrazarte —así que Rita le extendió las manos, aunque la niña permaneció inmóvil contra la pared. Su ceño se frunció al igual que su boca y luego dijo:

—No eres yo, no puede ser, tú eres gorda y yo soy flaca, eres chiquita y yo voy a ser alta, eres fea y yo voy a ser bella, y ese pelo ensortijado no me gusta, yo no quiero ser tú. — Rita hizo esfuerzos ingentes para retener los inmensos deseos de llorar, tragó saliva para evitarlo; sin embargo, fue justó lo que sucedió, al seguir escuchando la niña:

—Lárgate, lárgate —Rita, entre sollozos, acato decir:

—Dame otra oportunidad, por favor, te lo suplico. —La niña se quebrantó al escuchar a Rita, se quedó callada y cavilando por un corto periodo y con su misma expresión de disgusto, le preguntó:

— ¿En qué trabajas?

—Soy tesorera en un colegio, vivo en una ciudad grande, estoy casada y tengo…

Daisy interrumpió bruscamente.

— ¿Ves? No eres yo, yo voy a ser una ejecutiva adinerada, tendré un maletín de negocios, me visto con una falda corta de color gris y un saco del mismo color y con una blusa rosa de seda, voy a ser alta y delgada y tendré un carro Jeep con capota. —Escuchando a Daisy, Rita fue recordando la imagen con la que soñaba desde pequeña. Entendió la decepción de la niña y procuró tranquilizarse para seguir hablándole, y con una lágrima a medio camino, le habló:

—Te entiendo, sé que es difícil para ti, pero es cierto.

—No, no es verdad —dijo recia Daisy y le dio la espalda. Siguió dando correazos a la pared con ahínco. Rita no supo qué hacer, y de pronto le surgió una idea para persuadirla de su actitud y le dijo con voz firme y entusiasmada:

—Tengo una hija muy linda, es delgada, alta, tiene el cabello liso, es hermosa y la amo. —La voz se le rompió un tanto. Daisy se giró lentamente al escucharla y pareció interesarse, soltó la correa que tenía en sus manos y le preguntó:

— ¿Cómo se llama?

—Se llama Sofía. ¿Te gusta ese nombre? —A la pequeña se le iluminó el rostro y enterneció. "¡Bien!", se dijo Rita.

—Me gusta, es bonito. —Rita se esperanzó, dio unos pasos hacia ella. La tomó entre sus brazos y la recostó en su pecho y le dijo:

—Nunca más sufrirás, yo te protegeré y cuidaré, igual que a Sofía, soy buena madre. — Luego se agachó y se puso a su altura para observarla. Daisy continuó preguntando:

—¿Y cómo es su padre? —Rita supuso que se refería a Efrén y se tensionó, debía decirle algo que la entusiasmara, pero no podía recordar que soñaba sobre un hombre en su infancia, entonces prefirió empezar por lo físico.

—Él es delgado y alto.

—¿Te quiere? —Rita gagueando dijo:

—Sí, sí, sí, claro.

—¿Te pega? —Rita sintió una estocada dentro de sí que no lograba descifrar exactamente. Observó a Daisy, quien ahora tenía ojos de inocencia, estaba esperando una respuesta. Las palabras desaparecieron, la parálisis se apoderó de Rita y, sin más, la pequeña se alejó y retornó a la pared; aunque esta vez se acurrucó y empezó a dibujar con sus dedos en el suelo polvoriento. Rita reaccionó unos minutos después, se le acercó y le dijo:

—Ven conmigo, yo te cuidaré —Daisy la miró y le dijo:

—Tengo que cuidar a mis hermanas del monstruo, además tú no puedes protegerme. —Rita se desesperó, tratando de hallar algo para persuadir a Daisy. La impotencia la desnudó por completo y sus ojos se hicieron eco de su derrota, sendas lágrimas bañaban sus mejillas.

De pronto sintió la presencia de alguien detrás, por su cabeza, que le puso unos pañuelitos desechables en sus manos. Ella continuó con los ojos cerrados, pero había abandonado la escena del televisor, su presencia estaba en el recinto del seminario. Empezó a escuchar un ruido que no identificaba con claridad, permaneció allí llorando e intentando explicar lo que había experimentado. Pasados unos minutos, abrió los ojos, agarró su bolso, se levantó, pidió permiso a cada persona de su fila y salió al baño. Se lavó la cara, se detalló en el espejo, supo que la niña tenía razón, era gorda y fea. Procuró encontrar una respuesta sobre lo que había pasado, se miró unos instantes y percibió el mismo disgusto de Daisy al contemplar su figura. Se volvió a echar agua en su cara, luego se retocó el maquillaje.

Cuando entró al recinto, escuchó la voz tenue de Cielo decir:

—Por último, empieza a liberarte de tu dolor, el que subyace en tu interior y que tanto tiempo te ha acompañado, libérate de su presencia, suelta la pena, la rabia, el disgusto, el miedo, tu victimismo. Siente como el dolor se desvanece y se integra a todo tu ser, déjalo diluir, deja de luchar con este, permítele que se disuelva, que se integre a tu mundo, ya lo reconoces. —Mientras, Rita se sentaba y probaba retomar su escena y practicar lo que Cielo decía, una intención que se quedó en eso. Unos minutos más tarde, Cielo reaparecía, diciendo:

—Siente, ¿cuál ha sido tu responsabilidad en aquello que te lastimó?, ¿para qué has continuado sufriendo con el suceso? ¿Para qué lo has estado evitando?, ¿qué estas evitando? ¿Qué hubiese ocurrido si lo hubieras sanado antes? Ubícate dentro de ti, siente la respuesta, sin juzgarte, en absoluto respeto. —Cielo permaneció en silencio unos minutos y después habló:

—En la plena consciencia, comprende a las personas que intervinieron en tu escena, perdónalos, son unos actores que han representado el papel que tú les has asignado. Perdónate si es necesario. Siente cómo te liberas de aquello y, a medida que te liberas, agradeces por lo que has aprendido. El hecho te ha convertido en un mejor ser humano. Toma aire y siente que te llenas de un infinito amor, te sientes pleno y completo—Cielo hizo una pausa larga. Luego, dijo:

—Empieza a mover despacio tu cuerpo y abre los ojos cuando lo desees. Estás aquí.

Las luces fueron encendiéndose, la gente paulatinamente se incorporó, igual que Rita. Se escucharon murmullos. Al momento Cielo dijo:

—Bienvenidos a este mundo —y sonreía con dulzura, luego esperó un minuto y volvió a hablar:

—Saber la verdad es doloroso, precisamente es la explicación para que perseverara escondido, es la manera de auto protegerte. Tal vez no estabas preparado para sentir este padecimiento en otro tiempo, o a lo mejor tu vida hubiese corrido algún peligro o tu estabilidad mental. Cuando estabas listo, descubriste este seminario. Es probable que tuvieras que hacer muchos esfuerzos para estar aquí, pero lo conseguiste, tu corazón te trajo. Por esto mismo, no te esfuerces si algo crees que quedó faltando, cuando estés preparado, vendrá— Cielo guardó silencio un segundo. Tiempo que sirvió a Rita para entender que justamente lo último que Cielo había dicho era la respuesta que estaba necesitando; todavía no estaba preparada.

Luego se escuchó de nuevo la voz de Cielo decir:

—Vamos a tener poco tiempo para hacer preguntas. Lo lamento, los observé tan concentrados en el ejercicio que no quise interrumpir —entonces Cielo pidió a los asistentes que las preguntas fueran lo más concretas posibles. Varias personas levantaron la mano y de igual modo que el día anterior, Cielo concedió la palabra, en esta ocasión le correspondió a una mujer de mediana edad.

—Cielo, ayer vi en el televisor una escena similar a la de aquella mujer que subió al escenario. —Rita se estremeció al saber que estaba hablando de ella y se prestó a escuchar con atención a la dama —. Solo que mi escena, en lugar de una niña, era una mujer, o sea yo. La vi tirada en el suelo. Ayer en el ejercicio no lograba distinguir qué le acaecía, pero anoche, casi al instante de dormir, recordé que era un episodio que había sufrido a mis veintisiete años, con mi esposo -a la mujer se le quebrantó la voz y empezó a hablar de forma intermitente-. Había olvidado que él me había dado unos golpes aquel día. Anoche- no- pude- dormir —con- él, me fui al sofá. Hoy en la mañana, cuando lo vi, no podía evitar la ira, aunque también se mezclaba con un miedo terrible. Por esto, en la meditación, me fui directo a esa escena y ahí lo pude sentir dándome, él -me- lanzo- primero- un puñetazo- que- me -tiro -al -suelo -y -cuando -me -vio allí -me -mandó -un -par -de -patadas -que -me -lastimaron -intensamente, una fue al vientre y la otra al muslo —la mujer narraba entre sollozos el acontecimiento, un relato que Rita estaba percibiendo como propio—. Mi esposo estaba henchido de ira, en la escena conseguí observarlo a la cara mientras me pegaba, y en lugar de sentir rabia, me dio una lástima o pesar, no sé cómo calificarlo. Entre lo que cabe, lo bueno fue que dejé de tener miedo, ahora estoy perdida y quisiera que me "facilites", como tú dices, para terminar de reconocer esta verdad —Cielo le dijo:

—Mi querida señora, la felicito, la verdad ha salido, es solo cuestión de orden. Repite esta escena en tu casa cuantas veces sea necesaria, en diferentes días, hasta que dejes de sentir dolor. Cuando consideres que se ha ido, haz la siguiente pregunta: ¿A qué ha venido este hombre a mi vida? Trata de aprender de él lo que necesitas aprender, ya sé que esto suena insólito y aún más lo siguiente: tú lo has llamado a tu vida, tu esposo es un actor que ha cumplido un papel. ¡Cuidado con esto! y hago hincapié. No estoy diciendo que soportes o aguantes, únicamente que APRENDAS. Al contrario, si sigues aguantando es que no has aprendido, así de sencillo —estas palabras retumbaron en el interior de Rita como si se dirigieran a ella. La mujer volvió a intervenir diciendo:

—Me siento tremendamente decepcionada de mí misma, ¿cómo pude olvidar esto? Ahora sé que ha sucedido varias veces. ¿Qué me ha pasado? Me recrimino esto —la mujer se cubrió el rostro con sus manos y hundía su cabeza, el lamento sonaba con intensidad por el recinto, sus lágrimas expresaban lo que no pudo seguir diciendo en palabras.

—Querida, emocionalmente no estabas preparada para recordar, entonces, para protegerte, lo olvidaste, quizás tus hijos lo necesitaban. Por esta razón u otra, mandas el hecho al rincón más escondido de tu subconsciente. ¿Entiendes? Comprenderte es tu siguiente etapa. —Guardó un poco de silencio, mientras la mujer paraba de llorar. La dama levantó la cabeza y se dispuso a seguir escuchando. Un facilitador de fila, como siempre, estuvo a su lado. Cielo prosiguió:

—Te voy a decir algo, cariño, si caes en el papel de la víctima estás perdida. Por eso, primero hay que sacar el dolor, que es lo que estás haciendo, después, si notas que caes en el reproche constante, es debido a tu ego, que quiere seguir con idénticos hábitos emocionales, y el victimismo es uno de los peores, es una forma de rehuir. Sentirte víctima es precisamente lo que te ha mantenido en esta situación. Es indispensable que te responsabilices, haciéndote las preguntas que ya he mencionado. Éstas te facilitaran la sanación del hecho. Permanecer en un estado de conflicto por largo tiempo trae sus "retribuciones inconscientes"; representa que obtenemos unos "beneficios, otro de los motivos para que continúe guardado. Haciéndote cargo de aquello que te corresponde conseguirás transformar el suceso y percibirlo de una manera distinta; pero si te quedas anclada en el por qué, seguirás sintiéndote víctima, ¿estoy siendo clara, querida? —La mujer asintió con la cabeza. Cielo continúo con su explicación:

—Las mujeres que son maltratadas exhiben en su rostro un mensaje que dice: "Golpéame, necesito que me golpees" en sentido figurado, claro está. Ellas encuentran maridos que cumplen el mandato complementario al de la mujer; son hombres que están igualmente golpeados o lastimados. El hombre, ante el dolor, agrede, y la mujer se hace víctima, ambos embebidos en el mismo factor común: el desamor o una gran herida emocional.

Hombres y mujeres nos atraemos mutuamente porque tenemos polaridades opuestas (blanco-negro; positivo-negativo), cada uno carga una información complementaria que encaja a la perfección con la de su opuesto; de este modo funcionan sus conflictos, por eso están juntos. — Se escuchó un murmullo en la sala.

—Qué verdades las que dices —se escuchó la voz enérgica de un hombre expresar en la sala. Nadie supo de dónde venía, ni siquiera Cielo, quien continuó hablando:

—Es lo que estamos haciendo hoy, conectándonos con nuestro ser interior para que nos diga quiénes somos y así poder aceptar, perdonar si es necesario y luego transformar nuestra vida, eso significa evolucionar.

—Qué cierto es —dijo la mujer al lado de Rita. Sus miradas de complicidad se toparon. Mientras tanto, el público empezó a aplaudir entusiasmado durante mucho rato, después de esta última frase que parecía dar fin al seminario. Cielo se despidió y fue bajando del escenario hacia una mesa, donde empezó a firmar libros y autógrafos. Rita se acercó para despedirse y darle las gracias a Cielo, pero no lo consiguió. Se encontró con Clara, se dieron un abrazo sentido, Rita le dijo:

—Gracias, Clara, has cambiado mi vida, ha sido maravilloso —sus ojos estaban encharcados—. Nunca había llorado tanto, pero me siento feliz —ambas sonrieron.

—Yo no te he cambiado, tú has cambiado con la información que te he facilitado, pues la he dado a otras personas y no ha pasado absolutamente nada en ellas.

—Entonces gracias por dármela.

—De nada, a mí también un día alguien me la dio. —Repitieron el abrazo y se despidieron. Clara estaba ocupada—. Nos vemos mañana— le dijo Clara.

—Sí, por supuesto — entretanto Rita se alejaba para salir de la sala.

9. El camino

Al igual que cada mañana, Rita caminaba rumbo a su trabajo, un recorrido que había realizado durante una decena de años, pero que en las recientes semanas lucía transformado. Después de aquel seminario se sentía desbordada de vida, el aire frío de la mañana ya no le molestaba cuando le hurgaba el interior de su nariz, las flores eran su compañía, hasta podía saborear su aroma, los árboles la custodiaban y en su trayecto podía distinguir los submundos que habitaban en ellos; Rita observaba claramente sus diminutos pobladores, percibiendo lo sublime de la naturaleza en cada ser que se desplegaba, con cada uno de sus pasos. "Departía" con los pájaros, sus cánticos eran voces de amor y alegría. Finalmente, Rita se sentía acompañada. Ella se percibía integrada al ambiente y al fragmento que la cobijaba. Incluso los huecos en los andenes, en lugar de obstáculos, eran imperfecciones que le avisaban que transitara con cuidado.

Rita había empezado a ver a su hija más hermosa que nunca, cada mañana se ocupaba de observarla como si fuera la primera vez, reconocía no solo cuánto la amaba, sino los errores que había cometido en su educación, inclusive logró darse cuenta del odio que su hija albergaba hacia ella, algo que entendía; había sido una madre negligente, incapaz de darle amor e identificar las verdaderas necesidades maternas de Sofía, por eso la sobreprotegía, una condición de violencia y maltrato para cualquier hijo. En el presente estaba aprendiendo a ser madre y a amarla. "¿Cómo iba a amar a mi hija si yo no me amaba? Nadie puede dar lo que no tiene", se decía. En el presente estaba escuchándola activamente; Rita se concentraba con profundidad en lo que ella decía, buscando conectarse con su ser, la contemplaba con detención y no únicamente sus palabras eran importantes, además sus gestos y movimientos, que eran los que le ayudaban con certeza a comunicarse con su hija, y aunque Sofía ya había dado muestras de cambio importantes después de la cirugía -seguro debido al temor a perderla-, los determinantes se estaban produciendo en la actualidad. Ella estaba dándole cada gota de afecto que emergía de su interior, un amor que fluía sin saber su proceder, simplemente emanaba ante su presencia. Sofía la miraba de forma inusitada, aun así, parecía sentirse complacida. Ellas se dejaban absorber de tal manera en sus conversaciones, que algunas mañanas salían tarde a cumplir sus respectivas labores. En dichos coloquios, Rita se había enterado escuchando a Sofía que no tenía idea de qué quería estudiar, y entonces un día le dijo:

—Fíjate en las cosas que te gustan, lo que disfrutas.
—Sofía le expresó de modo sarcástico:

—Bailar y emborracharme —esto último le causó un cierto cimbronazo en el pecho de Rita. Sin embargo, reaccionó y le dijo:

—Entonces estudia danza.

—¿Estas bromeando, mamá? Aquí no hay escuelas de danza buenas, solo unos estúpidos sitios con unas vulgares clases. Además lo hago para divertirme, no me veo exhibiéndome o dando clases de eso. Mejor no hago nada y tú me mantienes.

—¿Estás segura que te quieres quedar aquí y que te mantenga toda la vida?

—No. No, ¡qué horror! Prefiero irme a la Patagonia o al Polo Norte —dijo Sofía.

—Entonces, si no sabes que te gusta, empieza por lo que no te gusta, escribe, haz una lista y por lo menos así vas descartando.

—Lo primero son las matemáticas, las odio.

—¿Ves? Ya tienes un punto en la lista.

—¿Sigues de charla, mamá?

—No. Es en serio. —Sofía se fue disponiendo para escuchar a su madre y luego le preguntó:

—Sí, está bien, hago la lista, ¿y luego qué? Seguiré sin tener idea de qué quiero estudiar. Ama, es que no me gusta nada.

—Mi amor, todas las personas nacimos para hacer algo, prestar un servicio a la humanidad, lo que hay que hacer para saberlo es pensar y sentir de qué manera.

—Pues vaya que es difícil.

—No te preocupes, que ya te vendrá, todavía tienes tiempo.

—Lo único que desearía es irme al extranjero, quiero conocer otras culturas, otras gentes, otro idioma. —Rita sintió un sofoco aquel día, la idea de perder de vista a su hija la espantó, aunque disimuló y le dijo:

—¿Ves que si hay cosas que quieres?

—También me gustan los gatos y los perros.

—Ya van tres cosas en la lista —ambas rieron.

En lugar de pensar por su hija, procuró cuestionarla de

tal modo que la condujera a buscar en su interior, en su corazón y tratar de despertarle sus sueños para que encontrara su camino profesional.

Rita asimismo pudo descubrir el papel que su hija Sofía había representado en la familia, ella era la que enfrentaba a Efrén, se había convertido en la defensora de ella, los roles se habían invertido, en vista de que Rita temía a su marido. Sofía desde muy niña se adjudicó el papel, era más valiente que su madre, en este asunto radicaba el mayor resentimiento y odio que sentía por Rita.

Ella se estaba apropiando de su papel para descargar a su hija de una responsabilidad que era suya, además necesitaba liberarse de su temor; poco a poco estaba aprendiendo a enfrentar a Efrén. Él estaba bastante desconcertado con el comportamiento de Rita, ella le había asignado unas labores dentro de la casa al igual que a Sofía. En un principio ambos se mostraron reticentes a hacerlas, pero en vista de que Rita no las hizo, entonces tuvieron que realizarlas. La hija debía hacer la limpieza del apartamento el fin de semana y su marido lavar la ropa, extenderla y plancharla, algo que Rita repudiaba hacer. Efrén debía dejar lavando la ropa en la mañana, llegar a extender en la noche y planchar el fin de semana, él expresaba una gran molestia cuando miraba a Rita, parecía querer partirla en dos, sin embargo, ella se mantenía firme y a la vez comprensiva; creía que cuando fuera un hábito para su esposo, se le pasaría.

En este mismo lapso había ido a las últimas sesiones de radioterapia, ya no tenía que volver, no obstante, debía continuar con chequeos rutinarios. Todavía sentía un reducido cansancio, algo que los médicos le decían que era normal. Razón por la cual decidió ingresar a unas sesiones de yoga, a las que asistía al concluir su jornada laboral, dos veces por semana, esto le estaba ayudando mucho, adicionalmente le contribuía a relajarse y darse cariño.

Pese a lo ocurrido, Rita sabía que aún había situaciones sin resolver. Su inquietud se centraba en particular en aquella niña, Daisy. Rita no había intentado volver a contactarse con ella después de dicha tarde en el seminario, entendía que requería permitir descansar el asunto para procesarlo, una postura apoyada también por Clara; estaban acaeciendo muchos cambios en su vida y era recomendable esperar hasta sentir una señal.

Rita ya casi llegaba al colegio, le faltaban unas dos calles, cuando de pronto detalló hacia su derecha y observó a Sara, "su mejor amiga", cruzando la calle, decidió esperarla y pensó, "Voy a aprovechar para conversar con ella, la tengo muy abandonada".

—Hola Rita, ¿cómo estás? —dijo Sara, un poco displicente.

—Hola Sara —se dieron un beso en la mejilla y prosiguieron el camino juntas.

—¿Qué haces por aquí? — le dijo Rita.

—Estaba recogiendo unos análisis de sangre.

—¿Te pasa algo?

—Sí, parece que se me está subiendo la presión. —Rita sintió un cosquilleo en su pecho ya que ella podría ayudarle, esto lo había escuchado en el seminario y quizás a Sara le sucediera lo mismo de aquel hombre —. Tengo mareos y fatiga desde hace como un mes.

—No sabía —dijo Rita.

—Lógico, como anda tan ocupada con su amiga Clara y has cambiado tanto conmigo. — "Qué he dicho", pensó Rita. Empero le permitió que se expresara, creyó que era lo oportuno —. No me llamas si yo no te llamo, así que como dejé de hacerlo, tú no lo haces—Sara sonaba agitada y turbada—. Antes hablábamos todos los días al mediodía y después del trabajo, ahora vas todo el tiempo con esa profesora y cuando te llamo me sacas disculpas, dices que luego me hablas y no lo haces. Para un buen entendedor pocas palabras bastan, ¿no crees? —Rita le contestó, con tono pausado:

—Siento bastante que te sientas de esta forma y me gustaría contar contigo y compartirte lo que me está pasando, pero he temido comentarte porque creo que no me vas a escuchar o me vas a criticar y que de pronto acabemos discutiendo y enojadas, ya que sé que tú no crees en este tipo de cosas.

—Más mal de lo que estamos no podemos estar —dijo Sara.

—Sí, tienes razón. Si algo es bueno para mí, te alegrarás por lo menos— dijo entusiasmada Rita, con la idea de que su amiga la escuchara o quizás, comprendiera y compartiera con ella este nuevo mundo.

—Suelta —dijo Sara. Ambas sonrieron. Mientras caminaban, Rita relató animadamente sus experiencias. Contaba cada detalle a su amiga. Tuvieron mucho tiempo para hablar, ya que prosiguieron al entrar al colegio y luego se sentaron en la oficina de Rita para continuar el diálogo, aprovecharon que el rector del colegio y jefe no estaba. Cuando Rita terminó de hablar, Sara le dijo:

—Hay ciertas cuestiones que no entiendo, aunque si esto te sana, me alegra por ti. Lo único es que sé que esto no es para mí.

—¿No? —dijo Rita, con cierta desilusión.

—Ya sabes cómo son mis creencias, las mismas que tú has compartido conmigo. Entiendo que tu angustia al sentir tu enfermedad te haya conducido a buscar alternativas y a alejarte de nuestra fe. Y como tu amiga, estoy en la obligación de advertirte y decirte que te cuides de los falsos profetas. Recuerda que hace un tiempo tus dudas te estaban alejando de Dios. Conjuntamente con Efrén, te aconsejamos que te aferraras a nuestro Señor y empezaste a hacer las novenas e ir a la iglesia y de nuevo te sentiste en paz. ¿No fue eso lo que me manifestaste? Me diste las gracias por ayudarte y me dijiste que te arrepentías de tus dudas y que otra vez te sentías con nuestro Señor.

—Sí, Sara. Eso te dije, solo que en esta oportunidad es distinto, me siento conectada con la naturaleza, profeso amor por mí y por los demás. Es como una dicha que jamás me habría imaginado apreciar.

—Rita, Rita, estás confundida, igual que antes.

—No. Estoy segura de haber encontrado otro mundo, otra manera de percibir la vida que nada tiene que ver con la religión.

—Amiga, recuerda que los falsos profetas te envuelven con palabras dulces, te alienan haciéndote creer que te quieren, te lavan el cerebro, y cuando menos lo piensas te han robado la mente y el dinero. No permitas que te cieguen, luego puede ser tarde. Debes cuidarte de la tal Cielo y de Clara, por supuesto. Recuerda que el demonio se engalana con traje de ángel. Esta señora, Cielo, puede ser el mismísimo diablo, ella cree que tiene poderes como Dios.

—No es así, Sara —repuso Rita, con algo de nerviosismo —. Siento no haberme explicado bien, es cuestión de traer una información del inconsciente al consciente, no hay nada de satánico, ni que se juzgue de esta manera, esa información está en todos y nos puede causar daño como a mí.

—Rita, ¿no ves acaso que te están sacando dinero? Los actos que son del Señor no se cobran. Entiende, por favor. Te están estafando. Te envuelven con bla bla bla.

—Rita, se sintió molesta con las palabras de Sara, no era la primera vez que insinuaba que era ingenua y cándida. Sintió que la creía "tonta" —. Creo que estás invalidando lo que te cuento porque simplemente estás celosas y no quieres escuchar nada que venga de Clara.

— ¿Cómo dices eso? —dijo Sara, mientras su ceño se fruncía. Se recostó en la silla y levantó su frente, asumió una postura que Rita ya conocía, claro que nunca la había dirigido hacia ella; la había escuchado discutir acaloradamente con otras personas y a pesar de que no era el blanco de su agresión en dichos incidentes, Rita saboreaba el amargo que sentían los demás cuando Sara se tornaba ofensiva.

Sara empezó a vociferar:

—Mira Rita, yo deseo que te sanes, lo que pasa es que eso no quiere decir que comparta lo que estás haciendo, ¿o esperas que te diga que sí y me quede callada?

—Anda, sigue expresando, solo que no me gusta que alces la voz cuando me hablas.

—Esa soy yo y tú me conoces, y si quieres que no te hable, mejor me voy —y en el acto se levantó de la silla y se dirigió a la puerta, entonces Rita le dijo:

—Es tu dolor el que habla—Sara volteó inmediatamente y le contesto furiosa:

—Esos cuentos son para ti, que eres una estúpida inocente. —Rita fingió no escuchar su ofensa y le dijo:

—Sé para qué estás enferma de la hipertensión—dijo Rita, procurando hacerla reaccionar.

—No me salgas con boberías, el único que tiene el poder de sanarnos es nuestro Señor. Ya te digo, no soy ingenua e insensata como tú. Hay muchos atracadores que se aprovechan de los tontos y de la debilidad ajena. ¿Es que no entiendes que te están estafando a través de tu enfermedad? Te inducen y luego te sacan dinero y hacen lo que quieren de ti. Es posible que te mejores, pero ¿qué digo?, si te has aliviado es por la radioterapia y los medicamentos. Ellos te hacen creer que son sus cuentos. Se hacen ricos a costa de los estúpidos.

— ¿Acaso las iglesias no hacen lo mismo? La gente necesita vivir de algo y hacen un trabajo —esto pareció enfurecer mayormente a Sara. Ahora vociferaba alto:

—Sí, pero no es charlatanería —ella continuó hacia la puerta y sujetó el picaporte. Rita dijo de modo irónico:

— ¿Nooooo? —Sara se giró en el acto, su rostro estaba enrojecido, apretó su boca y tenso su entrecejo. Entonces Rita, antes de sentir las consecuencias de su ira, le dijo:

—¿Ves por qué no te quería contar nada? —el cuestionamiento pareció tocar un nimio sentir dentro de su amiga. Y Sara dijo:

—Prefiero esta discusión a tus evasivas —Sara empezó a soltar algunas lágrimas. Su timbre se quebrantó entre cada palabra.

—En eso sí tienes razón —dijo Rita pausadamente. Entonces Sara soltó el picaporte, se devolvió un tanto y le dijo:

—Rita, yo te quiero mucho, pero no puedo colaborar con lo que estás haciendo, mis creencias no me lo permiten, por encima de Dios no puede haber nada, ningún ser humano, y tú estás mirando a estas mujeres como si lo estuvieran —la voz de Sara bajó de intensidad y se escuchó angustiada.

—No es así, Sara. Dime algo: ¿alguna vez tu fe o tus creencias te han hecho sentir como yo te he manifestado que me encuentro? —Rita habló moderada y firme.

—¡Por supuesto! —Sara retomó a su actitud defensiva y al tono enérgico—. Claro que sí. Soy feliz y me siento llena de amor por mí y el prójimo.

—Entonces, ¿por qué críticas y maldices a las personas sin conocerlas como lo haces con Clara y Cielo? —Rita se puso en actitud de ataque, una conducta desconocida para ambas.

—Me duele que defiendas a ese par de idiotas y en su

lugar me acuses a mí, que he sido tu amiga por tantos años y he estado contigo en las buenas y en las malas. Te he prestado dinero, te he cuidado en la enfermedad y a tu hija, te he ayudado estos meses con el trabajo, hasta te he hecho de comer, lo único que me ha faltado ha sido limpiarte la mierda del culo. Y ahora defiendes a esas y me acusas a mí. — Sara gritaba y lloraba al mismo tiempo. De inmediato, se giró violentamente y de nuevo se encaminó a la puerta, no sin antes gritarle:

—Eres una imbécil, hija de puta —salió, al mismo momento que lanzaba con vehemencia la puerta, en un golpe seco que hizo estremecer a Rita.

Ella se quedó pasmada y estupefacta por unos minutos, su cuerpo empezó a temblar, estaba pálida, al poco tiempo comenzó a sudar frío y se dijo: "¿Qué es esto? ¿Qué ha pasado? Se desplazó al dispensador de agua y bebió. No comprendía tanta ira y rabia. Hubiera pensado que estos sucesos en absoluto se presentarían, y menos con Sara; ella que estaba en el presente experimentando una nueva vida, llena de amor y tranquilidad y en total dicha con todo el mundo. Su mejor amiga, la que había sido durante diez años, le había insultado, la odiaba. Claro que ella también la estaba odiando, era una egoísta, no le había importado que ella estuviera sanándose. Qué decepcionada se sentía. Le podían más sus celos. Le había sacado a relucir íntegros los favores que algún día le había prestado y ella que pensaba que era por cariño. "Qué equivocada estaba al creer que Sara era mi amiga", recapacitaba.

Aprovechando el luminoso día, Clara y Rita salieron de paseo por el patio del colegio después de la comida, Rita le contaba el incidente sucedido con Sara aquella mañana, aunque no entró en los detalles acerca de la opinión que su amiga había emitido sobre Cielo y ella. Se limitó a expresarle sus sentimientos e inquietudes en cuanto a que creía no volvería a sentir rabia y odio hacia los demás, Clara le dijo al respecto:

—Son emociones perfectamente humanas, al contrario, hay que dejarlas salir, y recuerda que no hay nada malo o bueno, a veces necesitamos ser viscerales, simplemente expresar. Nada pasa, en cambio es un problema si se acumulan porque cuando menos te lo imaginas, erupcionan sin discriminación y pueden causar daño a uno mismo o a los que estén alrededor, tal vez siendo inocentes. Lo peor es no saber que están acumuladas, ya que se traducen en síntomas de alguna enfermedad.

—¿O sea que la ira no es mala o pecado como dice la religión?

—Como te digo, lo primero es expresarla cuando se siente. Hay que dejarla salir para que no se acumule, con el tiempo se aprende a canalizar y manifestarla sin causar daño. En las religiones y ciertos grupos espirituales transmiten la creencia de que la ira es pecado, mala o del demonio. En realidad lo maligno es no dejarla surgir. Si estamos sintiendo algo y actuamos en discordancia con ello, estamos en incoherencia. Por ejemplo, y para seguir con el tema religioso: asumamos que pertenecemos a un grupo de estos donde nos dicen que tenemos que vestirnos de cierta manera y nosotros obedecemos debido a que creemos en lo que nos dicen. Pero el traje no me agrada y me impongo (me miento) que me guste, la probabilidad mayor es que cada vez que me vista, profese una molestia que se va acumulando sin percibirlo, lo cual puede llegar a causar que adquiera una enfermedad en la piel. Otro ejemplo, nos dicen que el matrimonio es para el resto de la vida, razón por la que aguanto y me obligo perennemente a continuar con una relación conflictiva o donde no existe amor, almacenamos ira y resentimiento, es posible que adquiramos un cáncer, una piorrea, una artritis, etc. ¿Te das cuenta, Rita? —Clara se mantuvo por un minuto en silencio y luego prosiguió:

» Cierta vez leí algo que decía así: "Queremos ser como nos gustaría ser, no como somos". Ahí es donde está la incoherencia. Gran cantidad de enfermedades físicas y mentales se originan en la ira que recolectamos, al imponernos cuestiones que no queremos hacer; esto es lo que acontece en ciertas religiones, grupos espirituales o cualquier colectivo que imponga a los súbditos o afiliados normas arbitrarias. Algunos de ellos pretenden aplicar la manera de vivir de su maestro, creen que siendo como estos lograrán sus resultados. Desconocen que cada persona es un mundo, tenemos la bondad de ser únicos e irrepetibles, por fortuna. En la diversidad se genera el equilibrio de la vida, debido a esto poseemos características únicas como individuos. Sin embargo, queremos imponer lo que somos, creemos, sentimos o hacemos, a los otros, o lo contrario, negamos lo que somos y permitimos el dominio con imposiciones. Cuando esto sucede, entramos en el despropósito y aparece la enfermedad —Rita interrumpió delicadamente:

—Según lo que dices, ¿los grupos no son buenos?

—Recuerda que lo bueno o malo es un calificativo que nos quita la oportunidad de reconocer la incoherencia y sanar. Con respecto a tu pregunta, precisamente los grupos unen personas con objetivos afines o comunes y son necesarios debido a que somos seres sociales por naturaleza, la cooperación es conveniente para sobrevivir. El problema de las asociaciones surge cuando se pierde el respeto por el individuo y la diversidad. Los colectivos requieren flexibilidad y receptividad, abrirse al inmenso mar de las posibilidades y guiarse por la motivación y el pluralismo, sin seguir normativas arbitrarias y buscar a toda costa respuestas u objetivos rígidos.

—Qué interesante lo que me dices.

—Fíjate, Rita. Cuando en el grupo, en el trabajo o en la familia de la que hacemos parte, nos autorizamos a expresar lo que sentimos y pensamos, únicamente nos espera la salud y una menor cantidad de conflictos interpersonales. Si consideramos que aportamos, nos valoran y respetan por lo que somos, el resultado será la evolución personal y colectiva.

—Comprendo, Clara— Dijo Rita. Luego Clara prosiguió:

—Rita, así que el asunto es más bien de expresar y aprender a canalizarlo para sanar.

—Te pregunto, Clara: si la ira o el odio no son malos, ¿por qué las guerras si lo son? ¿O tampoco es mala la guerra?

—Las guerras vienen de ira acumulada precisamente, se alimentan del odio camuflado que albergan las personas que las provocan y de los que combaten.

—Ya entiendo.

—Observa, ¿quiénes participan en las guerras? La mayoría son hombres, y recuerda que ellos reaccionan con agresividad ante el dolor emocional. Un padecimiento no reconocido se convierte en ira y luego en odio. Y dicha emoción, recuerda, no reconocida, se exterioriza de cualquier manera. El masculino la expulsa confrontando y el femenino victimizándose. Por lo general, los hombres que van a las guerras se odian a ellos mismos, sufren un inmenso dolor, la batalla está dentro de sí y quizás los está matando. El mapa donde vives y el camino que recorres en tu mundo exterior es el mismo que habita en tu interior.

—¡Qué luz, Clara! Todo encaja y tiene una explicación,

nada es azar. Somos nosotros los seres humanos los que creamos lo que nos sucede.

—Eso que me dices me induce a cuestionar que la discusión que tuve con Sara esta mañana, ¿está dentro de mí? ¿Que yo estoy discutiendo conmigo misma y que me estoy odiando como siento que odio a Sara? — Clara se mantuvo callada por un instante y luego le preguntó:

—¿A quién quieres y odias al mismo tiempo? — Rita se quedó paralizada, sin palabras, no alcanzaba hallar una respuesta, a pesar de que quiso sentir, nada surgió. Clara miró fijamente a Rita, parecía esculcarla en lo más profundo. Rita supo que su interlocutora ya había obtenido la respuesta, aunque sabía que a ella era la que le correspondía descubrirla.

10. La verdad

Como todas las mañanas, notaba estremecer su cuerpo y a lo lejos alcanzaba a escuchar voces que creía se hallaban entre los límites de su mundo onírico y otro, completamente desconocido. Tardaba unos instantes en identificar el llamado del ajeno lugar que la reclamaba a comparecer con urgencia. Con ingentes esfuerzos conseguía entornar sus ventanas al nuevo mundo y de forma borrosa la primera cara que reparaba era la de una niña con su entrecejo encogido, que movía vertiginosamente no solo sus labios sino sus manos, sacudiéndola de manera exaltada, aunque ella no lograba a descifrar los sonidos hasta pasados unos segundos. De pronto, tal como cada alba, un tapón parecía saltar de sus oídos, y escuchó:

—Levántate, Daisy, mamá te lleva llamando horas — la escena la oía con excesivo volumen, mientras ella la seguía sacudiendo—. ¿Es que no escuchas? Maldita sea, siempre me mandan a mí a levantarte, cómo eres de complicada para despertar. Anda, arriba. Está tarde, ya estamos desayunando. Si no sales rápido me voy sin ti. — Esas últimas palabras hicieron erigir a Daisy y salir de inmediato del cariño de sus sábanas y comprender por completo en qué mundo se encontraba. Se puso de pie y se encaminó todavía mareada en dirección al baño, una vez allí cerró la puerta, se despojó de la bata de dormir, la colgó en un garfio sujeto a la puerta, luego se dirigió tímidamente a girar el grifo de la ducha, claro que más bien, en lugar de ducha, era un grueso tubo que se alargaba desde la pared hasta la mitad del ancho del rectangular habitáculo. Dicho tubo era generador de un chorro de tal calibre que motivaba las dudas de Daisy para bañarse cada mañana. La niña viró la llave y la abrió conocedora del aterido y robusto manantial de agua que recibiría, un flujo capaz de despertar al más perezoso koala, como le decía su hermana Carla, ella había aprendido en el colegio que era el animal más dormilón y les servía a todas para simbolizar el hecho de ducharse en tal baño. La niña se metió ante los consabidos lamentos, se retiró rápidamente, apenas sin mojarse. Se enjabonó su cuerpo por largo rato para solapar el frío de su cuerpo tembloroso; por fortuna, el tamaño del baño le permitía distanciarse lo suficiente del chorro; aquel sitio era casi de grande como su habitación, el suelo era de mortero y las paredes estaban revocadas y pintadas de cal, algo que recordaba muy bien, pues ella había colaborado a su padre pintando los muros, el techo estaba cubierto de cielo raso en madera, lo que la hacía sentir como si estuviera bañándose en su dormitorio. Y mientras se detenía en sus evocaciones, escuchó un resonante grito de Esmeralda, su hermana, diciendo:

—DAYSY, QUE SALGA, SALGA RÁPIDO.

Entonces se lanzó a la osada aventura. El impacto del chorro la despertó vívidamente y la empujó rauda a salir. En unos cuantos minutos estaba desayunando. El chocolate estaba tan caliente que le quemaba la lengua, menos mal la arepa estaba fría, así que se la engulló como pudo en su boca; su hermana estaba ya estampada en la puerta de salida esperándola, moviendo su pie derecho con insistencia, dándole las campanadas, Daisy observaba su actitud desde el comedor. Esmeralda la miraba de forma inquisidora y no le permitía otra opción que meterse forzosamente la comida, dejó la mitad de la taza de chocolate y salió presurosa, agarró su maleta y cuando se disponía a salir junto a su hermana, ella le dijo recriminándole:

—¿Y es que no te piensas cepillar los dientes? —Daisy suspiró y con un gesto de angustia, salió corriendo al baño, apenas se pasó el cepillo por la boca y de nuevo se alistó al lado de su hermana. A la distancia escucharon la voz de la madre diluyéndose:

—Que Dios las bendiga.

Aproximadamente a las diez de la mañana Daisy junto con Esmeralda estaban en un montículo de tierra que había en la escuela, desde allí ellas podían divisar hacia la calle e incluso dos esquinas alrededor de la escuela; estaban esperando a Carla, su hermana mayor, ella era la encargada de traerles la media-mañana. Carla estudiaba en la jornada de la tarde. Ella era una muchacha alegre y extrovertida, muy bondadosa, diligente, obediente y ayudaba bastante a Mercedes, su madre, en las diferentes labores domésticas, era la hermana mayor. Carla había cuidado de sus hermanas desde que eran bebés y mantenía pendiente de éstas. Su compañía era motivo de disputa entre las otras tres hermanas; ella las contagiaba de su buen humor, optimismo y comprensión. Las hermanas no entendían porque su padre estaba criticándola constantemente, aludía a su desorden y pereza para estudiar; él le revisaba a diario sus cuadernos de clase y manifestaba el descontento con sus resultados o calificaciones; la amenazaba con encerrarla en la casa si no rendía en los estudios.

Habían transcurrido unos minutos mientras esperaban y Daisy estaba empezando a desesperarse cuando Esmeralda expresó presurosa:

—Vamos, vamos, allá viene Carla —ellas bajaron velozmente a la puerta de entrada, era una puerta enmallada, compuesta de dos naves atadas por un grueso eslabón que estaba asegurado con un robusto e inmenso candado. Justo por donde atravesaban los eslabones, en la mitad de la puerta, había un espacio cuadrado por donde Carla les entregaba la media-mañana. Lo único era que dicho punto estaba congestionado como todos los días de niños que, como ellas, estaban recogiendo las viandas. Esmeralda iba delante de Daisy, era mayor para abrirse espacio entre la multitud. Su hermana apartaba niños con esfuerzo hasta agarrar de manos de Carla la media-mañana, como comúnmente sucedía. Luego se acercaba a Daisy que estaba retirada de la multitud.

Mercedes les había mandado aquella mañana una canequita con agua de panela, una bebida que según decía su madre les daba mucha energía, en la tapa de la caneca había puesto un envuelto en una bolsa de papel con dos arepas que llevaban encima un huevo frito. Esmeralda le suministró una a Daisy y ambas tomaron directamente de la caneca el agua de panela, seguían de pie comiendo presurosas. La comida le sentó bastante bien a Daisy, pues casi no había desayunado. Esmeralda le devolvió la caneca a Carla y ambas salieron corriendo con ánimo de ir a jugar con sus compañeros, cada una se dirigió por caminos distintos en busca de sus amigos y justo cuando Daisy los encontró, sonó la campana y con el sonido, la desilusión la acusó; ella por lo corriente, no alcanzaba a jugar en el patio con sus amigas.

En horas de la tarde Daisy estaba en el patio de su casa jugando con Sandra y Esmeralda. Sandra rozaba los seis años, era la pequeña, el siguiente año iría a la escuela, era la consentida de la familia; Daisy sentía un afecto especial por ella, había sido como su muñeca desde que nació, se llevaban tres años. Ella rememoraba patentemente el día que germinó a este mundo. Sandra nació en su casa, fue un día muy especial para Daisy, la vio tan diminuta que inmediatamente la asoció como su muñequita, ya tenía a quien cuidar y proteger.

Las hermanas jugaban con entusiasmo en aquel lugar, dicho patio era testigo de grandes historias, un escenario de diversas películas, sin lugar a dudas la mayormente disfrutada era la del oeste americano, ellas decoraban el sitio con artefactos prestados de la casa, como sábanas y mantas, además de ciertos residuos de las reformas que el padre habitualmente hacía en la casa, tomaban restos de madera o ladrillos para edificar las quimeras viviendas. Los bastones de las escobas eran sus caballos y construían los sombreros de hojas de periódico y los lucían orgullosas. Los maderos pequeños eran sus pistolas, las que amarraban de su cintura con lazos de cabuya. Ellas se abalanzaban unas con otras y caían al suelo, simulando golpes y muertes por disparos, emitían quejidos mientras caían lentamente al suelo. Se perseguían mutuamente con sus "caballos", enzarzadas en una correría que más que imaginario era sentido y vivido como una gran "película del oeste". Cuando estaban en lo divertido del juego, su madre las llamó con una voz que ellas solían asociar con angustia.

—Vengan a estudiar que ya casi viene su papá —se escuchó la voz de su madre, sonaba destemplada y ansiosa, una señal que hacía estremecer a Daisy y también a sus hermanas, según lo comentaban. Aquella voz era una alerta y según el timbre, ellas entendían que debían suspender el juego prestamente, aligerarse y correr, quizás su padre entraría en cualquier momento. Hoy, el acento de la madre sonaba de esta manera, así que las hermanas se miraron un tanto espantadas y partieron del patio lo más rápido que pudieron. Daisy sujetó a Sandra de la mano, ingresaron a la casa y subieron las escaleras ágilmente hacia la segunda planta. Esmeralda se apresuró a sentarse en el comedor, sacó los cuadernos de la maleta escolar y empezó a estudiar. Entretanto, Daisy le dijo a su hermana Sandra:

—Callada, no hagas ruido —no obstante, Sandra quería soltarse de Daisy y resistirse, forcejeando con ella y quejándose, Daisy trataba de convencerla, y le decía con voz suave en sus oídos:

—Papá ya viene, tienes que quedarte tranquila. —En ese instante sintieron las llaves del padre abriendo la puerta. En el acto, Sandra chilló y Daisy la soltó en un súbito movimiento reflejo; la combinación de simultáneos e impactantes sonidos le ocasionaron tal acción. Sandra bajó las escaleras corriendo, ante la impotencia y decepción de Daisy. El padre, además, entró hablando en tono elevado:

—¿Ya llegó Carla? —La entonación del padre indicaba que algo pasaba. Un sobresalto mayor inundó el pequeño cuerpo de Daisy. Ella cerró sus ojos con ímpetu al mismo tiempo que se mordía la boca, suspiró, su corazón latía demasiado de prisa y un terrible vibrar se adueñó de sus manos. Al unísono, se escuchó a Sandra decir jovialmente:

—¡Hola papasito! —dijo ajena a las sensaciones que se instalaban por la morada. Arturo no le respondió, a cambio siguió preguntando, claro que con un mayor ahínco:

—¿Que dónde está Carla? ¿No me oye? —parecía dirigirse a Mercedes.

—No está, todavía no es hora de que llegue —se escuchó la madre hablar con un tenue volumen. Con certeza algo sucedía, puesto que la rutina de parar de jugar, empezar a estudiar o esconderse de la vista de su padre y el mal genio de Arturo eran signos habituales, pero hoy, él exhibía una molestia adicional.

El retorno de su padre a la casa era un acontecimiento; usualmente venía malhumorado de su trabajo, razón por la cual Mercedes, desde muy pequeñas, las había instruido para guardar silencio y crear un ambiente perfecto para no dar motivos a la incomodidad o mayor enfado de Arturo. Su madre les decía que si no querían estudiar, se escondieran de la vista de su marido; Daisy acogía esta última, puesto que estudiar no era su actividad preferida, al contrario para Esmeralda sí que lo era. Aparte para ella estar arriba implicaba sentir una nimia seguridad; desde la segunda planta lograba controlar un poco la situación, podía escuchar la voz de su padre primero y de acuerdo a eso, bajaría en el acto -un hecho inusual- o esperaría hasta que la llamaran a comer, de lo último sí que era imposible salvarse. De tal modo que aplazaba al máximo para ver la cara de enojo de su padre que tanto temor le ocasionaba. Cuando el hombre llegaba, debían permanecer casi inmóviles, no sabían qué le podría molestar, cualquier insignificante suceso era un detonante y nadie quería ser el blanco de su despoje de furia. Para Daisy era una de las peores horas del día; aparte de su temor, percibía también el de sus hermanas, aunque lo insoportable era advertir el pánico de Mercedes. Deseaba que su padre no compareciera en la casa, un paliativo que experimentaba parcialmente el viernes; era el día de diversión de su padre. Él acostumbraba venir tarde, en la madrugada, incluso en ciertas oportunidades retornaba el domingo; por tanto Daisy y sus hermanas se relajaban, jugaban, se divertían, ellas comían lo que querían, no tenían que estudiar, podían ver televisión y se iban a dormir tarde. Mercedes les permitía hacer lo que quisieran. El jolgorio duraba hasta el retorno del padre o cuando el sueño les reclamaba, aunque ellas explotaban al límite la vigilia de dicho día. Cuando el momento de ir a la cama se acercaba, la madre empezaba a agitarse y preocuparse, por ende ellas también al percibirla. Se metían en la cama con la intranquilidad de Mercedes y la incertidumbre del arribo del padre. Arturo solía llegar a la madrugada, un instante en el que ellas pagaban tributo al jolgorio. Usualmente, las despertaba con un escándalo, que variaba dependiendo de la emoción que el alcohol le despertara el aludido día.

Daisy continuaba de pie, recostada sobre su hombro derecho contra el muro que sostenía las escaleras, desde allí escuchaba lo que estaba sucediendo y podía asomarse a la arista de la pared sin que la viera su padre, por si acaso se le ocurría subir. De esta manera, le alcanzaría el tiempo para desplazarse a su cama y tomar el cuaderno para simular que estudiaba, lo tenía preparado sobre su lecho.

Ella escuchaba los pasos de su padre paseándose por la sala. Mercedes en determinado momento le preguntó de manera pusilánime:

—¿Y qué es lo que pasa?

—Que es una mentirosa y sinvergüenza, me quería engañar. Sus calificaciones son pésimas. Ya verá lo que les ocurre a los mentirosos —dijo esto con un grotesco y estrepitoso tono, retumbando su voz por toda la casa y las tapias parecieron temblar como Daisy. Ella palideció de inmediato y sus manos empezaron a sudar frío. Arturo le tenía muy advertido a Carla las consecuencias de un mal resultado.

De pronto, Daisy advirtió que una persona se acercaba a la escalera, se acercó a la arista del muro y vio que Esmeralda subía; venía deslizándose recostada sobre dicha pared. Ella suspiró y se relajó míseramente al avistar una cómplice de sus temores. Su hermana también estaba con su rostro blanquecido y desfigurado. Daisy le musitó al tenerla de cara:

—¿Escuchaste? —al tiempo que la recibía en la cumbre de la escalera.

—Sí, sí. Parece que Carla le fue mal en el colegio —dijo Esmeralda, asimismo susurrando y tomando aire con cada palabra. Daisy le preguntó:

—¿Le va a pegar?

—No sé —los ojos de Esmeralda se arquearon ligeramente y se abrillantaron al responderle. Una señal que respondía la pregunta. Magnéticamente se aguaron los ojos de Daisy.

—Esperemos, sentémonos —dijo Esmeralda. Las dos se desplazaron adheridas por el hombro, se sentaron en la cama de Daisy, se agarraron por las manos, se fusionaron con su miedo. Era frecuente que cuando Esmeralda ostentaba temor, se aferrara a ella; un sinnúmero de noches se trasladaba a su cama, sería debido a que habían dormido en la misma cama hasta que Daisy tuvo cinco años; al menos eso creía.

Los minutos discurrían y el padre se escuchaba recorrer con desespero por la sala, a igual tiempo que proseguía denostando sobre Carla:

—Desgraciada, con el montón de dinero que gasto en ella; ese colegio carísimo y ella vagando. Es una mentirosa, dice que está estudiando y quién sabe qué es lo que hace —Cuando el padre dijo esto, Daisy y Esmeralda se miraron y los ojos de Daisy se brotaron como platos y dijo susurrando:

—¿Qué tal que supiera? Que se la pasa leyendo novelas, las tiene metidas dentro del cuaderno—hmmm—dijo Esmeralda, un tanto sorprendida.

Arturo seguía vociferando, por un instante se escuchó como si la madre se le acercara y se oyó de nuevo al padre:

—Quítese, no me joda. —Un gesto que ellas reconocían, el cual consistía en que Mercedes intentaba acariciarlo para tranquilizarle y, al contrario, el hombre se enfurecía mayormente. Se alcanzó a escuchar a la madre decir de modo timorato:

—Recuerda que Carla estuvo con gripe y no fue unos días a estudiar.

—Cállate, maldita sea, no solo eres bruta sino inocente, ¿qué estupideces dices? La engañará a usted que es tonta, a mí no. —Daisy sintió que su padre se desplazaba con celeridad y le lució como si se abalanzara violento hacia su madre, mientras la insultaba. Las niñas se cubrieron de inmediato sus ojos con sus respectivas manos y tensionaron su cuerpo, en espera de oír golpes. Las disculpas de Mercedes con frecuencia le sonaban a Arturo ofensivas. Cuando el caso se producía, él solía irse hacia ella y la amenazaba con el brazo derecho doblado, apoyado en su hombro izquierdo y con la mano empuñada; buscaba hacerla callar, en algunas oportunidades la empujaba y la estrujaba hasta conseguir silenciarla. En ocasiones, Daisy creía escuchar puñetazos, lo cual su madre negaba al preguntarle.

Luego, Esmeralda y Daisy de forma unánime se entrelazaron al escuchar los ruidos que emanaban de la planta baja, se sujetaron nerviosamente, era un conato de agresión. A continuación se miraron a los ojos, Daisy no sabía qué hacer, quería ir a rescatar a su madre, pero el miedo que la albergaba era mayor que el impulso; total, no podía hacer nada, por el contrario se arriesgaba a recibir un ultraje de Arturo. Y cuando esperaban el desenlace del hecho, Sandra irrumpió con un intenso llanto y Arturo frenó sus ímpetus. Ellas respiraron aliviadas. De pronto, se escuchó al padre decir bruscamente:

—Sírvame la comida. — Sandra suspendió su lamento y la madre no se volvió a escuchar, únicamente se sentía el ruido de la loza y los cubiertos, de igual modo el transitar de Mercedes desplazándose de la cocina al comedor. Daisy y Esmeralda se relajaron un mínimo, se desligaron, excepto por sus manos que siguieron unidas. Volvieron a acercarse y tensionarse al oír la voz de su madre, dirigiéndose a ellas:

—Esmeralda, Daisy, bajen a comer —dijo Mercedes con el aire contenido, intentando aparentar serenidad; Daisy lo percibió de esta manera, lo que alimentó su estado de intranquilidad y desasosiego. Los ojos de ellas se buscaron, las citadas palabras se clavaron como una punzada; estaban en una encrucijada, entre permanecer escondidas y convertirse en una posible diana de la ira de su padre al saber que no obedecían a la madre, o bajar a comer y tomar el riesgo no solo de verle, sino de actuar con la incertidumbre de que alguna acción o gesto de ellas significara el motivo de desfogue de Arturo. Sus ojos dialogaron lo que sus bocas no expresaron; no había más remedio, tendrían que bajar a comer.

Daisy siguió los pasos de Esmeralda mientras bajaban las escaleras, pero cuando se disponían a ingresar al comedor, Esmeralda se posó detrás de Daisy, ella quedó a expensas del juicio de su padre que estaba ya sentado comiendo en la esquina central de la mesa del comedor. Daisy hubiese querido en aquel instante ser invisible y que Arturo no se diera cuenta de que existía. Donde su padre la reparara y le viera un detalle que a él no le gustara, estaría perdida. No obstante, ella se cubrió de la escasa valentía que poseía y dijo con esfuerzo:

—Hola, papasito —consecutivamente, Esmeralda dijo lo idéntico. Ambas, con la cabeza agachada, se sentaron. Arturo casi que ni las reparó y contestó con la visión puesta en el plato:

—Buenas tardes —dijo con voz seca.

Ellas se sentaron una enseguida de la otra, Daisy tuvo que ubicarse al lado derecho de su padre, la mesa era rectangular, de seis puestos, la parte superior era para su padre, los demás se sentaban en cualquier sitio; Daisy se ubicó allí porque supuso que Esmeralda no quería situarse en dicho lugar. Enfrente de Daisy estaba sentada Sandra; la observó casi a través de las cejas y alcanzó a detallar que en su rostro se dibujaba un surco que bajaba de cada ojo, resaltado por los residuos polvorientos que seguramente habían maquillado su rostro en aquel juego del oeste y del que disfrutaban una hora antes. Una imagen que contrastaba con su cara alegre y la inocente sonrisa que se bosquejó en su rostro cuando las vio ubicarse y les dijo con efusividad:

—Son papas fritas —al tiempo que masticaba con la boca abierta y con sumo entusiasmo. En realidad esta comida era la preferida de ellas, no únicamente por las papas, además porque había arroz con huevo en sus platos. Ni Daysi ni Esmeralda mostraban mucho interés en la comida, estaban sobre alarmadas con la actitud de su padre.

Arturo masticaba sin contemplación y engullía con ansiedad. Esmeralda y ella fingían comer, lo hacían muy despacio, masticando intensamente cada bocado. De repente, su padre habló cuando estaba a punto de terminar su comida, diciendo:

—¿A qué hora es que viene esa bruta? —Las tres hijas dieron un pequeño brinco en su silla y se observaron consternadas, frenaron de comer y se pusieron erectas y tensas. Sin lugar a dudas, se refería a Carla. La madre respondió al instante:

—A las siete. —Entretanto, Mercedes se dirigía a sentarse en la mesa. Cuando la madre se presentó, el hombre se levantó rudamente de su sitio y se encaminó a la sala. Mercedes se sentó y las reparó con aquella mirada que les decía: "No se muevan, ni hablen nada", un lenguaje que Esmeralda y Daisy sabían traducir y que todavía Sandra no entendía; ella no paraba de hablar. Al momento, se escucharon las noticias en la radio y un locutor decir, "Son las seis y cuarenta y cinco de la tarde". Arturo había encendido el equipo de sonido con un alto volumen. Ellas giraron a observar de nuevo a la madre y detectaron dicho gesto cuando giraba el iris hacia arriba a la derecha, con los ojos perdidos y el rostro contenido, una mezcla de signos que sus hijas relacionaban con incertidumbre e impotencia, lo cual ellas leían como "quedan a merced de su papá". Arturo haría lo que quisiera aquella noche, sin la oposición de la madre; Mercedes ostentaba más miedo que ellas. Una impronta que entre las conversaciones nocturnas de las hermanas había salido cierta vez a la luz.

Daisy se fue a levantar del sitio con la comida sin terminar y en el acto su madre le lanzó un vistazo e indicó con su cabeza que debía de acabar. Afortunadamente, el padre no podía verlas, ya que Daisy replicó sacudiendo sus manos, Esmeralda la agarró por el brazo y la volvió a sentar. Daisy no quería comer más, no le pasaba. Decidió regalarle las papas fritas que le quedaban a Sandra y antes de que ella expresara su entusiasmo, Daisy, rauda, ubicó su dedo índice cruzando su boca, un gesto que si pareció entender. El resto del plato se lo vació a Esmeralda en el suyo. Mientras tanto la madre, de soslayo, echaba ojeadas a la sala, y aunque Arturo no había encendido la luz, Mercedes persistía en sus vistazos, completamente abstraída de lo que Daisy estaba haciendo.

Cuando terminaron de comer, Esmeralda recogió los platos de sus hermanas y fue a la cocina para lavarlos. Las otras permanecieron sentadas, excepto Sandra, que empezó a jugar debajo de la mesa. En las noticias se escuchó otra vez a un hombre decir, "Son las seis y cincuenta de la tarde".

El ambiente se tensó aún más, se acercaba la hora. Daisy quería salir corriendo y efectivamente así lo hizo y sin que su madre pudiera evitarlo, se encaminó veloz hacia la sala, aunque una vez allí ralentizó el paso, procurando no ser advertida por su padre. Pasó de puntillas y cuando se encausaba a subir las escaleras, oyó a su padre decir:

—¿A dónde crees que vas? — Daisy se quedó paralizada y tartamudeando le dijo:

—A.... a.... a.... a.... a leer.

—Tráigame café. —Ella volteó de inmediato, sintió un crujir en su corazón y pudo reparar que su padre estaba sentado en un sofá que se encontraba recostado junto al equipo de sonido, cubierto en la mitad de su rostro por un reflejo diagonal de la bombilla exterior. A Daisy, en este instante, Arturo le lució como un monstruo y una fuerte impresión la sacudió entera, y mientras ella se devolvía a la cocina, sus piernas empezaron a temblar, sentía un inmenso deseo de llorar, pero a cambio se tragaba las lágrimas saladas diluidas en su saliva. Si por asomo su padre la veía llorar, sería peor. Entonces, escuchó otra vez la voz de su padre, a su espalda, con sonoridad decir:

—¿Cómo se dice?

—Sí. Sí señor —contestó Daisy y siguió desplazándose a la cocina. Entró y buscó afanosamente el recipiente del café, por fortuna estaba preparado y caliente, únicamente tuvo que servirlo, tomó un pocillo y lo puso sobre un plato pequeño como su madre le había enseñado, atisbaba de perfil la mirada preocupada de Esmeralda. Cuando se disponía a ir a la sala, detalló el trayecto como un desafío "¿Cómo iré?"; se dijo. La luz estaba apagada, apenas se veía el reflejo de la cocina un metro adelante. "Y si de pronto riego el café. Dios mío, ayúdame", cavilaba. Esmeralda se le acercó con disimulo y le dijo murmurando:

—Ve despacio. —Daisy emprendió la marcha muy lentamente, el pocillo daba saltos, sus manos también, estaban tiritando y regaba con cada paso un poquito de café. Cuando le fue a entregar el pocillo a su padre y él extendía sus manos, le dijo:

— Te da miedito, ¿no? —en tono burlesco—. Entonces estudie para que no le ocurra lo mismo que le va a suceder a Carla. — Los ojos de Daisy se aguaron, en dicho instante pudo percatarse de que el humor de Arturo expedía olor a licor. Su padre estaba bebido. Lentamente se alejó de él, volteó ciento ochenta grados y cabizbaja le respondía:

—Sí señor —cuando llegó a la cocina sintió un gran alivio. Fingió que le ayudaba a Esmeralda a terminar de organizar la cocina. Daisy no sabía qué más hacer. De pronto se escuchó el locutor de la radio decir, después de un pitido intermitente: "Son las siete en punto", una frase que, al oírse, provocó que la madre se levantara del sitio y disimulando no comprender la intención de Arturo para sorprender a Carla con la luz apagada, se dirigió a la sala a encenderla, un acto que incitó la réplica de su marido, diciendo bruscamente:

—¿Para qué la prende? —ella dijo inocentemente:

—Voy a guardar la loza en el bife. —En efecto, Mercedes llevaba dos platos en la mano. Ellas entendieron el mensaje y pasaron a la sala cargando platos y cuando estaban en ese proceso, alguien tocó en la puerta de entrada. Quedaron estupefactas, excepto Sandra, quien corrió a abrir la puerta, Arturo se levantó presuroso del sofá. La hija pequeña abrió y se alcanzó a observar la figura de Carla. Sandra le dijo apenas la vio:

—Papá está bravo contigo —Carla venía sonriente como de costumbre, pero al escuchar a Sandra, en un instante sus labios se arquearon en dirección contraria, su rostro se deformó. Al segundo, Arturo estaba plantado enfrente de Carla, ella ya había dado un paso hacia adentro. Él la sujetó de modo recio por el brazo y la haló para acabar de entrarla, mientras que, con su otra mano, empujaba vigorosamente la puerta para cerrarla y luego le dijo desgañitado:

— ¿POR QUÉ NO ME DIJO QUE IBA A REPROBAR EL AÑO?

—No, no, no, yo no lo voy a a…—dijo Carla pusilánime.

—MENTIROSA —exclamó Arturo —, yo acabo de hablar con Simón, su director de grupo, él es mi amigo, ¿no lo sabía, verdad? — Carla abrió sus ojos aterrada. Arturo y su profesor se lo habían ocultado. Carla intentaba recostarse a la columna contigua a la puerta de entrada. Su rostro iba tomando un tono cadavérico a cada palabra de su padre. Su madre y las hermanas soltaron los platos encima del bife, Sandra permanecía cerca de Carla, observando atónita. Arturo soltó a su hija, se puso las manos en la cintura y sin perderla de vista, se desató el cinturón, lo enrolló del lado opuesto, dejando la hebilla en la punta, y de nuevo sujetó a Carla del brazo derecho, violentamente la jaló hacia la cocina. Ella empezó a resistirse, echando sus caderas hacia atrás, entretanto decía:

—No, no, no. —Pero Arturo no la escuchaba, entonces Carla empezó a gritar desesperada, al tiempo que su padre casi la arrastraba por el suelo y ella vociferaba:

—No papasito, no papasito, yo no voy a suspender el año —chillaba y rogaba —. Por favor, no me pegue —al mismo tiempo que Carla suplicaba, todas sus hermanas se hicieron eco del llanto y de sus alaridos y al unísono decían:

—No papasito, no le pegue, papá, no. —No obstante Arturo no las oía, estaba embebido en su ira, parecía poseído al igual que ellas, pero sus hijas por el pánico.

—Eres una maldita mentirosa —se escuchaba exclamar al padre. Carla trataba de oponer resistencia, pero la potencia de su padre era superior. Ella no tenía más recurso que gritar:

—Papasito no, por favor, le juro que yo voy a estudiar —los chillidos salían mezclados con gemidos que nunca sus hermanas le habían oído, sonidos desde su garganta que no parecían ser la voz de Carla. Mientras ella imploraba, el seguía exclamando:

—Maldita mentirosa, creías que me ibas a engañar— entretanto la llevaba a la cocina. Carla parecía colgar de su mano, con los pies arrastrados por el suelo. Cuando ya estuvieron en la cocina, Arturo soltó violentamente su primer correazo contra el cuerpo de su hija, sin soltar su brazo. Daisy, en el acto, se aferraba a Esmeralda y Sandra a la falda de su madre, las cuatro estaban plantadas en medio de la sala, observando la escena de la cocina. Daisy sentía cada lamento de su hermana en su cuerpo, los alaridos de pavor de Carla resonaban dentro de sí, con contundentes choques de dolor a su corazón.

Después del primer impetuoso correazo, vino el siguiente, y el siguiente. Daisy y Esmeralda se soltaron aterradas luego del segundo o tercer correazo, ellas se miraron y se fueron alejando paulatinamente, consternadas por la impotencia y presas del pánico, llorando y gritando sin saber qué hacer, diciéndose con los ojos caldosos y distorsionados por el pánico, "¿Quién nos salvara?, Dios mío, sálvanos". Daisy se fue dando pasos hacia atrás, de frente a la cocina, se sentía completamente desamparada y desprotegida, buscando alejarse de aquella pavorosa vista, pero la que paradójicamente no quería abandonar, se negaba a irse por solidaridad y amor por Carla. Entonces su espalda tropezó con una pared, hasta quedar incrustada en una esquina opuesta a la cocina, que daba con la ventana hacia la calle. Sus instintos la condujeron a la zona más lejana que halló, no obstante, desde donde contactaba con la escena. La madre asimismo lloraba angustiada y de pronto, cuando Arturo se disponía a darle el quinto o sexto correazo, Mercedes amagó a intervenir, intentó entrar a la cocina diciéndole apocadamente a Arturo:

—Ya no más. —Pero el hombre la observó furioso y le grito:

—Que también le pego —E hizo el gesto de venirse hacia Mercedes y a ellas. Fue ahí cuando Daisy chilló:

—Auxilio, socorro, alguien que nos ayude, por favor —decía—al tiempo que se desvanecía en aquella esquina, se tapó los oídos, cayó al suelo, metió su cabeza entre sus brazos, la puso encima de sus rodillas dobladas y se cubrió con la cortina de la ventana. Daisy se refugió tras las cortinas, fue la única forma que halló para esconderse y concebir una nimia protección, aunque dichas cortinas eran de un plástico transparente. La inocencia improvisó una falacia para salvarse del pavoroso escenario, fue su única aliada. La impotencia de no poder ayudar a su hermana contrarrestaba con el afán de protegerse; una paradoja de sensaciones que le causaban la más honda herida, un sufrimiento que en absoluto hubiera imaginado sentir.

Sandra se volvió a guarecer en las faldas de su madre cuando la vio regresar a la sala, Esmeralda se desplazó al otro extremo de Daisy, también se refugió tras las cortinas, solo que de su lugar no se alcanzaba a observar la cocina.

Daisy de vez en cuando levantaba su mirada, quería que sus ojos escaparan de aquella imagen y por instantes lo conseguía, empero sus oídos, no. Quería estar al lado de su hermana Carla, motivo por el cual no huía. Ella seguía escuchando las suplicas de Carla, pero su máxima compunción la sintió cuando alcanzó a observar que Carla se arrodillaba debilitada frente a su padre, juntó sus manos temblorosas intentando recostarlas a su nariz y logró emitir entre chillidos, estas palabras:

—Por favor, papasito, no me pegue más, por bondad, le prometo que voy a estudiar, no me pegue más, por piedad, le suplicó. —No obstante, su padre no se compadeció de la hija y continuaba lanzándole correazos a cualquier parte de su cuerpo y gritando acaloradamente:

—Eres una desvergonzada, maldita, maldita mentirosa, ahora sí suplica, pero no se acuerda cuando no estudia y miente. —Carla se desmoronó, clavo su cabeza al suelo, pareciendo querer proteger su rostro de los azotes. Entretanto, Daisy sentía que la extenuación la invadía, ya no salían los gritos de su boca, la única constancia que le quedaba de su sufrir eran las lágrimas que salían sin cesar. De pronto, volvió a levantar su cabeza cuando los azotes parecían amainar y observó que su padre estaba cansándose e iba mermando su frenesí y al mismo tiempo que el ímpetu de Arturo se desvanecía, el padecimiento se iba depositando en cada lugar de la morada y en cada mujer que la habitaba, en algunas para siempre.

Daisy era todavía muy pequeña y tanta pena no le cabía dentro, lo que había sentido era insoportable, ella perdió la dimensión de aquello y no alcanzó a escuchar los últimos correazos, su capacidad de dolor estaba colmada. Por un momento, empezó a sentir desmoronarse, sin aliento, no supo cuánto tiempo transcurrió hasta que su padre se detuvo de dar correazos. Sintió agitación y se armó del último arresto que le quedaba para levantar su cabeza, de modo traslucido divisó a Mercedes intentando recoger a Carla, que estaba desvanecida en el suelo. Arturo se puso lentamente la correa en su cintura, mientras decía con escasez de aire:

—Aprenda, nunca jamás me volverá a mentir, ya sabe lo que le espera si pierde el año, será mi esclava.

En el acto al oír que su padre paraba de golpear, Esmeralda salió de su "escondite", miró a Daisy y le giró levemente su cabeza a la derecha, una señal que ella advirtió como si fuera un interruptor de encendido, se erigió y tomó a Sandra de la mano, que se encontraba como perdida en medio de la sala. Las tres hermanas subieron las escaleras sostenidas contra la pared, atemorizadas. Sandra agarró por la cintura a Daisy y se colgó de ella, subieron en puntillas, sin decir ni una palabra. Expeditas se cepillaron los dientes y cada una se metió en su respectiva cama. Las tres continuaban sollozando, los espasmos respiratorios originaban un reprimido sonido que emitía la olida tristeza en la inmensa habitación, ellas hacían infructuosos sacrificios por evitar el ruido. Daisy se pasaba la funda de la almohada cada vez que sentía la cara mojada. Ella se cubrió la cabeza con la cobija, su cuerpo seguía temblando, se puso en posición fetal, procurando sentir calor, sus pulmones se sacudían a su entera voluntad; se esmeraba para asir el aire que le faltaba, pero en el mencionado recinto se prodigaba su carencia, ya que alcanzaba a escuchar igual ánimo por tomarlo en sus dos hermanas. Sandra lucía bastante consternada, Daisy sintió por instantes el impulso de abalanzarse a su lado para calmarla con su abrazo, aunque le duró solo eso; la tristeza la poseía de tal forma que la abstraía de sus propios sentimientos.

Dicha habitación era enorme, dormían las cuatro, cada una tenía su cama, la primera junto a la puerta de entrada era la de Carla, la segunda era la de Daisy, la siguiente de Esmeralda y la última, la más cercana al baño, era la de Sandra. Los minutos absorbieron los sollozos y segundo a segundo les fue devolviendo el aire. Por la mejilla de Daisy ya solo se desprendía alguna que otra lágrima, la hinchazón de sus párpados le pesaba, atrayéndola al mundo del sueño. De repente, cuando estaba a punto de dormirse, se escucharon pisadas por las escaleras, al instante, los sistemas de alerta de Daisy retornaron; al momento supo que era su madre, que acompañaba a Carla hasta la habitación. Su hermana se desplazó pesadamente desde el umbral a su cama. Daisy, cuando sintió que su hermana estaba cerca de su lecho, a punto de acostarse, decidió descubrir sus ojos, quería observar en qué estado se encontraba. La alcanzó a ver parcialmente, debido al reflejo de la bombilla de las escaleras, no diáfana, pero sí lo suficiente; ella venía con la cabeza agachada, pese a ello, Daisy reparó su rostro desfigurado. El ojo derecho estaba cerrado por completo, cubierto por el párpado, estaba hinchado al igual que el pómulo, y la mejilla del mismo perfil estaba señalada con un pico que dibujaba la punta de la hebilla de la correa de su padre, en un filo de color carmesí. La impresión de aquel rostro provocó un intenso y acorde gemido en las hermanas; el movimiento de Daisy lo habían emulado Esmeralda y Sandra, al unísono ellas volvieron a emitir lamentos. Carla, al oírlas, alzó su cabeza veloz y turbada, mirándolas, les dijo "Shhhhhh", procuró sonreírles, con una engañosa mueca. Después les musitó:

—Yo estoy bien. —Inmediatamente se oyeron los

pasos de su padre subir por las escaleras, una pisada que Daisy identificaba con precisión, al igual que sus hermanas. Ellas contuvieron su llanto y la respiración, se quedaron mudas. Carla se acostó de un salto, Daisy cubrió su cabeza en el acto y se tapó la boca con la otra mano. Cada caminar del padre subiendo las escaleras era como puertas que desnudaban su fragilidad e indefensión. La niña estaba expedita a merced de su padre, estaba aterrada y paralizada, el tiritar retornó. Favorablemente, Arturo siguió de largo a su cuarto, el cual estaba del lado derecho contiguo a las escaleras. Daisy abrigó un leve alivio, aunque debía continuar reprimiendo al máximo sus emociones, era cuestión de supervivencia. En aquel instante decidió mandarlas a un rincón extremo de su mente, al igual que lo vivido la aciaga noche. Las guardó en el último anaquel del ático de su subconsciente, asegurándolas en complicidad con el sueño que le esperaba; buscando que el estreno del día bautizara lo sucedido como una cruel pesadilla. Mientras el sueño profundo la dispensaba, Daisy se prometió con rabia nunca más volver a llorar.

Entretanto, Margarita estaba plantada enfrente de aquella escena cuando Daisy se refugió tras las cortinas, ella no la resistió en su sofá, cayó desmoronada al suelo, fijó su frente al tapete de la habitación con las rodillas encogidas y los brazos unidos por las manos, protegiendo su cabeza. Se inclinó en señal de impotencia y de un exasperante dolor que vaciaba con un incontinente y clamoroso gemido. Rita se hallaba en el cuarto del huésped de su casa, contigua a sus aposentos, se había sentado en un sofá reclinable, el cual se había permitido comprar con la intención de descansar cuando llegara de su trabajo y quizás hacer la siesta mientras veía la televisión; como era de figura pequeña, quedaba precisa.

Rita, dicha noche, trasladó el sofá para la mencionada habitación, notó que era perfecto para repetir el ejercicio que tenía pendiente desde el seminario con Cielo.

La citada noche sintió que era la adecuada para culminar el ejercicio; era viernes, suponía que su esposo estaría en la madrugada, al igual que Sofía, ésta le había avisado que iría a una fiesta. Además, después de la pregunta que Clara le había hecho, se encontraba bastante inquieta. Ella preparó, como los facilitadores en el seminario, un vaso de agua y pañuelitos desechables a mano, precisamente los que en el instante demandaba.

Rita estaba condolida, estaba experimentando cada detalle de la escena tal cual lo percibía Daisy. Perdió el sentido cronológico, su ropa de dormir absorbió su sentir, cada lágrima arrojada era un guijarro que soltaba, aliviando el peso que la acorazaba por dentro. Rita había encontrado la llave que abría el anaquel donde Daisy había escondido la insoportable tristeza y la impotencia de aquella aciaga noche. Casi treinta años residían sepultadas tan amargas emociones. Rita se estaba concediendo descargar tal sufrimiento, el que acarreaba por un montón de años sin saberlo, abrió las puertas y se soltó a merced de Daisy.

Continuó reviviendo cada secuencia hasta que compareció el acto donde la niña se dormía. Levantó de modo sutil su cabeza, los mocos colgaban de su nariz en tiras que la unían al tapete, la cara estaba completamente mojada, al igual que su ropa de dormir, sacó su mano y tomó los pañuelitos que estaban en el brazo del sofá, se limpió el rostro, apartando algunos mechones de cabello adheridos a este, y sonó su nariz, bebió un sorbo de agua y se sentó sobre el tapete. Luego de unos minutos, se levantó y se reclinó otra vez en el sofá, respiró profundo hasta sentirse tranquila, cerró sus ojos, se concentró otra vez en la escena y prosiguió.

Rita se reconectó con su "habitación de la sanación", la misma que construyó en el seminario, encendió el televisor y divisó su niña dormida, luego retrocedió la escena al acto cuando la pequeña estaba tras las cortinas y, tal como aprendió, ingresó en la imagen para trascender el suceso y sanarlo. El citado momento era sin duda el más doloroso, donde Daisy se sintió más impotente, más indefensa, desprotegida y a voluntad del monstruo, como lo bautizó esa noche cuando le pidió café.

Daisy se encontraba recogida en la esquina tras las cortinas; Rita reparó con mayor detalle las susodichas, eran de plástico transparente, acababan en una cenefa de diminutas flores color rosa, las cuales a lo largo de la cortina volvían a aparecer de modo ocasional. Ella se aproximó a un metro de distancia y le dijo:

—Estoy aquí, vengo a protegerte, estoy contigo, nada malo te pasara. — Daisy de ipso facto alzó su cabeza, la observó todavía con su mirada de angustia y terror, pero al instante la transformó por una de ilusión. Rita circuló para acercarse, tendiéndole sus manos, y Daisy sin pensarlo se le arrojó encima y la aferró vigorosamente por la cintura, Rita se agachó a su altura, se acurrucó, abrió sus piernas para asir la niña contra sí y las dos se sumieron en un abrazo que las hizo estremecer intensamente. La pequeña la sujetaba por el cuello tal garrapata, estaba temblando. Rita le dijo con vigor, a pesar de las lágrimas que asomaban por sus ojos:

—Ya, ya, mi niña, estoy contigo, estás a salvo, ya pasó —mientras le sobaba con dulzura las manos por su espalda repetidas veces y la apretaba con ahínco entre sus piernas. Entre sollozos la niña le dijo:

—¡Por fin! Alguien me escuchó, Dios si existe, te mandó a protegernos.

Rita no entendió lo último y le contestó:

—Sí, así es, mi pequeña, ¡vamos! Te llevo a la cama—se

puso de pie e hizo el intento de agarrarla para alzarla con sus brazos, sin embargo, la niña se resistió y le dijo:

—No, no, ¿y mis hermanas? No, ¡tienes que salvarlas a ellas también! Por favor—y de nuevo empezó a desesperarse. Rita un tanto desconcertada le dijo:

—No puedo, solo puedo ayudarte a ti.

—Ayuda a Carla, por favor, rescátala, te lo suplico—Daisy se anegaba en lágrimas, Rita percibió su sentir, pero sin embargo respondió:

—Solo puedo salvarte a ti. Tú eres mi niña.

—¿Y entonces a qué has venido? —le preguntó Daisy con contundencia, empero a sus lamentos.

—Por ti.

—Eres una cobarde, ¿cómo crees que me vas a salvar a mí y no a mis hermanas? Yo no me iré sin ellas o... ¿es que tienes miedo? —Cuando Daisy expresó dichas palabras, Rita comprendió que la niña estaba diciéndole la verdad. Tenía miedo, necesitaba enfrentar al monstruo, a parte, la niña no se iría sin sus hermanas. Rita sentía un idéntico pánico al de Daisy, entonces le respondió:

—Sí, tengo miedo de Arturo, pero por ti lo voy a afrontar. —La niña se regocijó de inmediato. Ella sujetó a la niña de la mano y la recostó contra la pared, cerca de la escalera.

—Quédate aquí. —Daisy asintió con la cabeza y se dispuso a observar a Rita. La pequeña se quedó en vilo entre una simbiosis de temor y sosiego al mismo tiempo.

Rita tomó aire, empezó a caminar hacia la cocina, sus piernas empezaron a desobedecerle al contemplar el castigo que Arturo le estaba infringiendo a Carla. Él parecía estar poseído por el demonio. A Rita le sudaban intensamente sus manos, su corazón palpitaba con tal ímpetu que retumbaba cual tambor dentro de sus oídos y cada pisada que daba era como si se dirigiera al mismo infierno, tan solo la separaban unos cuantos metros. Los deseos de llorar eran inmensos, y cuando el pánico se estaba apropiando de ella, recordó a Daisy y giró a verla, al reparar sus ojitos llenos de inocencia y temor, pensó, "¿Quién más la va a defender? Yo soy la única opción que tiene". De manera que prosiguió hacia la cocina. "Dios mío, Dios mío, dame valor", se decía mientras se acercaba. Colmó de aire sus pulmones y un instante antes de llegar, observó que Carla se arrodillaba tambaleante, procurando unir sus temblorosas manos cerca de su nariz, un símbolo que no conseguía realizar del todo, dada su perturbación y los azotes que recibía. Con su voz consternada se le alcanzó a entender sus suplicas, le pedía piedad a su padre y al momento que Arturo se disponía a mandar su siguiente correazo, Rita se plantó en la puerta de la cocina y sin Arturo percibir su presencia, ella abrió la boca y dijo:

—Detente. —Arturo dudó por un instante de soltar el correazo, pero dejó caer su brazo y el golpe hizo cimbrar el cuerpo de Carla, al igual que el de Rita. La hija alcanzó a bajar su cabeza y cubrir su rostro de la flagelación. Este azote conjugó la valentía y el coraje de Rita y con una seguridad impropia de ella, expresó con voz osada y firme al ver que Arturo se disponía a lanzar el siguiente golpe:

—Que te detengas, te digo. —Al pronunciar aquellas palabras, su padre se viró con prontitud hacia Rita. Ella pudo ver sus ojos llenos de ira, salidos de sí, unos ojos que conocía y la anegaban de tanto miedo. Eran iguales a los vistos en el espejo y que la habían hecho correr de pánico, una mirada poseída por el odio, lucia como la del mismísimo diablo. Quiso correr igual que la mencionada noche, no obstante, sus pies desobedecieron, era como si estuviera pegada del suelo, ya era tarde, no tenía más opción y se dijo, "Ahora sí, estoy muerta, me va a matar". Y cuando el pavor la estaba poseyendo por completo, volvió a recordar a Daisy; la niña estaba ahí, viéndola, ella era su heroína, no le podía fallar. Rita disfrazó su miedo para cubrirlo de valor y con un fingido tono de sosiego -sabía que de su tranquilidad dependía su vida-, le dijo, mirándolo profundamente a los ojos:

—No le pegues. —Arturo la miró atónito y desconcertado. En este momento Rita comprendió; Arturo odiaba a su propia madre, en verdad estaba vengándose de ella, él la castigaba a través de sus hijas y esposa, se desquitaba del maltrato que la abuela Juana le había infringido. En el acto, Rita se quedó perpleja al recordar que su abuela se llamaba igual que su suegra. "Dios mío", se dijo. A posteriori se ocuparía de comprender esto. La prioridad sin demora era salvar a su niña. Y saber qué información obligaba a su padre a maltratar a su familia era vital para enfrentarlo. Un nivel de consciencia que le otorgó cierto control sobre la situación. De modo que, ante los ojos estupefactos de su padre, ella le dijo:

—Carla es tu hija, no tu madre, es a tu madre a la que quieres castigar, ella es la mentirosa, es Juana. —La cabeza del hombre inmediatamente empezó a reverberar en muestra de un desconcierto total, el peso de la mano que estaba alistándose para su siguiente azote se debilitó, enseguida bajó el brazo, si bien el cinturón seguía enrollado en la mano. Retrocedió tambaleándose y se dejó caer en una banca que estaba junto a la puerta que daba a la salida del patio de la casa. Carla salió escabullida, tal animal que escapa del cazador, en un reflejo instintivo que provocó el olvido de su maltrecho y herido cuerpo. Sus hermanas la esperaban en la sala y la recibieron con un abrazo, las cuatro se entrelazaron en medio de la sala, unidas en el desfallecimiento y solidaridad filial. Rita giró levemente su cara para observarlas, sin perder de vista a Arturo, y se confortó al verlas. Mercedes se quedó desconcertada por unos segundos, luego reaccionó, se aproximó a sus hijas y les dijo susurrando:

—Suban, suban y acuéstense rápido. —Ellas obedecieron, y cuando se disponían a subir, Daisy miró a Rita con una ligera sonrisa plasmada en sus hinchados y rojizos ojos. Al instante se unió a sus hermanas para subir la escalera. Mercedes se encaminó a la cocina y le dijo a su esposo:

—Querido, ¿te pasa algo? ¿Quieres agua? —El hombre seguía atolondrado. Mercedes se le acercó y le acarició su cabeza, luego le suministró un vaso con agua. Rita al ver la actitud de su madre sintió gran coraje y asco. Al mismo tiempo entendió que era suficiente para una noche y decidió retirarse, además, estaba agotada.

En un exiguo lapso adquirió conciencia de dónde estaba, respiró varias veces hondamente y alcanzó un nimio sosiego. Rita se advirtió de nuevo en la habitación del huésped de su casa, sentada en aquel sofá reclinable. Recordó que era viernes, eso creía, hasta que abrió sus ojos y observó en su reloj que eran las cinco de la mañana ya del sábado.

Reparó el reflejo azul de la luz matutina entrando por las rendijas de los ojales de la cortina, se levantó del sofá, fue rauda a su habitación para cerciorarse si Efrén estaba en la cama. No estaba, por suerte, pensó. Puso el despertador, se acostó, necesitaba dormir urgente, debía de ir a trabajar a las ocho de la mañana, un pedido que ocasionalmente le solicitaba el director del colegio. Su cama estaba helada, tardó en dormirse.

En la mañana Rita se hallaba como si hubiera ido de fiesta la noche anterior, las ojeras le delataban su estado, hasta tal punto que el director le pidió que se marchara a casa. Rita llegó a su apartamento y se recostó junto a su marido que todavía dormía. Ella estuvo en la cama durante el resto del día.

Un leve ruido la despertó, sintió marchas apresuradas por el corredor del apartamento, de inmediato, escuchó a su hija hablar con otras chicas, se levantó, su esposo no estaba, fue al baño y luego a saludar a su hija y sus amigas que estaban estudiando juntas en el comedor. Sofía, enseguida de saludarla, le preguntó:

—¿Te encuentras bien, mamá?

—Sí, es tan solo sueño, no dormí bien anoche.

—Papá fue a casa de la abuela, dijo que vendría tarde.

—Gracias, hija —Rita sintió que algo insólito pasaba, era inusual que Efrén avisara que llegaría tarde.

Eran como las siete de la tarde, Rita se disponía a servir la cena cuando el teléfono repicó, lo tomó en la extensión que tenía en la cocina:

—Hola, buenas tardes.

—Hola —dijo Rita con entusiasmo, al escuchar la voz de Sandra.

—Hace días que no me hablas, ¿cómo sigues? —dijo Sandra.

—Yo muy bien, fui hace unos días a la última radioterapia, me hacen unas pruebas la otra semana, voy a estar bien, no te preocupes.

—Pues sí que me agrada escucharlo.

—Me has leído la mente, estaba terminando de preparar la cena, para llamarte.

—¿De verdad?

—Si con alguien quería hablar hoy, era contigo.

—Dime, de qué quieres hablarme, o si quieres más tarde, después de que comas.

—No, no. Ya puedo. Fíjate que ya recordé la escena que me dijiste la última vez que hablamos.

—¿Sí?

—Fue muy cruel, pero sabes que hubo otra más tremenda que creo cambió nuestras vidas perennemente. A ver si tú la recuerdas y la repasamos, yo creo haber visto y sentido todo, aunque se me escape uno que otro pormenor. Puede ser extenso, ¿sí tienes tiempo?

—Tranquila. La niña ya está dormida y mi marido está de viaje.

—Bien. Se trata de aquel día que papá azotó a Carla porque le mintió sobre sus calificaciones, ¿recuerdas?

—Vagamente. Recuerdo que también le pegó en la cocina como a ti por lo del libro. Como que era su sala de castigo, la cocina, ¿será porque le gusta tanto comer? —ambas rieron.

—Claro, seguro. ¿Y qué otro asunto recuerdas, Sandra?

—No mucho.

—¿Acaso no recuerdas a Carla arrodillada suplicando a papá que no le pegara?

Sandra permaneció en silencio por un momento y Rita la escuchó sollozar.

—No lo recuerdo bien — dijo con la voz entrecortada —. Pero puedo sentirlo —expresó con la boca aguada —Y yo, ¿qué hice?

—Estabas sujeta a la falda de mamá, detrás de ella, gritabas y llorabas. —A Rita se le aguaban los ojos y las dos gimotearon por un lapso, luego Sandra dijo:

—¿Sabes? Voy a hacer una meditación para revivir esto, a lo mejor es lo que todavía me mantiene llena de rabia y rencor con mis padres.

—Solo ten en cuenta un detalle que creo te servirá para perdonarlos: pude ver que papá nos castigaba en virtud del deseo de venganza hacia su madre; ella lo maltrató, él la odiaba, pero como ya sabes, no podía dirigirlo hacia ella. Tanto las creencias como el miedo le impidieron revelarlo y materializarlo, entonces lo desfogaba contra nosotras y mamá. Al ser mujeres, su inconsciente nos relacionaba con su madre, ten en cuenta además, que él solo tuvo hermanos varones. Nosotras le representamos a nuestra abuela.

—¿Eso crees de verdad? lo que es, es un hijo de puta maltratador, cobarde. —En otra ocasión, Rita se hubiera abalanzado en defensa de su padre y mínimo, un reproche a Sandra seria el testigo ante su falta de respeto. Al contrario, en esta oportunidad, la entendía. Ambas estaban sollozando. Pasado un buen rato, Sandra rompió el silencio.

—¿Has hablado con Carla y Esmeralda sobre esto?

—No. Esto apenas sucedió anoche, quería hablarlo contigo primero, además, no sé si están preparadas o consideren que es importante para sus vidas.

—Sí. Fíjate—dijo Sandra—. Carla cree que papá es perfecto, hace de cuenta que nada pasó. Ella es como un apéndice de nuestros padres. Si es vecina, vive contigua a ellos. Esmeralda igual, vive a menos de dos kilómetros, va caminando y se la pasa metida con sus hijos allí. Las dos viven ahí pegadas, dependientes, ¿por algo será?, ¿no?

—Por lo propio no sé si les diga— dijo Rita.

—Seguro que no lo quieren recordar, y si lo hacen, terminarán justificando todo.

—Por ahora estoy ocupada de mí y mi salud—dijo Margarita.

—¿Será que ellas tendrán que enfermarse como tú para darse cuenta?... Perdona Rita, ¿te dolió? —dijo Sandra, procurando subsanar su impertinencia.

—Algo, pero dices toda la verdad— Rita finalmente comprendía a su hermana.

—Perdona, perdona —dijo Sandra.

—Duele, pero es real. Si no me hubiera dado cáncer, no hubiera sanado el dolor emocional que llevaba dentro y el daño que este hecho me ha causado, ¡bendita enfermedad!

—Pues sí, así es, Rita. Gracias a ti y tu enfermedad, yo también podré sanar mi odio y resentimiento, entonces tienes razón —y recalcó—: ¡Bendita enfermedad!

—Cuando hagas tu meditación me comentas. Ahora debo de colgar o si no voy a cenar a la medianoche.

—Sí, por supuesto. Me siento bienaventurada por ser tu hermana y por tu sanación.

—Gracias, hermanita—dijo Rita y luego le dijo:

—Te quiero mucho. Besos —Y se despidieron amorosamente.

11. La reconciliación

Finalmente, había llegado el momento esperado por Rita desde los últimos dos meses: la cita con Cielo. Se desplazaba en un taxi en dirección al encuentro, un camino que aprovechaba para repasar lo que le diría a Cielo, al tiempo que contemplaba el paisaje. Las imágenes que observaba daban luz a sus disertaciones, trayéndole los recuerdos que le permitirían expresar sus inquietudes en la consulta. Casi una existencia comparecida en tan corto periodo, había nacido y repetido de nuevo poco menos su existencia, aunque ahora con una percepción e interpretación distinta. La vida le había dado una nueva oportunidad y pensaba aprovecharla al máximo. De manera que era prioritario que Cielo le facilitara para consumar el rescate de su niña interior.

Rita echaba de menos que Clara la acompañara aquella tarde, ellas estaban un tanto alejadas. Clara en los precedentes días estaba un poco ocupada en exámenes, según le había expresado, pero pese a sus argumentos, Rita creía que algo adicional sucedía; especulaba con que tal vez Clara se quería alejar para que no dependiera demasiado de ella. En las dos últimas semanas tan solo dos veces se produjo su habitual conversación en el comedor. En la primera oportunidad le comentó de la escena donde liberó a Daisy de tras las cortinas, un suceso que descubrió había dividido su existencia en dos, así se lo expresó a Clara. A lo sumo, ella le recomendó rescatar su niña de aquella morada e integrarla en su vida actual, lo que equivaldría a sanar con los recuerdos que aún pernoctaban en las paredes de ese sitio, de la niña e igualmente de sí misma. Una sugerencia que Rita todavía no lograba acometer; se quedaba dormida o alguna interrupción lo evitaba, hasta el punto de que Rita concluyó que aún le faltaba preparación.

La segunda ocasión que se reunió con Clara, fue unos días antes, ella estaba andando por el patio del colegio vigilando los alumnos. Rita la vio y se le acercó e intercambiaron unas breves palabras. Le comentó que las pruebas médicas habían salido limpias, que estaba completamente sana. Clara le dio un abrazo y juntas se alborozaron como locas de alegría ante las miradas perplejas de alumnos y compañeros. Era a la primera persona que se lo comentaba, gracias a que en dicho momento estaba regresando de su consulta con el oncólogo. Cuando fueron a despedirse, Clara le expresó que no podía ir con ella a la cita con Cielo.

Rita también había compartido con sus compañeros de oficina la noticia de sus exámenes médicos y hasta Sara la había abrazado, una formalidad circunstancial dado que en lo subsiguiente continuó igual de distante. Rita comprendió que su antigua amistad había terminado, pese a esto, por lo menos ahora, se saludaban. El director del colegio, en homenaje a la salud de Rita, invitó a comer pizza, y todos los compañeros de oficina almorzaron juntos en la mesa de reuniones para celebrar la bienaventuranza, había sido un convite muy agradable.

Con Sofía y Efrén también lo habían festejado a la hora de la cena. Rita compró la comida en un restaurante japonés y durante la noche, antes de empezar, les compartió la buena nueva. Sofía gritó de júbilo y se abalanzó a los brazos de Rita como cualquier chiquilla de cinco años, y luego saltaba con los brazos arriba como si celebrara un gol del Atlético Nacional, ambas estaban eufóricas. Sofía les confesó en dicha velada todos los miedos que sentía de perder a Rita. Le agradeció que fuera su madre y por ser lo que era, celebraron entre risas, lágrimas, palabras y comida.

De pronto una voz grave le interrumpió sus remembranzas:

—Este es el lugar, señora —se escuchó al taxista decirle. Unas palabras que la hicieron reaccionar de súbito, buscó el dinero en su bolso rápidamente, sin atinar donde estaba la billetera. Ella acostumbraba tener el dinero listo en sus manos antes de arribar, aunque en esta ocasión estaba tan entretenida en sus disertaciones que la había tomado de improviso. Rita esculcó y desordenó su bolso con prisa, avergonzada al ver al hombre esperando, reunió en monedas sueltas el dinero al no hallar su cartera. De inmediato le entregó al conductor el dinero, el hombre constriñó su rostro al ver la menuda y entonces Rita le dijo con dulzura:

—Discúlpeme, venía un poco distraída y no encontré mi billetera —le expresó esto, mientras se iba bajando del vehículo y se situaba al pie de su ventanilla. El hombre al escuchar sus palabras, dibujó una sonrisa en su rostro y le contestó:

—No se preocupe, las monedas también son dinero. El taxista se marchó y Rita se quedó plantada en el mismo lugar buscando un poco asustada la billetera. Cuando iba a proceder a vaciar su bolso, la halló dentro de su escarcela y respiró aliviada. "¿Qué será que últimamente se me extravían las cosas?", se dijo. Entró con apuro al edificio y subió al ascensor.

Cielo la saludó efusivamente y le preguntó:

—¿Y Clara?

—Me dijo que no podía venir—contestó Rita.

—Sí, obvio, con eso de su madre. — Ella se sintió un tanto desconcertada al oír las palabras venidas de Cielo, pero al momento comprendió con la siguiente frase:

—¿No sabías? Su madre se está muriendo. — Rita se sintió incomoda y molesta consigo misma; no se había enterado de lo que le pasaba a Clara, estaba tan sumida en sus asuntos que nunca le preguntó nada íntimo, hasta el punto de que creía que Clara debía ostentar una vida perfecta; ni tan siquiera sabía que su madre estaba viva. Sintió tal vergüenza al admitir su ignorancia sobre el asunto que prefirió decir a Cielo:

—¿Y cómo sigue?

—Grave, muy grave. La madre prefiere morirse a cambiar. La mujer está joven todavía, pero el cáncer la está consumiendo, sin remedio. La única que puede hacer algo es ella misma. O quizás ya es su tiempo, nunca se sabe. — Rita no se había preguntado hasta ese minuto lo que ahora le surgía. Aprovechó para pronunciar su inquietud a Cielo, aparte, buscaba evadir la conversación sobre Clara, entonces dijo:

—¿Cuándo es el tiempo de morirse?

—Rita, el cuándo no es lo relevante, es el cómo, aunque para responderte, yo creo que la naturaleza nos llama a todos por vejez y/o deterioro. La madre de Clara está sufriendo mucho y su cuerpo está bastante maltrecho, pese a que no cumple todavía los sesenta años.

—¿Y qué hacer en estos casos? —Rita no tuvo más remedio que retomar a la conversación que quería evitar.

Ellas conversaban mientras se dirigían a la habitación, la misma de la vez anterior.

—Compasión y comprensión sin implicación.

—Pero si tú sabes que la puedes ayudar, como debe ser el caso de Clara, ¿por qué no ofrecerle nuestra ayuda?

—Sí, pero a menos que la persona te lo solicite y tú de corazón sientas que eres capaz de colaborar. Fíjate que cuando dicen que "el maestro llega cuando el discípulo está preparado", es una frase que confirmo a diario, lo he comprobado a lo largo de mi vida; de alguna forma sus existencias se encuentran y se produce la conexión. Me imagino que igual te sucedió con Clara. No es cuestión de cercanía, ni familiaridad, ni amistad, es simplemente como un "clic".

Podemos incluso vivir durante años con esa persona, quererla, amarla, como el caso de Clara, y no poder hacer nada por ella. Para que exista la conexión debe haber un emisor y un receptor que emita o esté en igual frecuencia; es como una emisora de radio, únicamente la escuchas cuando sintonizas su dial, de lo contrario no. Si la persona está en otra frecuencia no nos escucha, en cambio, el emisor, que eres tú, sufre un desgaste y quizás resulte lastimado, en especial si estamos tratando con un ser querido —Cielo mantuvo un breve silencio, entretanto se sentaban y luego prosiguió:

—Al contrario, si existe la conexión, lo cual se siente en el acto, entonces podemos hacer la labor de facilitar, procurando tener una mente pura, sin juzgar e identificarnos. Asimismo, recuerda Rita que si la situación se está presentando cerca de nuestra vida y te afecta de algún modo, es que tiene que ver con nosotros directamente. En consecuencia, el aprendizaje está servido en la mesa.

—Te entiendo, pero es muy difícil ver el sufrimiento de los seres que amamos, viéndolos consumirse sabiendo que existe una manera de que se salven y no hacer o decir nada —expresó Rita.

—El dolor es inevitable y eso sí que tiene que ver con nosotros. El dolor es parte del lenguaje de nuestro inconsciente. Un idioma inteligible si hacemos caso omiso y seguimos aferrados a éste sin reconocer lo que traduce. Lo anterior, es lo que da lugar al sufrimiento. Entonces, las personas empiezan a navegar en mares de victimismo, una forma de manipular y perder de vista la sanación —expresaba Cielo. Luego continúo:

—El victimismo es premiado en este mundo y el que despierta lástima recibe estimulo; sin embargo, es uno de los principales obstáculos para evolucionar. Si somos capaces de comprender que los que sufren son personas apegadas, con algún bloqueo o programa emocional o creencia, estaremos prestando una gran colaboración. También, si nos hacemos conscientes que hay que transmutar la lástima por la compasión. La compasión transmite fortaleza y ánimo, en cambio la lastima, debilita, incapacita y empequeñece. Requerimos saber que la identificación con las miserias y carencias de los otros son las propias, que aún, no reconocemos. Las proyectamos empaquetadas en forma de pesar y pena. Si dejamos de ver el sufrimiento ajeno y nos concentramos en el nuestro, ayudaremos grandemente al bienestar social y de paso nos sanamos ¿No crees Rita que esto es una extraordinaria ayuda y aporte?

—Y entonces, ¿no debemos ayudar a los demás? —preguntó Rita.

—Sí. Yo cambiaría en todo caso la palabra ayuda por solidaridad. Ayuda me suena con lástima y sentirse superior. De todas formas, lo importante es la intención, el para qué y hasta cuándo. Si aporto dinero u otra cosa para sentirme superior, por pena o manipular o sanar mis culpas, y, por si fuera poco, lo niego y aseguro que es por bondad, el resultado obtenido será correspondiente con la intención. Me explico: si yo le colaboro a alguien con la intención de controlarlo y luego digo que lo hago para ayudarlo, cuando esa persona no se deje controlar, me siento víctima y es cuando aparece la frase: "Miren cómo me paga, después de todo lo que la he ayudado". ¿Acaso no has escuchado esto, Rita? —Ella asintió con su cabeza—. Los gobiernos pregonan que ayudan a las víctimas, la gente da limosna a los pobres, no obstante, en realidad la mayoría de las veces hay una sombra en dichos hechos.

—¿Qué es la sombra?

—La sombra es un aspecto de nuestra vida que nos negamos a admitir, usualmente, debido a una creencia que detiene su reconocimiento. Ésta suscita que atraigamos con asiduidad contextos que nos evidencian lo no admitido.

—Y si resulta que ayudamos y sabemos la verdadera intención, así sea para controlar o manipular, ¿qué pasa?

—Que hay congruencia y coherencia con lo que sentimos y ya, eso es lo que somos, no nos enfermamos y nos sentimos en paz. Sí reconocemos la intención: somos responsables, procesamos y generamos fluidez. A saber, si no nos gustan nuestras intenciones, podemos cambiarlas o aceptarlas, si es el caso. Nadie consigue modificar lo que desconoce. En suma, evolucionamos.

— ¿Y qué intención puede haber con cuidar a tu madre enferma, más que amor?

—¡Cuidado con eso, Rita!, nos engañamos de modo sutil con lo que llamamos "amor". Según nuestro grado de evolución, le damos ese nombre; se da el caso de que lo que denominamos como "amor" puede ser necesidad, obsesión, capricho, protección, culpa, miedo encubierto, etc. Si yo voy a cuidar a mi madre enferma y lo hago por obligación, por culpa o porque los demás no piensen que soy una mala hija, entonces la enferma podré ser yo y es factible que muera antes que ella. ¡Escúchame, Rita!, cuidar a nuestros padres cuando están viejos es naturaleza y gratitud. El conflicto es que si yo creo que lo estoy haciendo con amor cuando la verdadera intención es otra, esa negación me genera una contradicción que me involuciona, me enferma o me ancla al sufrimiento. Por el contrario, si soy sensata y reconozco la genuina emoción que me induce a comportarme de esa manera, como, por ejemplo, la culpa; surgen soluciones alternativas. Cuando reconozco, me expando y soy receptiva, creo un estado de conexión con el Universo, Dios o como lo llamemos. En dicho estado es cuando surge una persona que la cuide, la posibilidad de llevarla a un lugar especializado, etc. De este modo, aprendo del suceso y puedo sanar con ella. Y si es del caso, seguir cuidándola; siempre y cuando no implique laceraciones trascendentales en mi vida. Habida cuenta de esto, la experiencia será una circunstancia completamente distinta.

—Con lo que me dices me queda muy claro lo de ayudar a los demás. ¿Sabes, Cielo? Es que la que fue mi mejor amiga está enferma y me muerdo la lengua para no decirle qué es lo que le origina su enfermedad, pero creo que ella no quiere escuchar, algo le insinué y ni se intrigó, a cambio se enojó.

—¿Y después, te ha preguntado algo? Si se molesta es una señal.

—No, nada.

—Rita, eso quiere decir que está en otra frecuencia, ella seguirá sin escuchar, le hablarás a la pared. La señal es que te pregunte o se interese. ¿Acaso no pasó así contigo?

—Sí, yo abordé a Clara, ulterior a que ella me dijera: "La enfermedad no existe", y esa frase me movió por dentro.

—Eso es, le dices una frase o una palabra a ver si la persona se inquieta, se mueve, pero si tú le sueltas lo que sabes o has aprendido o sientes sin que la persona dé una señal, vas a generar el efecto de rechazo; la persona coge miedo de hablarnos, huye, te odia o se distancia. En cuyo contexto, más bien, hay que pensar qué es lo que te afecta de lo que le pasa al otro y así el hecho nos enseña.

—Sí, tienes razón, Cielo —Rita comprendió que algo había pendiente de aprender en lo sucedido entre Sara y ella.

—Lo que sí necesitamos hacer por los demás y por nosotros mismos es dejar de alimentar el victimismo, es el peor enemigo de la responsabilidad y la concienciación.

—Raudamente Rita vislumbró que el victimismo era lo que ataba a su hermana Sandra al resentimiento hacia sus padres.

Cielo de manera discreta suspendió el tema de conversación levantándose de la silla para ir por la historia de Rita, la tomó de su escritorio y cuando regresó le preguntó:

—Cuéntame, ¿cómo vas? —Rita estaba en el mismo sitio donde se había sentado la vez anterior—. Dime, Rita —replicó Cielo.

—Estoy sana, hace unos días me lo dijo el doctor.

—¡Fabuloso, Rita! Felicidades, ¡ahora eres consciente!

—Sí, estoy feliz.

—Es solo cuestión de mantenerte atenta y consciente.

—Te debo mucho a ti y a Clara. Muchas gracias.

—No nos debes nada. Has sido tú con tu trabajo. Ya te dije, hay que estar dispuesto a recibir. Existe cantidad de personas que no se curan, también hay cantidades que se curan, ¿por qué unas sí y otras no? Unas están dispuestas a cambiar y otras no, igualmente las ataduras son más condicionantes para unos, aunque si hay reconocimiento y responsabilidad, la muerte, si ha llegado el momento, será sin discusión, diferente. Por esto nada nos debes, yo aprendo de otros y otros de mí, así funciona y estoy segura que Clara te dirá lo mismo.

—Ya me lo dijo —ambas sonrieron.

—Cielo, todavía hay un conflicto que creo tener pendiente. —La mujer le interrumpió.

—Mientras estés viva siempre lo habrá—volvieron a reír.

—Sí, es cierto —dijo Rita.

—Pero continúa, perdón por interrumpir.

—Clara me ha sugerido ir al rescate de mi niña interior y no lo he podido lograr. — Y cuando Rita pensaba que Cielo empezaría a preguntar como en la cita anterior, simplemente le pidió que se recostara. Empezó con una relajación, luego prosiguió de forma similar al ejercicio del seminario, solo que, esta vez en lugar del televisor la invitó a que se situara en un teatro, se sentara en una silla y viera hacia el escenario el acto donde sentía estaba la niña atrapada.

En efecto, Rita volvió a ver a Daisy en el patio de su casa de infancia. Rita escuchó que Cielo le decía que se dirigiera allí y entrara en la escena. Ella entró en el acto, la niña la miró con familiaridad. Su mirada no lucía agresiva como antes. Daisy estaba dando vueltas alrededor del patio con un tronco de madera en la mano.

—Hola, Daisy. ¿Qué haces?

—Vigilando, estoy cuidando.

—¿A quién cuidas? —dijo Rita.

—A todos. El monstruo va a venir en cualquier momento de la tarde y yo estoy vigilando para que no lastime a nadie —la niña se veía un poco diferente, se estaba haciendo señorita, tenía como unos once años, estaba más rellenita, ya tenía senos pequeños, sus caderas se habían ampliado.

—Sabes que el monstruo se convirtió en hombre—le aseguró Rita.

—¿Qué dices? —dijo Daisy.

—Sí, aquella misma noche que golpeó a Carla, ¿recuerdas? Él no sabía que era un monstruo; resulta que una bruja lo había transformado en eso sin que él lo supiera, el hechizo perduró hasta ese día —la niña cavilaba y escuchaba dubitativa lo que Rita le hablaba, luego repasó y le dijo:

—Ah sí. ¡Ohhhh! Ya recuerdo, él se detuvo de lastimar a Carla y se quedó como atontado, me comentó mamá —dijo Daisy—. Y ahora, ¿qué? —dijo pausadamente, reparando en Rita, buscando una respuesta.

—A eso he regresado, por ti. Ven conmigo —Daisy dio un paso atrás y le dijo:

—No, no, no, yo no me quiero ir, pertenezco aquí, ¿quién va cuidar de mis hermanas? Yo les prometí ese día que las cuidaría, que jamás volveríamos a pasar por lo mismo y que, si fuera necesario, pagaría con mi vida, que el monstruo no regresaría a atacarnos, que yo lo enfrentaría.

—Rita comprendió. Daisy estaba atada a esta casa porque su miedo se había convertido en ira, y su ira en resentimiento, era la manera de camuflar aquel aterrador miedo.

—El monstruo ya no atacará jamás, te lo prometo —dijo Rita tendiéndole su mano —, vamos, confía en mí. —La niña se la dio con cierta vacilación. Rita tomó su mano y la condujo dentro de la casa. Ambas entraron al lugar, cruzaron la puerta verde azulada y corroída al final que daba acceso a la vivienda.

El interior no lucía como otrora, estaba vacía, en ruinas. Ellas subieron al segundo piso, Rita quería que Daisy se diera cuenta de que su salvaguardia no tenía razón de ser, claro que, al mismo tiempo, también necesitaba recoger los residuos de dolor que quedaban de ella en la vivienda.

En la casa había restos de papeles, de madera y polvo esparcido a lo extenso del suelo que estampaba el sello de sus zapatos al caminar, las habitaciones estaban sin camas, desocupadas, excepto por algunas piezas de un domino de madera esparcidas aleatoriamente por la habitación donde algún día ellas habían dormido. Las húmedas y verdecidas paredes demostraban la larga ausencia humana de sus habitáculos. El baño, aquel que Daisy percibía como un cuarto de dormir, estaba casi destruido, algunas tablas del cielo raso colgaban de éste, atravesadas entre el suelo y el techo. Rita apuró a Daisy para que bajaran y con cierto temor le dijo:

—Vamos que de pronto se nos cae el techo encima.

Ellas bajaron rápidamente. En la sala Daisy se soltó de Rita, se ubicó casi en la mitad, empezó a girar divisando a su alrededor y al mismo tiempo rompió a llorar con desespero. Rita no la interrumpió, sabía que la niña requería hacer el duelo para desprenderse de su morada. Daisy dirigiéndose a ella le preguntó:

—¿Dónde están todos? —De repente sus ojos se abrieron como platos y sin esperar la respuesta de Rita, le hizo otra pregunta:

—¿Se los ha comido el monstruo?

—No —contestó enfáticamente Rita. Se aproximó a la pequeña y la estrechó contra su cuerpo (ya casi eran de igual estatura). Daisy se le aferró con ímpetu.

—No, mi niña, es solo que ya se han ido —le susurraba al oído—, cada uno ha hecho su vida. Tus hermanas han crecido como yo, tus padres viven en otra parte. Carla tiene tres hijos y un esposo, vive como a veinte minutos de aquí en esta misma ciudad; Esmeralda vive igualmente cerca, tiene un hijo y esposo, ambas son secretarias. Sandra vive en la capital, tiene esposo y una niña, es contadora, ama de casa. —La niña interrumpió el llanto—. Y yo soy tesorera en un colegio, estudié administración de empresas, tengo una hija y estoy viviendo a unas seis horas de aquí y...

—¿Y mamá? —Daisy irrumpió con esta frase, apartándose con sus manos del pecho de Rita. Sus ojos aún estaban encharcados e irritados. Rita le tomó delicadamente la cara con sus dos manos y le dijo:

—Ella vive en otro sector muy cerca de Carla y Esmeralda.

—¿Con quién vive?

—Con papá —dijo Rita. En el acto, la niña se alejó y empezó una caminata por la sala con las manos puestas respectivamente a los lados de su cabeza, por encima de sus oídos. Rita la seguía con su mirada, con cierto desconcierto. Daisy, con la respiración agitada, le dijo:

—Hay que ayudarla, está en peligro —decía la niña con desespero.

—No, ella no está en peligro—replicó Rita.

—Sí, sí, sí que está. Tengo que salvarla. —Rita se detuvo a recapacitar sobre la forma de explicar a la nena lo que sucedía y después de unos segundos le habló:

—Mamá está donde y con quien quiere estar. —La niña aceleró su paso y se dirigió hacia la puerta de salida, no escuchaba. Rita marchó rauda hacia Daisy, la sujetó por los hombros, la giró y observándola de frente, le dijo:

—Escúchame, escúchame —Rita no lograba captar su atención y Daisy seguía forcejeando para soltarse, de modo que decidió hablarle en tono fuerte:

—¡Que me escuches te digo! —la niña se quedó perpleja.

—Mamá está allí porque ella lo ha decidido, no te necesita como tú crees. En cambio, yo sí que te necesito, eres parte de mí—Rita hablaba con el corazón y Daisy la sintió, luego le dijo:

—¿Tú? ¿Tú me necesitas? ¿Y por qué?

—¡Sí que te necesito! —De inmediato, brotaron sendas gotas de sus ojos y se deslizaron por sus mejillas —. Para divertirme, ser niña, jugar, reír, disfrutar…

—Pero yo no hago nada de eso—dijo Daisy interrumpiéndola.

—Lo sé. Has estado aquí encerrada, cuidando a tus hermanas y a tu madre y te has olvidado de ti misma, de mí, me abandonaste —Rita empezó a soltar lágrimas prolíficamente, su cuerpo se resbaló por el de Daisy, sus palmas se posaron sobre la cintura de la niña y cayó de rodillas postrada a los pies de ella. El llanto prosiguió unos instantes ante la mirada atónita de la niña, que solo atisbó reposar sus manos en la cabeza de ella. Después de un momento Rita volvió a hablar:

—Sin ti soy incapaz de vivir, por favor, ven conmigo, precisas ser niña y yo necesito y quiero que lo seas. Juntas podemos lograrlo, aprender a divertirnos, construir sueños y gozar de la vida. Daisy, estás prisionera en esta casa, quiero liberarte, que vengas a vivir tu vida y la mía, ya verás qué hermosa y apasionante es si estamos unidas.

— La niña se quedó cavilando y dijo:

—Tú me abandonaste primero, te olvidaste de mí y ahora vienes a reclamarme, prometiste que cuidaríamos de las mujeres de esta casa. Ni siquiera viniste por mí cuando ellas se fueron. —Rita se levantó en el acto, sus miradas se cruzaron y permitieron que el magnetismo de sus brazos las uniera con un análogo padecer. Rita le musitaba al oído:

—Perdóname, perdóname, yo no sabía que te había dejado aquí, me olvidé de ti por miedo a revivir tanto dolor, tanta ira y resentimiento. Hasta que tú me llamaste para que te rescatara y por eso estoy aquí.

—Pero yo no te llamé—susurró la niña. Rita apartó su cara y observándola a los ojos, le dijo:

—Sí me llamaste, con los síntomas de una enfermedad que se llama cáncer, que representa una emoción oculta que carcome el cuerpo y se localiza en cierto lugar para mostrar lo que lo causó y que en mi caso era el resentimiento, debido a la desprotección. Precisamente lo que tú sufriste cuando te escondiste tras las cortinas el día que el monstruo azotó a Carla, y que quisiste olvidar y evadir intentando proteger a tus hermanas y madre, que todavía te tiene atada, encerrada en esta casa, prisionera.

—Daisy se aferró al cuello de Rita, su cuerpo se sacudía por los lamentos que le producían la verdad que emanaba a través de la boca de Rita. Un lamento afín que las fusionaba; ya no era cuestión de solidaridad, era pura connivencia lo que las unía. Aquel abrazo las articuló, sus lágrimas fueron el pegamento y la integridad de su alma; la comprensión las condujo a renacer en una sola, ya nunca más estarían separadas, al menos eso percibió Rita.

Luego, sin mediar palabra, ellas se dirigieron hacia la puerta de salida. De pronto Daisy frenó su paso y preguntó:

—¿Y tienes dinero?

—Un poco—dijo Rita.

—¿Me comprarás ropa y zapatos a la moda?

—Sí, te compraré. — Anduvo otro paso y volvió a hablar:

—Pero eres gorda y yo no quiero ser gorda.

—Si dejas de querer salvar a las hermanas, voy a adelgazar y tú no vas a engordar; subimos de peso para hacernos fuertes y poder defenderlas.

—¿Es por eso?

—Sí, sin duda.

—Pero…no tienes carro, eso ya me lo dijiste el otro día, y yo quiero tener un carro. Eres pobre.

—Soy pobre porque me haces falta, he creído que no merezco nada, que existo para cuidar, salvar y proteger a los demás, me olvide de mí, de darme lo que quiero, merezco y necesito. —Rita empezaba a darse cuenta de que Daisy estaba titubeando y se dijo: "¿Será que falta algo por sanar?". La siguiente pregunta de Daisy solventó su incógnita:

—¿Hay algún monstruo en tu casa? —Al escuchar esta pregunta, sintió un estremecimiento en su cuerpo cual rayo la hubiera impactado. La alerta se volvió a encender, la puerta del miedo se abrió de nuevo.

La niña al ver que Rita no respondía dijo:

—Entonces no quiero ir. Dices que nos divertiremos y que realizaremos nuestros deseos, pero con un monstruo no lo conseguiremos. —Rita se inundó de temor, sabía que la niña tenía razón. Pese a esto, recordó que su propósito era rescatar a Daisy, luego se ocuparía de sus miedos y su vida actual, así que le dijo:

—El monstruo está a mi lado porque yo lo he escogido, al igual que mi madre, ¿recuerdas que te lo expliqué? Empero, gracias a ti, sé que no quiero compartir la casa con un monstruo, que merezco la tranquilidad, vivir y disfrutar de la vida junto a un hombre que de verdad me proteja, ame y que no se convierta en monstruo los viernes. —La aflicción reanudó sus conocidos caminos a través del rostro de Rita.

La niña se le acercó y tiernamente le pasó su mano por el antebrazo y le dijo:

—¿Es únicamente los viernes? —entre sollozos Rita le respondió:

—Sí, cuando bebe licor.

—¿Y también tuvo una bruja que lo convirtió? —Con dicha pregunta, por fin Rita comprendía.

—Sí, ciertamente —Rita lo acababa de afirmar; su suegra representaba a su abuela, por eso se llamaban igual, había conseguido un hombre semejante a su padre. Su inconsciente se lo había mostrado de mil maneras y hasta dicho instante se revelaba con comprensión. El verdadero propósito con su esposo era sanar con la abuela y el odio coexistente en su clan familiar, encarnado en la figura de Juana. Un odio que habitaba en Rita, transmitido por su padre y alimentado por Efrén, en su vida actual. En este acto de lucidez se declaraba la trama de su vida. Su toma de consciencia fue suspendida por Daisy, diciéndole:

—Entonces iré para defenderte del monstruo. —Rita replicó de inmediato:

—No. No te necesito para que me defiendas, yo ya sé velar por mí, tú eres una niña y requieres ser eso, te emplazo para que le des sentido a mi vida, regocijo, inocencia, espontaneidad, me enseñes a soñar y proporcionar un motivo a nuestra vida. Me he perdido sin ti porque no te tengo conmigo, juntas podremos salir al mundo, explorar, empezar a vivir, iremos a donde hemos querido ir…

—¿Iremos en tren? —habló entusiasmada Daisy. Rita suspendió el llanto en el acto y dijo:

—¿Tren?

—Sí. ¿Recuerdas ese tren en el que nos subíamos, con puertas corredizas que es como una habitación donde conocemos a Hernán? Un hombre alto, delgado, serio, nos protegía y cuidaba, era atento y amable, ¿lo recuerdas? —Rita de inmediato lo recordó, era un juego que realizaba con unas fichas de parques que representaban a personas; en la noche antes de dormirse fantaseaba con la historia y al otro día la representaba con las susodichas.

—Ya lo recuerdo, lo había olvidado. Esos trenes están en Europa, creo.

—¿Me llevarás allí? Yo quiero, sí, llévame, llévame, llévame, por favor. — Al comienzo Rita se preguntó: "¿Y con qué dinero? ¿y para qué?". Luego no tuvo más remedio que decirle que sí, era la única manera que concibió para sacar a su niña de aquella casa y poder atravesar el umbral hacia la libertad, representada en la puerta que tenían de cara.

—Te llevaré —dijo Rita.

—Hiujo hiujo —Daisy daba tumbos con los brazos totalmente levantados, reía alegremente. Rita terminó contagiada de su regocijo, saltaron y rieron juntas. Después le dijo:

—Debo arreglar unas cosas, pero lo haremos. —La niña por fin se sentía gozosa.

Antes de salir de la casa, Rita ojeó la sala y reparó en la ventana, atisbó que el cortinero estaba atravesado, pendía de una punta, la otra estaba apoyada en el suelo justo en la esquina donde estuvo postrada tras las cortinas en aquella noche aciaga. Fue cuando consumó su despedida, dando el adiós definitivo al domicilio; depositando su miedo y desprotección en el mencionado canto.

Rita tomó de la mano a Daisy y salieron de la casa, la luz encandiló la niña y se estacionaron enfrente de la fachada, mientras ella recuperaba su visión. Rita detalló que la calle era muy estrecha, cuando en sus recuerdos era un mar de ancha. La fachada de la casa también la veía angosta, era como si todo hubiera encogido. Las dos contemplaron por unos momentos las ruinas de la vivienda. Daisy le preguntó:

—¿Qué va a pasar con la casa?

—No lo sé.

—¿Se caerá?

—Es probable.

—Yo no quiero que se caiga —dijo Daisy.

—Nadie puede detener su caída, ni tú —Rita vislumbró que el hecho de que la niña saliera de allí probablemente ocasionaría numerosos movimientos en toda su familia, la casa representaba bastantes cuitas, las cuales salvaguardaba Daisy. A partir de esta hora, cada uno debería de encargarse de sí mismo y quizás se aproximaban trascendentales cambios en la vida de los miembros de su clan.

La niña se resistió un tanto a reanudar la marcha cuando Rita le haló cariñosamente su mano. Rita le dijo:

—Vamos.

—Tengo miedo.

—Yo igual. Se nos disipará a medida que avancemos.

—No sé vivir fuera de esta casa.

—Yo te enseñaré, nunca te abandonaré, te lo prometo, te defenderé con mi vida y más. Te permitiré ser una niña, te amaré y protegeré —Rita se le acercó y le dio un beso dulcemente en la frente, abastecido de sus más recónditos sentimientos de amor y le dijo:

—Te amo, mi niña —Rita sintió una inmensa adoración e infinita paz, una sensación que la renacía.

Del mismo modo Daisy se apreciaba protegida y segura. Ella comprendió que en el patio de dicha casa quedaba sepultado su resentimiento, que la ira no era más que la forma de ocultar la desprotección que sintió en la desgraciada noche "tras las cortinas". Daisy, al desear que alguien las defendiera de su padre, se había convertido en ese "alguien". Se transformó en una salvadora para evitar que la funesta y desdichada escena se repitiera. La rabia y el resentimiento la habían acompañado en su custodia, debido a que eran las únicas armas que albergaba para superar el miedo y enfrentar al monstruo.

La verdad las arropó y la magia irrumpió en medio de la calle para arrojar los hechizos que las echaran a caminar y alejarse del lugar de la transgresión que tanto daño les había causado. Las dos se vistieron con trajes de avenencia y con engalanados zapatos de valor que las lanzaron a ultranza a dar el último colofón a la vivienda de infancia. Un recorrido que Rita conocía de memoria y que las conduciría a salir del suburbio y de la prisión emocional que las encadenaba.

De pronto escuchó a Cielo decir suavemente:

—Respira, respira profundamente, tres veces seguidas, sitúate de nuevo en el escenario del teatro, toma poco a poco distancia de la escena. Y cuando Rita se disponía a bajar del escenario, escuchó que alguien aplaudía entre el público, ella giró de súbito buscando una persona, aunque no consiguió ver. Rita se amedrentó y recordó que era el idéntico suceso vivido en el hospital, cuando despertaba de la anestesia. Al instante, escuchó la exacta risa y se preguntó, "¿Será la misma mujer?, ahora aplaudirá". Y justo escuchó el sonido de sus palmas. Rita se esforzó por verla, pero las luces del teatro en sus ojos lo obstaculizaron. Al tiempo escuchó a Cielo pidiendo que respirara y se hiciera presente en la habitación, sentía una confusión de sonidos.

—A la voz de tres, abrirás tus ojos, Rita. Uno, dos, tres—dijo Cielo.

En un santiamén Rita estaba abriendo los ojos.

12. La realidad

El zapear entretenía más a Rita que la programación emitida en la televisión, continuamente oprimía canales con el control remoto en busca de algo interesante. Al cabo de un rato nada llamativo se le presentaba. Ella estaba recostada en el sofá descansando después de la jornada laboral, tal como solía hacerlo los viernes en la tarde. Ante la escasa distracción, su mente se dispersó entre el raudal de pensamientos que estaban en lista de espera, uno de los cuales sin lugar a dudas era acerca de Efrén. Su marido había tenido cierta tendencia a comprometerse con ella y Sofía. Se comportaba con mayor calidez y colaboraba en las labores domésticas. "¿O seré yo la que ha cambiado?", reflexionó Rita por un instante. Ella creía que estaba cercano, amable y hablador; una conducta que le recordaba al hombre que había conocido y se dijo: "Cuán enamorada estaba en aquel entonces". Revivió el día que se le acercó para pedirle que bailara con él en una fiesta de integración. Rita lo conocía de vista, incluso habían intercambiado alguna que otra palabra. Efrén le llamaba la atención por su amabilidad y por supuesto le atraía físicamente, en especial que fuera rubio, un prototipo escaso entre la raza mestiza, típica de su país. El primer baile los condujo al segundo, luego al tercero, y ya nunca más volvieron a separarse. A Rita le encantó su sentido del humor y extroversión, aunque con el tiempo supo que su actitud era la consecuencia de unas cuantas copas de licor que llevaba a cuestas. Por su mente también estaban cruzando las imágenes de su matrimonio, se casaron por la iglesia católica, fue una ceremonia muy bonita, con una gran fiesta, toda su familia estuvo presente. Rita desbordaba de felicidad, una sensación que se esfumó pronto. Perduró en tanto que sufrió la primera borrachera de Efrén, luego de unos meses.

En verdad el recuerdo que mayor consternación le causaba sobre su pareja era el de aquel fatídico amanecer, cuando Efrén la estaba estrangulando y gracias a Sofía que lo impidió, todavía lo podía recordar.

Rita en este coloquio mental reparaba con diáfana lucidez su vida marital; su esposo representaba a su padre. La información que ostentaba en su inconsciente la había arrojado a enamorarse de un hombre semejante a Arturo. Efrén y él tenían una madre idéntica, no solo por su nombre, sino por su personalidad; ambas mujeres eran soberbias, dominadoras y controladoras, ellas habían sobreprotegido a sus hijos, una condición de evidente violencia y maltrato para un hombre. Efrén no sabía hacer ninguna labor doméstica, Juana le suplía completamente sus obligaciones, incluso decidía por él. Su marido consultaba con su madre la mínima situación, era su principal consejera, su mucama, su jefa, amiga, etc.; él era un apéndice de la mamá, lo único que no hacía por Efrén era ser "una verdadera madre". La mujer era un tanto hosca y fría, no estuvo presta a las necesidades emocionales de su hijo, las suyas eran las prioritarias y en torno a las susodichas educó a Efrén; pero, ante todo, su peor error fue la carencia de autonomía en la que lo instruyó.

Él la visitaba a diario al terminar la jornada laboral, excepto el viernes, por supuesto, y los domingos iban juntos a la misa sin falta. La madre le consentía y aprobaba sus comportamientos, así estuvieran equivocados.

Efrén sostenía económicamente a Juana, Rita finalmente comprendía el porqué de su situación financiera. Ella ganaba una cuantiosa suma de dinero desde que se desempeñaba de tesorera; no obstante, como su marido contribuía muy poco con los gastos, debía sufragar el faltante. El salario de Efrén prácticamente se le consumían su madre y el alcohol. Ella mantenía sus tarjetas de crédito en el límite, en meses cuando su marido no contribuía al sustento familiar, tenía que utilizarlas con la promesa de que él las pagaría. Una quimera que incrementaba y acumulada el haber en su economía. Encima, cada vez que Rita lograba acumular algún ahorro, a él se le presentaba cualquier emergencia: con el carro, con su madre o un negocio millonario, y en el hecho se consumía las exiguas reservas atesoradas.

Rita admitía que se había buscado un hombre que al igual que su padre era negligente, negándole lo que le pertenecía por derecho. Ellos anteponían gastárselo en vicio u otro menester, impidiendo, aparte, que ella tuviera un patrimonio propio; una manera de asegurarse su indefensión. Lo único que poseía actualmente eran sus cesantías, ella quería comprarse una casa y era el único error que no había cometido con sus finanzas, pese a que Efrén la exhortaba a solicitarlas con constancia. Él se había gastado las suyas arreglándole la casa a su madre. Definitivamente el compromiso de su marido era con Juana, Rita y Sofía estaban en un segundo plano.

Rita deseaba inquirir completamente a su suegra para recordar a su abuela y conseguir sanar con lo que representaba "Juana" en su clan familiar. De su abuela alcanzaba a revivir escenas de infancia donde se desenvolvía como si fuera la ama de casa, desplazaba a Mercedes. La mujer ordenaba y decidía, "menos mal había muerto pronto", solían comentar con Sandra. Juana era una dictadora, no le conocieron los dientes, ni su mano dulce, ninguna de ellas recibió un gesto de cariño por su parte, por el contrario, temían la cercanía; la proximidad era peligrosa por los coscorrones que lanzaba al menor disgusto. Con todo lo recapitulado sobre su abuela, entendía el odio no confeso que su padre le profesaba.

Rita seguía repasando sus casi veinte años de historia marital. Veía el "mapa" del que hablaba Cielo en sus libros con suma diafanidad, en el cual indicaba que cada ser humano posee uno, diseñado de acuerdo a la interpretación o percepción de las experiencias que hemos vivido. En el suyo se descifraba que se había buscado un hombre alcohólico igual que su padre para reparar el sufrimiento de su madre. El hecho de repetir su historia significaba que pretendía solidarizarse, o quizás creía que, cambiando el comportamiento de Efrén, inconscientemente modificaba el de Arturo. Un modo de reparar a Mercedes y paliar el sufrimiento de ambas. Aparte, era el ambiente que ella conocía, donde se percibía "cómoda", también un camino para rehuir el miedo a lo desconocido.

Efrén y Arturo consumían alcohol para expresarse, un derecho que fue castrado por sus madres. Sus progenitoras los sobreprotegieron al límite de convertirlos en una extensión de ellas, discapacitados para responsabilizarse, comprometerse y desarrollar una vida familiar autónoma. Ellos conseguían mujeres que no hicieran peligrar el concubinato o incesto emocional con su antecesora.

Por todo lo anterior, su padre y Efrén profesaban una violencia envuelta en la represión y carencia de afecto materno, de ahí su rabia y odio. Era tal como lo había escuchado en el seminario: "El dolor o el desamor genera agresividad en los hombres". Rita comprendía que este tipo de madres sobreprotegen a sus hijos porque son incapaces de dar amor; "Claro, nadie puede dar lo que no posee", concluía. En el seminario, asimismo, había oído que la tipología de estos hombres tiende a atraer como esposa una mujer "victima", en vista de que el desamor en las mujeres provoca la mencionada actitud. Rita adquiría un nivel alto de comprensión y a lo sumo deducía: "Ambos constituyen una unión correspondiente; cuyo factor común es el desamor y las heridas emocionales que ostentan en sus vidas". De igual forma hacia consciencia: "Precisamente por esto me casé con Efrén, él es agresor y yo victima". El victimismo era la conducta que la había cegado durante bastantes años, un modo de evadir el dolor que tenía guardado y asegurado con clave; un código que poseía Daisy.

Su existencia correspondía, encajaba perfectamente con la de su esposo. Rita había sido en lugar de esposa, hermana; la hermana menor que Efrén nunca tuvo para compartir, igual que su madre para Arturo. Adicionalmente vislumbraba la razón por la cual el apetito sexual escaseaba entre ellos: era una relación filial. Comprendía finalmente que, pese a la interpretación de su mapa, la experiencia personal acaecida era para aprender que su territorio real (la verdad) estaba en que requería sanar "el odio a la madre". Un papel encarnado en la figura de "Juana". La emoción estaba soterrada en el clan familiar, conminaba a ser liberada de su árbol genealógico y que, según deducía Rita, lo estaba ahogando e impedía el fluir de la vida de los componentes del clan. También integraba que la elegida para dicha misión era ella; ya que el papel de "Juana" estaba latente tanto del lado de su padre como del de su esposo.

El mensaje de la necesidad de liberar el mencionado "odio" de su árbol familiar se lo había dado su mente inconsciente desde siempre y como no lo había comprendido, continuaba proyectándole escenas que se lo repitieran. Incluso su amistad con Sara había sido una de ellas, Sara era la representación de su abuela.

"Cuánta consciencia", se decía, y agradecía a su enfermedad por haberle regalado tanta verdad, asimismo a Clara y a Cielo, por facilitarle el reencontrarse con Daisy. Su niña era la clave extraviada que le había permitido abrir los anaqueles sepultados en su subconsciente. Las mencionadas emociones estaban ocultas en un rincón, quizás en los límites entre el cielo y el infierno.

Daisy había traído el regalo del regocijo, la motivación, la curiosidad, la vida cobraba sentido, sabor y color; de similar modo, le había devuelto su carácter, aquel que se había quedado prisionero por el pánico, la ira y el resentimiento, en el patio de su casa de infancia.

La existencia de Rita empezaba a transformarse; la génesis había sido liberar a Sofía de su responsabilidad de defenderla. Una condición de violencia para su hija, debido a que le robó parte de su inocencia al asignarle un papel de adulta y que no le correspondía. La hija, además de defenderla de Efrén, también lo hacía de Arturo: en las escasas oportunidades que compartían con él; el abuelo decía que Sofía estaba muy mal educada, que era una grosera y altanera ya que Sofía lo enfrentaba, le contradecía y discutía como nadie en la parentela lo hacía. En efecto, ninguno de su familia la aceptaba, excepto Sandra.

Sofía y Rita habían estrechado su relación, incluso compartían apartes del nuevo mundo en el que Margarita se aleccionaba. Sofía se interesaba por ciertos conceptos, se mostraba receptiva y le hacía preguntas, Rita le respondía lo más conciso y concreto. Ella había estudiado que los adolescentes asimilaban mejor los mensajes de esta manera. En los últimos días, las dos compartían actividades y tiempo como madre e hija. El proceso de acceso a la universidad de Sofía era el responsable de que se hubieran acercado, un aliado que Rita aprovechó para dicho empeño. El siguiente año su hija empezaría los estudios superiores, aspiraba a una beca para estudiar en el exterior y, aunque no era una excelente alumna, Rita la animaba a estudiar para las pruebas generales de acceso a la universidad, una alta calificación le abriría las puertas a la beca. Sofía quería estudiar veterinaria, descubrió que adoraba los animales.

Transcurridas unas dos horas de su elocuencia mental y dado el ínfimo entretenimiento en la televisión, Rita se levantó del mueble y se desplazó a su habitación para retomar uno de los libros de Cielo que estaba leyendo. Una vez más se recostó a leer en el sofá de la sala y estuvo allí aproximadamente hasta las siete de la noche; ella se sentía relajada, sin compromisos domésticos, aparte, Sofía no vendría a casa a dormir, amanecería en casa de Victoria, su mejor amiga.

Cerca de las ocho de la noche, comió algo ligero. Una costumbre que adquirió gracias a la promesa ofrecida a Daisy para bajar de peso. Aproximadamente a las nueve retomó la lectura. Permaneció leyendo casi hasta las diez, a continuación se fue a su cuarto para ponerse el pijama y antes de hacerlo, observó el aceite corporal que estaba en su tocador y decidió aplicárselo, un hábito que acostumbraba al salir del baño en las mañanas; empero percibió unos deseos de untárselo en ese instante y obedeció a sus instintos. Se puso el pijama y terminó de arreglarse para dormir; sin embargo, en lugar de ir a la cama, prefirió retornar a la sala, buscó una película en la televisión y se distrajo con una de tipo romántica. Se perdió en el tiempo entre lo que veía en la televisión y sus repasos de consciencia, algo a lo que habían contribuido las páginas que minutos atrás había leído. El contenido hablaba de cómo lograr mantenerse atento y ser un observador consciente.

Rita quería convertirse en una observadora de su vida para aprender de sí misma y conseguir una auténtica transformación y lo lograba, por momentos. Se escuchaba en el lenguaje que empleaba a diario, ella practicaba oír sus palabras cuando conversaba con la gente; se ensayaba recurrentemente con su marido. Rita estaba consiguiendo firmeza al expresar a Efrén sus necesidades y sentimientos, aunque en realidad con él nunca se discutía, él simplemente escuchaba, sus hechos respaldaban la aceptación o el rechazo. Según reparaba Rita, por lo menos, parecía asumir las modificaciones que ella le estaba planteando. En cualquier caso, al observarse, detallaba que aún ostentaba miedo al confrontarlo. Se animaba al considerar que éste remitiría con el hábito de expresarse.

Efrén se notaba que estaba haciendo esfuerzos para variar su comportamiento, colaboraba en las labores domésticas, ya no iba todos los días a visitar a su madre, incluso había invitado a Rita una tarde a cenar a un restaurante y un día de manera inesperada la sorprendió con un ramo de flores, un detalle especial para ella. Claro que, en lo referente a dar cariño y afecto, todavía continuaba relegado. Rita pensaba que su actitud era un síntoma de avance y que su relación de pareja iba a mejor, era un buen comienzo.

Las recapitulaciones, la luz intermitente del televisor y la relajación que Rita percibía, junto al cansancio del trajín del día, constituyeron los justos ingredientes para sumergirla en un sueño profundo.

De repente un ruido provocó que Rita retornara súbitamente de su mundo onírico, rápidamente supo que se trataba del sonido de la puerta de entrada, observó el reloj de pared que tenía enfrente, eran las tres y quince minutos de la madrugada, su corazón se aceleró, con certeza era Efrén. Alcanzó a recapacitar si era conveniente irse de inmediato a su habitación, pero de cualquier forma él la vería, de modo que procuró serenarse y mantenerse en su sitio. Empezó a sentirse turbada a medida que oía sus pasos acercarse, "Necesito tranquilizarme", se dijo. Practicó alguna técnica de respiración y procuró darse mensajes para calmarse; total, con lo aprendido, ella debía confiar en sí misma y controlar la situación. Quizás era la oportunidad de abandonar el miedo para que su relación se transformara en una pareja de verdad. Tal vez inconscientemente ella había atraído esta coyuntura como colofón, era la única explicación para tal descuido. Claro que también era cierto que Efrén había llegado antes de lo acostumbrado, una reflexión que le surgía en un segundo.

El tranco corto de Efrén retumbaba en sus oídos, se intensificó cuando cruzó el umbral del salón, él usualmente, en lugar de levantar los pies, deslizaba los zapatos contra el piso, una manía que se agudizaba al estar bajo los efectos etílicos, como aquel instante. Cuando percibió que Efrén estaba detrás, casi a su izquierda, Rita giró a mirarlo del modo más sosegado y sereno que consiguió, notó que el hombre tenía la mirada un tanto lela. La observó desconcertado, y le dijo con la lengua pesada:

— ¿Qué haces aquí? —Rita detalló de que estaba bastante pasado de copas, aunque no lo suficientemente perdido para considerarlo "borracho" ya que su ceja derecha no estaba arqueada; un gesto que Rita reconocía con seguridad y que evidenciaba cuando su cuerpo no soportaba una gota más de licor.

—Viendo la tele. —Ella se fue incorporando paulatinamente para disimular su huida, calculando sus gestos con cautela para no provocar en su marido, alguna reacción desfavorable hacia ella. Mientras, él continuaba desplazándose y se dejaba caer en el otro sofá que estaba en frente del de Rita y cerca del corredor. Luego le dijo:

—Estoy muy contento de que estés sana, estaba celebrando con mis amigos por tu salud. —Rita ahora lo escuchaba con la lengua más trabada que antes. Ella se dispuso lentamente para irse. A medida que se levantaba su boca le jugó una mala pasada y le respondió unas palabras que en otra oportunidad en absoluto hubiera dicho:

—Ya veo—expresó con un tono irónico. Efrén de inmediato dijo:

—¿Qué quieres decir con eso? ¿Acaso me estás reprochando que celebre? —Rita contuvo la respiración, detectó el viraje de su entonación. Y procurando demostrar calma, dijo:

—Me voy a dormir, tengo mucho sueño. —Perezosamente, dio dos pasos, se encaminó al corredor, y apenas pasaba por el lado del mueble de Efrén, él la sujetó inesperada y firme, tanto, que le dolía el brazo entero; un acto que le agitó las alertas dentro de su cuerpo, una señal que Rita asociaba con peligro; sus piernas empezaron a debilitarse. Advirtió una voz que le decía: "Respira, respira". Ella obedeció la orden sin pensarlo, tomó aire y dijo con palabras firmes:

—¡Suéltame! Me estás haciendo daño.

—No quiero — dijo él.

—¿Qué quieres entonces? —preguntó Rita, simulando tranquilidad.

—Que te vuelvas a sentar.

—Yo nunca estoy esperándote, ¿por qué ahora quieres que me quede? —decía Rita, aparentando seguirle la conversación para que la soltara.

—Por eso, porque nunca me esperas ni me acompañas.

—Tengo sueño y quiero irme a la cama. Otro día te acompaño. Mañana si quieres.

—No. Yo quiero ya.

—Pero yo no quiero —dijo Rita, con voz tenue y contenida. Una frase que al parecer escuchó Efrén y dijo acaloradamente:

—¿Me estás desafiando porque te sientes aliviada? ¿Me quieres retar? ¿Te crees más fuerte que yo? Tú no mandas en esta casa, te lo estás creyendo, ¿no?, dando órdenes, mandándome a planchar, lavar el baño y obligándome a darte dinero. Hoy tuve que venirme sin querer, y como además me quitaste las tarjetas de crédito. ¿Qué estás pretendiendo? Solo te he hecho caso porque estabas enferma—unas frases que atropellaron el corazón y patearon las ilusiones conyugales de Rita. Ella atinó a decir:

—Yo únicamente pretendo arreglar las cosas, es por la familia y por ti mismo, lo siento si esto no te agrada—Rita intentaba tranquilizarlo, pese a que él la retenía con mayores bríos.

—Razón tiene mi madre cuando dice que no me deje de ti, que dentro de poco voy a ser "la sirvienta" de la casa y vas a barrer el suelo conmigo y que lo que quieres es tener tiempo para irte de fulana a la calle, a putear con esa nueva amiga que ni cree en Dios. Seguramente es lo que haces cuando dices que te vas a clases de yoga. —Expresó esto último con un cántico irónico. Entretanto Rita empezó a escuchar lo que la madre decía, la sangre se le caldeó y el coraje fue abarrotándola, subiéndole desde sus pies en forma de tizones por todas sus venas y arterias, encumbrándose y reflejándose en el escarlata de su rostro e impulsándola a decir:

—Entonces, ¡ve donde tu madrecita para que te mantenga! —dijo Rita con voz fuerte y desafiante. En el acto, el hombre se revolcó para ponerse de pie y sin soltarla, se levantó, sus ojos se abrieron y brotaron, al tiempo que decía:

—No te metas con mi madre, ya sé que la odias, pero no toques con ella, no te lo permito, desgraciada, ella es intocable, es una santa —mientras decía esto, la jalaba bruscamente, lastimándole el brazo, Rita entonces, le gritó:

—Suéltame, suéltame —Rita volvió a reparar en sus ojos y sintió una sensación de pánico que la transportó a la escena sufrida aquel día con Arturo; cuando ella lo confrontó, en tanto golpeaba a Carla y se dijo igualmente: "Me mató, estoy muerta".

Ya no podía ir "tras las cortinas" a esconderse, Daisy vaticinó que se acababa en ese instante, era su final, el monstruo había regresado y ella no estaba preparada para enfrentarlo. ¿Quién la salvaría? Ya no atacaba a Carla, directamente era a ella a quien ultrajaba. El temblor se apoderó de su cuerpo al completo, sus labios se resecaron y su rostro lividecó; de nuevo el pánico y la impotencia la sumergía en las tinieblas del absoluto vasallaje. El monstruo estaba atacándola, era gigante para Daisy, no conseguía arrancarse de sus garras, estaba subyugaba a su poder, la remolcaba al cadalso. Él la llevaba rumbo a una pared que estaba al lado opuesto de la sala y ante su resistencia, la arrastraba por el suelo como una piltrafa, al tiempo que no paraba de expresar:

—¡Ramera, mal nacida, ¡cómo te atreves a hablar de mi madre!

La niña pedía auxilio, sus gritos eran de espanto cual cerdo conducido al macelo. Efrén la agarró por el cuello con su mano izquierda al hallasen junto a la pared y probó subirla recostándola contra la misma. Daisy estaba a punto de desmayarse, le faltaba el aire y el espanto consumía el residuo de oxigeno que alcanzaba a respirar. Y mientras el monstruo cambiaba de mano para sujetarle el cuello con la derecha, la niña, en un último aliento y expresión de pavor, consiguió emitir con profundo esfuerzo un desgañe donde se lograron identificar las siguientes palabras:

—Auxilio, socorro, alguien que me ayude — una expresión de súplica, desfallecimiento y desespero que sacudió a Rita y despertó su reacción ante su pánico, alcanzó a aletear pese a su debilidad y un instante precedente a que Efrén la elevara sobre el piso, exclamó con una voz desconocida que salió de su apretujada garganta:

—No lo hagas, Efrén. —De inmediato Daisy suspendió sus horrorizados llamados, Rita adquirió un hálito y restauró una nimia cordura. Su cuerpo empezó a sudar prolíferamente. Al escucharla, Efrén aflojó su ímpetu machista y ella se le deslizó unos centímetros, empero al ver que ella se le soltaba, intentó agarrarla de nuevo, pero su mano se resbalaba y no lograba asirla con firmeza. Rita casi se le iba y antes de que esto sucediera, su marido le echó mano de lo primero que agarró, su cabellera. Ella sintió que le arrancaba el cabello y una desgarradora laceración en su cabeza. La alzó de los pelos con frenesí. Al tenerla a su alcance, la recostó y la empotró contra la pared. Rita estaba unos milímetros encima del suelo. Ella intentaba por todos los medios desprenderse de él, movía infructuosamente sus manos y pies. Pudo con cierto vértigo advertir la vileza y odio en sus ojos, supo que lo peor le venía. En aquel interminable instante, otra vez surgió la misteriosa voz de dentro diciéndole: "Es tú oportunidad", unas palabras que le infringieron una dote extra de coraje y dignidad incomprensibles. La valentía emergió desde la idéntica procedencia; Rita relajó integro su cuerpo y renunció a resistirse, de repente se deslizó mágicamente de la mano de Efrén, como si estuviera encerada. Aunque el hombre un poco perplejo luchó para asirla otra vez, lo logró con serio aprieto, así que optó por alzar y empuñar su mano izquierda y tomó aire e impulso. Rita comenzó a detallar dicho acontecimiento en cámara lenta y alcanzó a pensar en un soplo y luego, de su boca salió un grito seco:

—¡No soy tu madre! —en el acto, Efrén se contuvo nimiamente desconcertado y respondió aletargado:

—Claro que no, eres una puta, una maldita puta — Rita lo miró fijamente a los ojos, viendo su fiereza, su perversidad y al mismo tiempo, de modo ambivalente sintió su sufrimiento, se compadeció. Ipso facto atisbo que el hombre reanudaba su acción, no había conseguido hacerlo reaccionar. "Dios mío", se dijo. Sin ser consiente exclamó con el sentir compasivo que un segundo antes percibía y con el exiguo aliento y valor que todavía subsistían:

—¡Es a tu madre a la que odias, no a mí! —Efrén la soltó de repente como si la garganta de Rita le pringara entre su mano. Ella cayó al suelo de inmediato y gateando con apremio, se escurrió a través de las piernas de Efrén. Salió del salón impulsándose con sus manos hasta conseguir erigirse a medias, y tambaleándose accedió al baño que estaba justo en la mitad del pasillo. Cerró la puerta y con sus dedos tiritando pretendió fallidamente en varias ocasiones echar el seguro, hasta que por fin lo consiguió. Se recostó de espalda contra la puerta y con los brazos en forma de equis sobre su pecho se deslizó, quedando al completo sentada en el suelo. Rita tosió continuamente durante unos minutos. Al rato alcanzó a escuchar el rechinar de un sofá resbalándose contra el suelo, juzgó que Efrén se sentaba; luego pudo empezar a apaciguarse. Se mantuvo en dicha posición por un rato, enseguida se puso de pie, posó frente al espejo y le habló, susurrando:

—Estás a salvo, te lo prometí —Tomó el vaso para enjuagarse los dientes, lo llenó de agua y bebió de modo copioso, tapó el retrete y se sentó encima. Estuvo allí alelada durante un considerable lapso, alguna que otra lágrima rodaba esporádica por su rostro. Advirtió que recobraba parcialmente la calma, volvió al espejo, y entretanto se observaba, de manera paradójica, profesó inmensos deseos de bailar, erigió sus manos y manteniendo su visión en el espejo, dijo:

—Lo logramos, Daisy, lo vencimos.

Rita bailaba con suavidad y se abrazaba. Daisy se sintió protegida, reconfortada, habían domado al monstruo, ya nunca más les haría daño. Ellas se fundían, eran una.

13. El viaje

Rita alcanzaba a divisar el alerón que cortaba la vista del cromático celaje, un paisaje que detallaba a su derecha a través del ovalado cristal del avión. Una hermosa panorámica que inspiraba su alma y la impulsaban a una gratitud infinita. Aquel horizonte le premiaba con unos momentos de un inconmensurable sosiego, una sensación que un tiempo atrás jamás se hubiera imaginado que existía.

Ella recapacitaba sobre el giro que su vida había dado; Rita se sumía de nuevo en su peregrinaje interior: "Cuántos momentos vividos, cuántas sensaciones, cuántas emociones", se decía insistentemente desde que el artefacto se encontraba a la máxima altura. "Y pensar que un año atrás nunca hubiera concebido estar aquí, sentada en un avión y rumbo a Europa", se decía. Con seguridad, toda su existencia se había transformado por completo y un pensamiento recurrente se cruzaba de nuevo: "Gracias a Daisy, estoy aquí".

Rita rememoraba lo difícil que resultó satisfacer a Daisy, su niña. Sin embargo, por lo que estaba viviendo había valido la pena, lo merecía; gracias a ella había salvado su vida.

Después de aquella terrible madrugada donde Efrén la agredió, su vida había tomado el impulso necesario para convertir el sueño de Daisy en realidad. Luego del dicho aciago amanecer, su existencia se había transformado por completo; Rita, desde ese día, en absoluto volvió a ver a Efrén; posterior al ataque, ella esperó cerca de una hora en el baño, precisaba constatar que su marido durmiera, aguardó hasta escucharlo roncar, enseguida salió de puntillas para confirmar el lugar donde se encontraba su marido, lo observó dormido en el sofá, estaba justo en el reclinable; esa fue la última vez que reparó su rostro.

Luego se movilizó a la habitación del huésped, puso el cerrojo a la puerta, instaló cuanto mueble había para taponar la entrada. Cuando el fulgor del día se posó en la ventana, ella se sentó en la cama; el sueño estuvo ausente y tan siquiera una pestañada consiguió conciliar. Habían transcurrido unas tres horas desde el ataque, ella únicamente estaba a la espera de que Efrén adquiriera un profundo sueño. En realidad, la hora le era indiferente. Rita empezó a quitar los centinelas de su seguridad; retiró con sigilo un sofá, una pequeña mesa y un armario móvil que salvaguardaban la puerta, después acercó su oído a la misma y abrió suavemente -si todo iba como creía, su marido estaría en su cama, él nunca amanecía fuera, por borracho que estuviera-, se desplazó lentamente a su cuarto, la puerta estaba de par en par, y cuando observó, lo confirmó al ver sus pies descalzos colgar medianamente de la cama. De alguna forma, y sin que ella lo escuchara, él se había acostado. Así que ajustó con sigilo la puerta del cuarto y sin hacer mucho ruido se organizó. Antes de salir, escribió una nota con letra grande a su esposo y la dejó en un lugar estratégico, en el comedor, un sitio de paso obligado; en la misma le pedía que se marchara de casa, que esperaba que en la noche no estuviera, de lo contrario contaría lo sucedido a la policía; Rita tenía marcas en el cuello que probaban su ultraje, sabía que esto le significaría un despido o suspensión laboral. Por el hecho de ejercer como profesor, le acarrearía una falta grave y un posible escándalo, que Rita estaba segura que Efrén y su madre no se concederían, en especial Juana por ser tan católica y pendiente "del qué dirán", aparte Efrén en su sano juicio era un hombre muy vergonzoso; en definitiva, esta era la única forma de obligarle a abandonar el apartamento.

Rita salió de su casa para el gimnasio donde practicaba yoga, estuvo en el sauna y en la piscina, aunque lo que menos hizo fue nadar, pues se recostó en la poltrona y durmió el sueño que le faltaba. Tuvo que comprarse un traje de baño y el resto del equipo para disfrutar del lugar, dada la improvisación del plan. También iba vestida con ropa arrugada que descolgó del tendero; lógicamente no quería entrar a su armario y despertar a su marido.

A continuación, en horas de la tarde, fue a comer sushi y puso la guinda yendo al cine; Daisy y ella necesitaban premiarse y eran placeres que Rita no se permitía a menudo.

Cerca del mediodía había llamado a Sofía donde su amiga y le había pedido que se encontrarán para ir juntas a casa, aparte le mencionó que debía comentarle algo importante. Ellas coincidieron a eso de las seis de la tarde, Rita invitó a Sofía a comer y en el restaurante le empezó a contar de soslayo lo sucedido con Efrén. Por el camino, en dirección a su casa, prosiguió el relato con mayor profundidad, pese a que no quiso especificarle en los insultos para no lastimarla. Sofía, a medida que escuchaba el relato de su madre, emitía comentarios de disgusto, máxime cuando observó las marcas que Rita tenía en su garganta, algo que observó nada más sentarse en el restaurante, pero que ella postergó explicarle hasta ese momento. Su madre, además, le habló de la nota dejada a su padre, algo que Sofía comprendió, en el acto; por el contrario, su hija empezó a preparar la reprimenda que daría a Efrén. Un impulso que Rita desalentó, explicándole que ese no era su papel, defenderla, y que si algún día quería decir algo a Efrén que su intención fuera por lo que ella sentía y no por resguardarla, a parte, requería conocer la versión del padre. Dicho lo cual, Sofía expresó no querer escucharlo, pues lo sucedido no tenía justificación posible.

Rita le manifestó a su hija lo mismo que le explicó a Daisy:

—Yo he escogido a Efrén porque me representa a mi padre. Seguidamente, le habló por encima lo que había hecho consciente sobre la trama de su vida. Su hija permaneció en silencio un buen rato y luego dijo:

—Bien hecho, mamá, con lo que me dices, has sido una "verraca". Me va a doler que papá se vaya, pero hiciste lo que tenías que hacer, es más, no sé si lo pueda perdonar algún día. Tengo intacto el recuerdo de aquella noche que te estaba ahorcando —Sofía, entre sollozos, narró a su madre lo acaecido desde sus sensaciones. Rita supo que su hija había vivido lo mismo de ella cuando era niña, tras las cortinas. La historia se repetía y se aproximaba a comprender lo leído en un libro de Cielo, donde decía que todo lo no sanado pasa a la siguiente generación, por oposición o repetición. Ella había sufrido justo lo que estaba contando su hija, con la variante de que su hija sí había conseguido detener el ataque de Efrén.

Ellas se sentaron a descansar en un banco ubicado en un pequeño parque que se encontraba en la ruta. Rita procuró seguir explicando algunos conceptos adicionales aprendidos, pero se percató de cierta resistencia de Sofía, así que optó mejor por consolarla, dándole su cariño y amor. Rita le beso la frente y le secó las lágrimas con un pañuelo que sacó de su bolso. De todos modos, Rita sabía que desahogarse y recibir el afecto de su madre eran un gran avance para la sanación de Sofía.

Cuando entraron al apartamento, todo estaba en silencio y no percibieron la presencia de Efrén. Eran como las nueve de la noche. Ellas habían andado desde el centro de la ciudad, para darle tiempo a Efrén a que se fuera. Apenas ingresaron a su casa registraron rápidamente su armario y se percataron de que no se había llevado casi nada, prácticamente, aunque faltaban ciertas pertenecías de aseo personal y unas escasas mudas de ropa.

Al día siguiente, Rita ordenó en la portería impedir el acceso de su marido al apartamento, luego, durante la semana, notificó mediante una carta que se hacía cargo del contrato de alquiler y responsable de éste, claro, después de acordarlo con la agencia de alquiler. Asimismo cambió la cerradura de la casa, empacó integras las pertenencias de su marido y se las bajó a la portería de la Unidad Residencial.

Efrén estuvo llamando desde el día siguiente a su marcha, de forma insistente. Ellas no le respondían al identificar el número de teléfono de la casa de Juana, donde presumiblemente estaba quedándose. Rita le envió un e-mail para decirle que le dejaba sus pertenencias en la portería de la unidad.

Unos días después, su suegra empezó a llamarla de un teléfono público, en un comienzo aparentaba mediar en el asunto, pero al no conseguir su propósito terminaba insultándola, incluso en una oportunidad se la encontró en la calle cuando regresaba del trabajo y la increpó con palabras soeces, acusándola de tener un amante. Lo sucedido condujo a Rita a decidir mudarse al otro lado de la ciudad y aunque debía tomar transporte para su trabajo, lo prefirió; en cualquier oportunidad era factible que se volviera a topar con su exsuegra o con Efrén; pese a que en las primeras semanas de separarse, ella únicamente salía a trabajar, solo se sentía confiada en su casa. El hecho le sugirió que todavía necesitaba sanar emociones pendientes con "Juana".

Los amigos que tenían en común y su hija le comentaban que Efrén estaba deshecho, Sofía lo empezó a ver unos meses posterior a mudarse, lo veía de modo ocasional, estaba intentando perdonarlo y Rita lo comprendía. Su hija le comentaba que lo confrontaba en cada oportunidad que se reunía con él, inclusive había logrado que su padre asistiera a una terapia para dejar el alcohol; un suceso que resultó inútil. Sofía un día supo que estaba bebiendo con más frecuencia que antes y decidió apartarse otra vez de él. Juana le acolitaba que se embriagara en casa el fin de semana con sus amigos, algo que Rita jamás le permitió, Sofía se enteraba de boca de una amiga que era vecina de Juana.

Rita ni siquiera coincidió con Efrén para divorciarse, hizo un poder al abogado, alegando causas psicológicas, amparada en un informe profesional que le elaboró Cielo y en vista de que no existían bienes o capital para repartir, logró eludir toparse con él. Efrén le enviaba cartas larguísimas por email, algunas las respondía para aclarar ciertos asuntos pendientes e intentaba que reconociera su vida. Al comienzo Rita creyó igual que Sofía, que él hombre le atendía, luego identificó que eran excusas de Efrén para seguir en contacto con ella y alimentar una ilusión de regresar a su lado; de modo que suspendió sus respuestas. Efrén en una oportunidad de esas le suplicó su perdón y Rita se lo concedió, antes advirtiéndole que dicho acto no indicaba una posible reconciliación, Efrén no lo entendió.

Rita sabía que, si volvía con él, podía significar su muerte, así él se recuperará del alcoholismo y sanará. Su mente subconsciente no olvidaría por mero instinto de conservación. Una parte de su cerebro límbico, llamada amígdala, guardaba toda emoción que representara peligro de muerte y su biología lo recordaría por siempre. Ante el menor indicio, se dispararían las alertas, y si ella desobedecía, su cuerpo evidenciaría tal incoherencia con una posible reaparición del cáncer o cualquier otra enfermedad; esto lo había aprendido Rita en otro seminario con Cielo. Estar al lado de Efrén siempre le representaría peligro, y las dudas que aparecían en ráfagas de lastima en escasas ocasiones, se desvanecieron con su consciencia. Ella consiguió asimilar que la compasión que sintió cuando él la estaba ahorcando, en ningún momento representaba amor. Los sentimientos -a los que aún no les daba un nombre- por Efrén se fueron esfumando a medida que Rita comprendía lo que él había significado en su vida.

Efrén no sabía dónde estaban viviendo Rita y Sofía; un día que temió que apareciera a buscarla a su trabajo, dio orden en la recepción para impedirle el acceso, igualmente solicitó a la secretaria lo análogo con sus llamadas. Rita arribaba minutos antes al colegio y salía por lo general en el coche de Clara - vivían cerca-, o simplemente pedía un taxi que entraba al colegio a recogerla.

Rita comunicó a su familia que se divorciaba de su marido, les dijo por teléfono. Arturo seguía sin perdonarla por esto; el padre creía que ella debía soportar a su marido a toda costa, y Mercedes no paraba de aconsejarla para que regresara con Efrén; la única que lo aceptaba era Sandra, máxime cuando le detalló lo sucedido, algo que los demás ignoraban; no porque Rita lo quisiera ocultar, sino debido a que en cada oportunidad que ella empezaba a relatar lo acontecido, la interrumpían, en especial el padre, diciéndole que debía de sobrellevar a su marido y que lo que Dios unía jamás el hombre lo separaría, y le colgaba el teléfono o la comunicaba con otra persona. Ella al principio insistía, pero entendió que no les convenía escucharla, quizás les dolería o presumiblemente su historia les obligaría a cambiar, o por alguna otra razón que prefirió buscar cuando hubiese rehecho su vida. Rita mermó la frecuencia de las llamadas a sus padres, recordando lo que una vez Cielo le explicó sobre la forma de ayudar a los seres queridos, a lo mejor la lastimada podía ser ella si intentaba que la entendieran. De vez en cuando hablaba con su madre y sus hermanas y colgaba sin pasar mucho tiempo al teléfono. Esmeralda o Carla ocasionalmente le contaban lo que Arturo decía, claro que a Rita ya no le importaba, en general su familia creía que se había enloquecido.

Ella viajo a despedirse de su familia de manera encubierta en una visita corta. No les dijo que se marchaba, se despidió de modo usual, aunque ellos observaron que estaba muy afligida, pero disimuló diciéndoles que estaba muy afectada por la partida de Sofía, su hija se había ido a estudiar al extranjero.

La hija estaba estudiando Zootecnia en una universidad canadiense, ¡Sofía se ganó la beca!, una noticia que habían celebrado a rabiar. Sofía viajó dos meses antes. Su partida fue una paradoja entre la tristeza por la separación y la satisfacción de saber que su hija cumplía sus sueños.

Cerca de ocho días previos a viajar, Rita le comunicó a su familia por teléfono que había pedido un año sabático para viajar a Europa. Su madre al escucharla empezó a llorar y emitir pronósticos catastróficos, su padre le dijo que estaba loca, que el trabajo era lo vital en la vida, que cómo se iba a mantener, que ella era pobre y los pobres no podían darse esos lujos, etc., unos comentarios a los que se sumaron los de sus hermanas Carla y Esmeralda. Rita se sentía muy segura de su decisión. Los funestos comentarios le inyectaron una mayor dosis de motivación; debía demostrarles que los sueños se podían realizar, pese a que entendía que ella era la primera que requería estar convencida. Se despidió de cada uno por el teléfono la noche anterior a viajar, estando en casa de Clara -ella la había invitado, ya que Rita entregó su actual vivienda de alquiler, los días precedentes al viaje-; como consecuencia, la despedida fue breve. A ella le resultó bastante complejo decir "adiós", al admitir que no sabía cuándo los volvería a ver. Rita entendía que alejarse en especial de sus padres era la coyuntura para terminar de sanar con ellos, en especial de su padre, del cual requería distanciarse al igual que de Efrén. Con la salvedad, que romper el vínculo con su progenitor era imposible.

De la única persona de su familia que recibió algún mensaje de apoyo fue de su hermana Sandra, incluso le habló de unirse a su viaje en cualquier momento.

Rita reconocía que era la responsable de cuanto le había sucedido en la vida, tanto de las desgracias como de la fortuna o éxitos. Se había sanado del cáncer, rescatado a Daisy, se había divorciado, perdido a su mejor amiga, alejado de su familia y despedido de su hija, unas vicisitudes que la habían catapultado a tomar la decisión de ir a Europa. Habían sido la ilación de sucesos circunstanciales perfectos para revelarle el camino. Si su hija no se hubiera ganado la beca, ella tal vez no estaría viajando, y si no se hubiera divorciado, menos. Tampoco si el cáncer no le hubiera avisado de lo que guardaba Daisy, una pequeña, iracunda, resentida, que en el fondo estaba llena de miedo, una niña que había sido la representación de su vida o su muerte.

Gracias a su niña interior iría a recorrer el Mediterráneo y conocería, o por lo menos pisaría, el litoral de tres diferentes continentes, partiría desde España y haría el circuito para terminar en Italia. El único desvío de este periplo sería para ir a París, con el propósito de satisfacer el sueño de Daisy de subirse en un tren hotel, el cual haría la ruta Barcelona-París. Aprovecharía estar en Paris para conocer y visitar al mentor de Cielo, una sugerencia que ella misma le hizo, al saber que Rita iría a la Ciudad Luz. Insinuación que acogió con gran emoción luego de haber escuchado varias veces a Cielo mencionarlo en sus seminarios y libros. Un encuentro que la colmaba de regocijo, incluso asistiría a uno de sus seminarios. Rita iba invitada directamente por él gracias a su relación con Cielo, lo único era que no entendería el francés. Aunque le bastaría con sentir lo que allí se viviera. Cielo le advirtió que podría intercambiar algunas palabras con él, puesto que el hombre entendía y hablaba español. Esta aventura era una ocasión para aprender a ser receptiva y conforme se le fueran presentando las situaciones. Ella requería soltar el control y familiarizarse con vivir el presente, tiempo donde estaba su verdadero encuentro consigo misma.

Rita sentía mucha gratitud por Cielo y Clara, le habían contribuido a cambiar su vida, ¡tanto por agradecerles!, se decía con asiduidad. Rememoró aquel día cuando Cielo le facilitó ir al rescate de Daisy, ella sola quién sabe si hubiese alcanzado a lograrlo, la niña estaba demasiado aferrada a sus hermanas y madre, a las tapias de dicha casa y a los momentos amargos vividos. Sin proponérselo, un intruso pensamiento surcó su cabeza, evocó a la mujer que se reía y aplaudía al término de dicha sesión, mientras Cielo le ordenaba regresar al instante presente. Era la misma mujer, con seguridad, aquella del día que despertaba de la anestesia en el hospital. Cuando Rita le comentó el incidente a Cielo, ella le expuso que la mujer podría ser ella misma. Una explicación que todavía seguía sin asimilar, esperaba descifrar este enigma cuando estuviera lista.

Clara y Cielo ahora eran sus amigas; después de que ella reconociera su egoísmo, se acercó a Clara y la acompañó en la muerte de su madre, un acaecimiento que le enseñó que en este nuevo mundo holístico, los problemas seguirían existiendo. La gran diferencia estribaba en la forma de percibirlos, resolverlos, y en su frecuencia, evidentemente. La reiteración de los problemas era un manifiesto de lo que aún no se había aprendido y en ciertas situaciones tan solo requerían ser aceptados. Este nuevo mundo le enseñaba que ante las dificultades el único camino era entender, comprender, hacerse responsable y soltarse a observar las posibilidades que se desplegarían a su alrededor. Observar sin juzgar era clave para luego decidir y actuar con coherencia al respecto, aparte de ser necesario y posible reparar el daño causado. Por lo general los caminos se abrían, y casi que las decisiones simplemente venían del mundo exterior y con un mínimo de consciencia las conseguiríamos interpretar y ejecutar. Esto era justo lo que le había sucedido a ella con el viaje a Europa.

Rita había estado en el entierro de la madre de Clara, la vio llorar y sentir pena, desde entonces Rita aprendió a sentirla como un ser humano, se convirtió en su amiga, pese a ello seguía admirándola tanto como a Cielo. Ambas la animaban para que se convirtiera en facilitadora, Clara estaba en proceso, algo a lo que Rita no pudo negarse, por supuesto en un futuro, ya que, en el presente, ella necesitaba estar conectada a su interior para reconstruir su vida; solo así, creía Rita, se sentiría confiada para facilitar la concienciación de otras personas.

El flotar sobre las nubes y los rayos de luz que cruzaban sus ojos de forma intermitente a través de la ventanilla del avión, unido a sus evocaciones mentales, fueron conduciéndola a un leve trance e introduciéndola sin percibirlo en un mundo que limitaba con lo etéreo.

Sintió que sus párpados estaban muy pesados e hinchados y se dijo, "De seguro ha de ser por el llanto, ya no quiero llorar más". No obstante, de los ojos de Daisy seguían manando lágrimas pese a los ingentes esfuerzos que hacía para evitar desalojarlas, si bien ellas se resistían a contenerse; necesitaba impedir algún tipo de ruido que provocara la atención de su padre, desaparecer en aquel momento era lo que en verdad deseaba. La niña secaba las desobedientes lágrimas derramadas con la funda de la almohada, se cubrió su cabeza con la sábana para neutralizar el ruido producido, su cuerpo seguía temblando y dando brincos cada vez que succionaba aire. Alcanzaba a escuchar los sollozos de Esmeralda y los estruendosos saltos de Sandra, que, al igual que a ella, le faltaba el aire. La habitación era inmensa y allí dormían las cuatro, la primera cama junto a la entrada era la de Carla, la segunda era la suya, la siguiente de Esmeralda y la última, cerca del baño, de Sandra. Poco a poco las lágrimas obedecieron renegadas sus deseos y amainaron los saltos de su cuerpo, sus ojos se cerraban por instantes. De repente, Daisy sintió pasos en la escalera, una señal de alerta que encendió de nuevo sus temores, casi al instante percibió que se trataba de su madre subiendo a su habitación, luego escuchó la puerta del baño abrirse y alguien salir y desplazarse por su habitación, parecía que era Carla, se sintió confundida, no lograba identificar lo que sucedía, al instante se respondía, de seguro se había quedado dormida y no sintió a Carla entrar. Daisy no quería descubrir sus ojos para reparar a su hermana, creía saber lo que veía. En el acto, escuchó una voz que surgía de sus entrañas similar a la que oyó el primer día de escuela y que le decía, "Mírala, mírala". Dicha voz la indujo a descubrir sus ojos, así que lentamente fue bajando la sábana, no lograba observar debido a la pesadez de sus párpados y la falta de nitidez, hizo colosales esfuerzos para ver. Al segundo, su visión adquiría una leve claridad debido a un rayo de luz que se reflejaba de las escaleras. Su cuerpo empezó a temblar, esperaba observar algo horroroso y quiso cubrirse otra vez, pero la voz interior insistió: "Mírala, mírala". Entonces Daisy se aparejó de valor y pudo detallar que Carla se acercaba a la cama para acostarse, la niña la siguió con su mirada, al tiempo que ella alistaba sus aposentos. Carla se percató de que Daisy la observaba y giró a mirarla, mientras la pequeña tensionaba intensamente todo su cuerpo y cuando las miradas se cruzaron, la niña cerró sus ojos, no quería ver el rostro desfigurado de Carla, en especial la marca de la hebilla de la correa de su padre en su mejilla. Volvió a escuchar una vez más la voz, "Tranquila, Daisy, mírala, mírala", la misma hizo que sintiera una seguridad infinita, así que abrió sus enormes ojazos y sorprendentemente detalló que el rostro de Carla estaba inmaculado, sin rastros y su ojo estaba perfecto.

De inmediato, Margarita se examinó en el escenario aunque estaba fuera de la escena, sintió una exaltación inexplicable, procuró observar todo el recinto, detallaba a su niña y sus hermanas en dicho cuarto. Ella parecía ser la directora de la obra, el tiempo estaba detenido en el cruce de miradas entre Carla y Daisy, "¿Estaré muerta?", se preguntó. Súbitamente escuchó los aplausos y risas de una mujer, los mismos que ya reconocía, volteó en el acto y reparó en la figura difusa de una mujer, delgada, un tanto mayor, como de unos 60 años, la mujer se movió y se fue acercando ante la observación de Rita. Con su movimiento, la imagen cobró nitidez. Era una mujer que le lucía familiar. Ella con una voz dulce, le dijo: —Confía en mí. —Su voz la contagió de una profunda placidez, dando paso a una desconcertante paz interior. Rita supo que era la idéntica voz que le había hablado a Daisy unos instantes antes. La mujer prosiguió diciendo:

—Hacemos el plan antes de vivir en este mundo, no obstante, las experiencias y la información inconsciente que acarreamos de nuestros ancestros, nos ancla a los sucesos de sufrimiento, esta es precisamente la prueba: superar para trascender a nuestra familia, cultivarnos y cumplir nuestra misión terrenal. El desarrollo de nuestra existencia no es solo corpuscular, también es mental, emocional y espiritual. Las pruebas son para adquirir la total madurez. Sin estas, la vida se enmaraña y reprobamos. Requerimos hacernos responsables y conscientes de cada instante de nuestra existencia para ir superando los exámenes que día a día se nos presentan, lo contrario nos estaciona en circunstancias de sufrimiento y ahí quizás nos atrape la muerte y hayamos desperdiciado dicha existencia. Superar cada prueba significa que somos capaces de ir viviendo nuestro destino o construyendo uno diferente si así lo requerimos, el plan inicial es solo eso. Ser maduro representa que somos capaces de vivir con consciencia y cumplir con responsabilidad nuestro camino; garantizando que vivamos en armonía, en integridad y unidad con el universo y, por ende, con cada ser que lo habite, cumpliendo nuestra verdadera misión en este planeta que no es otra que contribuir al equilibrio del mismo, siendo lo que en realidad somos. Abandonar la misión es vivir en lo opuesto, seguir en la oscuridad, en la lucha constante con tus monstruos, sufriendo, envueltos en un círculo de desgracia constante. —La mujer hablaba mientras iba subiendo al escenario, acercándose a Rita, y cuando estuvo cerca, levantó su brazo a media altura y reparando en

Daisy, que estaba en su cama, movió sus dedos, invitándola a venir. La niña se levantó inmediatamente y, corriendo a velocidad como si obedeciera a su madre, se abalanzó encima de la mujer. Rita contempló estupefacta la escena y luego la mujer le hizo idéntica señal para que se aproximara, ella se abalanzó hacia el encuentro con una emoción desbordada de gozo, las tres se miraron, después entrelazaron sus manos y se abrazaron. Un abrazo que las conectó en una exquisita dicha que jamás hubieran imaginado, el infinito fundió su alma y el amor besó su vida.

Rita nunca más estaría sola, ahora se sentía protegida, confiada, segura, libre, podía volar.

Epílogo

Hola Mamá:

Desde el momento que nos despedimos ya te extrañaba, supe a partir de ese instante lo que en verdad significabas en mi vida. A medida que me alejaba de ti, empecé a ser yo, una sensación que me espantó, tuve miedo y quise correr de nuevo a la protección de tus brazos y decirte que me arrepentía de volar, sin embargo, recordé mis sueños y sucedió tal cual me lo dijiste; que estos me darían las fuerzas para seguir caminando en los momentos en que sentimos derrumbarnos.

Mientras volaba recordé la dulzura de tus caricias cuando acicalabas mi cabello, los cuentos que me leías y las canciones que me cantabas para que me durmiera, el sentir suave de tus manos en la madrugada sobre mi frente, en especial cuando enfermaba. Al mismo tiempo rememoraba nuestras conversaciones en la cocina al momento del desayuno y todo lo que me ayudabas para que encontrara lo que de verdad quería hacer con mi vida, a la vez que me confesabas tus errores como madre y me hablabas de tus secretos, diciéndome que esto lo hacías para que yo supiera quién era. Lloré y lloré al recordar todo esto.

¿Sabes, mamá? Hasta ahora empiezo a comprender lo que encarnaban tus confesiones matutinas meses antes de separarnos, y sé lo que esto representa para mí. En mi adolescencia sentía que te odiaba y deseé en muchos momentos que no fueras mi madre, detestaba tu sometimiento a mi padre y al tuyo (mi abuelo), y me provocaba pegarte para que entendieras que debías respetarte, quería que cambiaras e incluso llegué a desear otra mamá, como la de mi mejor amiga. Yo no entendía que no te dieras cuenta, hasta que me comentaste que tu madre era igual, asimismo algunas de tus hermanas y tu abuela (la madre de tu madre). En ese momento supe cuán complicado debió ser para ti salirte de ese círculo y lo valiente que has sido. Pudiste enfrentarte al monstruo que más te aterraba desde niña y superaste el temor, aparte pusiste el coraje para tomar y realizar las decisiones que tuviste que ejecutar.

Sé que muchos de los errores que has cometido como madre vienen de la violencia que has sufrido y te agradezco por compartirme la trama de tu vida, el hecho de que hayas reconocido dichos errores, me ha enseñado de tu tesón y a la vez del amor que sientes por mí, ya que comprendo que el reconocer tus errores es una expresión del mismo, al ser capaz de dejar a un lado tu orgullo de madre.

Yo quería que me amaras de una forma y obligarte a que lo hicieras de este modo, eso me hacía sentir rabia, creía que no me amabas hasta que concebí que mi creencia de amor era egoísta al pensar que era la única. Ahora reconozco que tu amor siempre estuvo, solo que se escondía detrás de tú dolor.

Entiendo que hayas cometido conmigo las mismas equivocaciones que aprendiste de tus padres, era lo que conocías, sin embargo has sabido vislumbrar que éstos eran los que tú necesitabas para aprender y poder cumplir con tu misión en esta existencia. Gracias a tu aprendizaje, yo ya no le transmitiré a mis hijos los mismos conflictos. Aunque sé que no estaré libre de cometer otros, pero si lo hago, me enseñaste que con amor propio y comprensión, podré transformar cualquier fallo perpetrado; y que, aun así, no estoy exenta de cometerlos, pues mis descendientes necesitarán aprender lo propio. Además, me dijiste que en lo único que una madre no se equivoca es en darle a sus hijos un amor incondicional y en plena libertad. Gracias a tu reconocimiento yo podré formar una familia diferente, libre de violencia y maltrato físico.

Aparte me has explicado que necesito hurgar en mi interior al menor inconveniente sufrido. Con tu ejemplo, al superar un cáncer, me has enseñado que el dolor inconsciente es el origen de cualquier conflicto, mínimo, o grave como el que sufriste. Me has transmitido que los demás únicamente son una proyección de lo que guardamos dentro, por eso tú te maltratabas a través de mi padre y que él también era un niño violentado con la sobreprotección de su madre (mi abuela Juana), asimismo que la noria de violencia solo se rompía si nos hacíamos conscientes, comprendíamos, perdonábamos y utilizábamos esos sentires y acontecimientos para transcender nuestra vida y, como reflejo, sanar la historia del árbol familiar. Me explicaste que eso significaba alquimia. De igual forma, me hablaste que cuando más miedo tienes al dolor, éste más se potencia, y en lugar de huir lo que necesitamos es buscar dónde está y plantarle cara con consciencia. Y que la desvalorización era el martillo que nos enterraba en el mundo de la vehemencia. Merced a lo anterior he podido perdonar a mi padre y ser compasiva con él.

Así que, mamá, ahora sé que eres la madre perfecta, la que yo escogí para ayudarme a evolucionar como ser humano y poder realizar la misión que Dios o la divinidad me ha dado para cumplir en esta vida.

Espero haber comprendido tus mensajes y enseñanzas que con tu modelo me han fabricado las alas. Ya tengo una razón para vivir, muchos sueños que conquistar, un camino que recorrer, conozco mi historia; la que me ayudará a enfrentar con consciencia junto con la valentía que me diste, a cualquier monstruo que ose presentarse.

Gracias, mamá, por reconocer tu pasado, tu verdad, y renacer de las cenizas; debido a esto, ahora yo puedo volar rumbo a conseguir mis sueños, pues de lo contrario mi destino era quedarme a tu lado cuidándote de papá y quizás nadando en la amargura de los sueños no cumplidos.

¡Gracias por enseñarme a volar y comprender lo que soy!

Con todo mi amor,

Sofía